为了中日两国的相互理解

竹内实传

程　麻 ◎ 著

中国社会科学出版社

图书在版编目（CIP）数据

竹内实传／程麻著 . —北京：中国社会科学出版社，2015.4
ISBN 978 - 7 - 5161 - 5650 - 6

Ⅰ.①竹…　Ⅱ.①程…　Ⅲ.①竹内实（1923～2013）—传记
Ⅳ.①K833.135.4

中国版本图书馆 CIP 数据核字（2015）第 041816 号

出 版 人	赵剑英
责任编辑	李炳青
责任校对	李　楠
责任印制	李寡寡

出　　版	中国社会科学出版社
社　　址	北京鼓楼西大街甲 158 号（邮编 100720）
网　　址	http://www.csspw.cn
发 行 部	010 - 84083685
门 市 部	010 - 84029450
经　　销	新华书店及其他书店

印　　刷	北京市大兴区新魏印刷厂
装　　订	廊坊市广阳区广增装订厂
版　　次	2015 年 4 月第 1 版
印　　次	2015 年 4 月第 1 次印刷

开　　本	710×1000　1/16
印　　张	21.75
插　　页	2
字　　数	368 千字
定　　价	69.00 元

竹内实像

目　　录

前　言

在日本，一位年届九秩的长辈学者终生对中国魂牵梦萦。他就是著名中国研究家竹内实先生。

日本与中国的关系自古既近又远：两国的地理距离近在咫尺，彼此交往的历史则久而远之。为此，日本至今涌现过不计其数的中国研究者：古代曾叫汉学家，近代以来又称中国学家。在这一源远流长的日本学人序列中，当今健在的竹内实最令人瞩目的，是他出生于现代中国，并在日本战后中国研究界以论述丰硕且见识深刻、不同凡响，在日中两国学术论坛甚至普通民众中影响颇广。

关于在日本侵华战争期间出生于中国，战后活跃于日本政治、文化与学术等领域的日本人现象，如今已逐渐受到关注与重视。曾有日本学者提示过孕育于中日或中韩"双重"、"两栖"历史与社会背景的这一特殊日本人群体："过去曾经在中国的大连、沈阳、天津，韩国的汉城、釜山出生、长大的日本人，战后有的成了学者，有的成了外交官，活跃在国际舞台上。他们摆脱了日本式的思维桎梏的思想比日本人开放，习惯于用国际上通行的思维方式思考问题，他们与东北亚各国的人思想相近相通。"[①]可惜的是，碍于日本传统观念中的某些偏见以及这一特殊群体在日本社会毕竟人微言轻，日本各界至今少有学者或者论著认真回顾这些日本侨民后代曲折、复杂的生活经历，以及伴随他（她）们的尴尬甚至酸楚的心路历程。尽管已有人开始正视并力求公正评价这些人在战后日本对内、对外文化观念和学术思想演变进程中的积极影响，可对他们的认识或剖析仍难免笼统与隔膜，更谈不到透彻理解和正确评价其中的代表性人物对现代日

---

① 森岛通夫：《透视日本："兴"与"衰"的怪圈》，中国财政经济出版社 2000 年版，第318—319 页。

本对外关系的影响和价值。在这方面，竹内实堪称是一个经历曲折、鲜活丰满的难得例证。他酸甜苦辣的生命历程，以及始终致力于日中两国政府与民众相互理解以求真正友好的学术成就，本是早就该有人着手或关注的课题。如今由一位中国晚辈来尝试回顾和描述竹内实的漫长生平，梳理与评价他在日本战后中国学研究的学术成果，也算对日本学术界这一缺憾的某种弥补，更可看作被竹内实视为"第一故乡"的中国的乡亲，对这位学术前辈身上的那种远比日本一般汉学家更为浓烈的"文化乡愁"的真诚慰藉。

自然，如果把为竹内实先生立传仅仅视为对传主个人实至名归的公正回顾与评价，显然过于狭隘了。着眼于世界现代学术转型，竹内实"两栖"于中日两国的生活经历，离不开日本侵华战争与后来新中国发展的历史背景，他的中国研究业绩也反衬出日本战后中国研究界的种种利弊得失。回顾与评价竹内实的中国研究路径，可以呈现日本战后学术界观念、方法等演变的轨迹，也有助于思考其今后深化与提升的可行途径。概括来说，近代以来日本朝野风行的"脱亚入欧"论，曾使日本人不约而同地从以前对中国崇拜与模仿的心理习惯，快速蜕变为尊崇古代中国却蔑视现实中国的二元态度。这种矛盾的对华态度，曾被少数日本战争狂人用来调动军力侵华，并犯下无数惨无人道、令人发指的罪行，也深深烙伤了像竹内实这样出生在中国，并曾生活在中国的日本青年的心灵，让他们伴随着终生的精神痛苦，长期纠结在两个民族的历史恩仇之间。后来，当有人最终选择走上中国研究之路，他们对中国社会感同身受的体验既成为他们的一种心理素质的优势，也意味着可能改变以往日本汉学家主要把中国文化作为客观对象进行研究与借鉴的传统，如同凤凰涅槃一样催促着日本传统汉学脱胎换骨。这是指日本战后的中国研究逐渐增多了"共生"，也就是互动的特点，即那些出身于日本的中国研究者大都利用当今便利的交流机会，频繁往来于日中之间，已不满足像以往汉学家那样单纯凭借经典文献解读中国的社会现实。如此众多有效的联系渠道势必带来全新的感受和审视眼光，有可能推动日本形成前所未有的、情理兼备的中国研究之路。

就此而言，由中国人为像竹内实这样成就卓著的日本前辈学者撰写生平传记，并非只是"为他人做嫁衣裳"。因为与以往主要凭中国典籍理解或评判中国现实的日本汉学家相比，像竹内实这样有过在中国的生活经历并终生关注中国的新一代日本学者，无论他们对中国的赞颂与批评，中国人都难以"隔靴搔痒"之类评价一听了之,会把他们对中国的正反看法当作一面有助于识清自我得失的镜子,甚至堪称"显微镜"或"望远镜"。当今中国学界已开始领悟到,在全球化新时代,要透彻理解与研究中国的事情,必得如俗语所说的"三个臭皮匠,顶个诸葛亮",需要中国学者的研究、国外中国学的研究,再加上国际新闻报道与彼此通俗介绍之类"亚学术"等的配合,才可能形成真正全面的中国学问。① 至于竹内实,不仅可算作"半个中国学者",而且他一开始便兼有中国学研究以及向日本民众普及中国知识的双重身份,实为日本战后中国研究界的典型。他所偏爱普通中国人的眼光及其雅俗共赏的文风,值得中日两国学者镜鉴。基于这样的宗旨,笔者在本书中便不再"见外",尽管难免粗略与浮浅,也要义不容辞地写出对这位前辈学者的了解、印象与评估。

---

① 李零:《杀人艺术的"主导传统"和"成功秘密"——读〈剑桥战争史〉之一》,《读书》2002 年第 8 期。

第 一 章

日本血脉　中国故乡

一　日本血脉

1923 年 6 月 12 日，在中国山东省一个名为张店的小镇上落户打工的一对日本"居留民"，也就是侨民夫妇，生下第一胎男孩，他们给他取名竹内实。

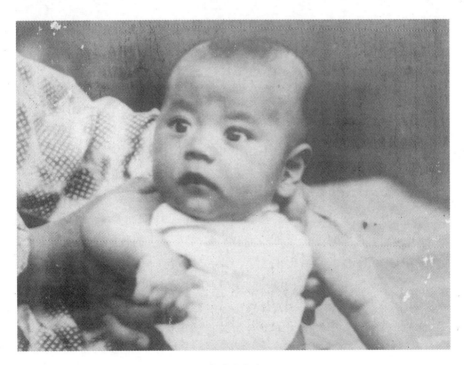

幼时竹内实

　　竹内实父母的祖籍是日本爱知县半田市。父亲竹内种吉（1887—1927）是一个贫苦平民家庭的第三个儿子，也是最小的儿子。他和妻子都在日本国内读完了小学。竹内实的母亲原名榊原糸（1888—1973），结婚后便改随夫姓。

竹内实母亲

　　在20世纪20年代初，日本已不见第一次世界大战期间的繁荣景象，经济进入衰退时期，显现出社会危机的某些征兆。比如，到1920年末，日本全国有15人以上的私营工厂雇用的人数比前一年减少了7.3%，造船厂和矿山差不多裁掉了一半左右的工人。① 工厂如此萎缩，工作自然相当难找。加上日本对外扩张日益疯狂，日本人移居国外的机会与日俱增，于是，日本向海外的移民出现了第二次高潮。与前一次即第一次世界大战期间日本人涌向中国的情况相比，1920年前后不仅山东省青岛的日本人数成倍增加，更有不少日本人散住到了从青岛至济南的胶济铁路沿线。正是在这一时期，家中无地耕种，处境困顿的竹内种吉得到朋友的引荐，刚

---

　　① 二村一夫：《工人阶级状态和工人运动》，《岩波讲座日本历史18　近代5》，岩波书店1964年版，第112页。

结婚便和妻子一起到了胶济铁路的小站张店谋生。

张店原是山东省中部的一个小村镇。1903 年，德国人将胶济铁路铺设到这里，在当地建成了火车站。起初，主要是德国人在这里开采铁矿，连同原有的丝绸业，经济逐渐多样化。加上离自古便很著名的山东商业重镇周村不到 20 公里，过往的客商比较多。特别是到了 1904 年，周村被清政府批准为对外开放的三大商埠之一，胶济铁路沿线更成为内陆市场经济发展的繁盛之地。

第一次世界大战期间，日本把德国势力排挤出山东，同时接管了张

竹内实父母结婚照

店。日本人除继续在这里采矿之外，到 1917 年又开设了几家洋行，如和顺泰、日信、瑞丰和铃木等。到 1919 年，其中的铃木洋行开始经营缫丝厂，不但厂房和工人较多，据说它所发的电力还可供附近的周村一带使用。① 后来，在火车站东北方向原来德国人建的教堂附近，日本人又建了一座用当地棉花纺线的今井棉纺厂，离竹内实的家不远。② "那里还有从农村买来棉花加工成棉线的工厂，是日本人经营的。也有购买与加工蚕丝的工厂，叫铃木丝厂。它也发电，我们家的电灯就是使用那里的电。后来才知道，那个镇上的电都来自铃木丝厂的发电所。"③

在 20 世纪 30 年代初，在中国各城市里，张店的日本侨民之多，竟仅次于上海、青岛、天津和济南等地，位列第七。④ 这里还有日本领事馆的派出机构，以后又升格为领事分馆。从竹内家往北走，过了铃木洋行和丝厂，还有一所日本人建的铁路医院。据竹内实后来回忆："所谓山东的繁

---

① 张店地方史志办编：《张店区志·大事记》，山东人民出版社 1991 年版，第 5 页。
② 竹内实：《致中文读者》，《解剖中国的思想——传统与现代》，前卫出版社 1996 年版，第 3 页。以下凡不注作者名的均为竹内实论著。
③ 《中国文化传统探究·作者前言》，《竹内实文集》第 10 卷，中国文联出版社 2006 年版。
④ 沈殿忠主编：《日本侨民在中国》上册，辽宁人民出版社 1993 年版，第 744 页。

荣，是第一次世界大战德国战败后，因日本人到山东省推动起来的。当时，新占领地青岛很有吸引力。从张店分叉的支线铁路上有煤矿，那里的日本公司职员出差的话，去青岛距离较远，就近要吃日本饭菜，张店只有我们的旅馆。"①

竹内实的父亲乍到张店，开始为当地的日本商行做佣人。据他母亲讲，竹内家后来能够在那里安身立业，可能因为他父亲曾从一伙土匪手里赎救过一个被"绑票"的中国地主。那个地主为了答谢此次救命之恩，便允许竹内实的父母按照个人意愿占用了自己一块土地，建起了一座日本旅馆。这座旅馆也是竹内实的家。

在竹内实小时候的印象里：

　　我的父亲在那里经营旅馆。按今天的标准看，那旅馆自然算不上很大。但我觉得，在当时，确也称得上是一个漂亮的日本式旅馆。

　　旅馆的大门有书院之风，迎面装饰有鲜花，里边的走廊连着两个铺有"榻榻米"的大房间。房间里除了席子，还有壁龛。此外如厚厚的坐垫、靠椅、带棉围裙的方桌、铜制的火钵、棉袍等，一应俱全。吃饭则是用带腿儿的方盘送上去。有位中国厨师，生鱼片、烤鱼、烧蛋等，做得都很好。鱼是从青岛用木箱运来的，很新鲜。螃蟹的嘴里总是咕噜咕噜冒着白泡。

　　也有素烧。② 牛肉是青岛出产的。那时，青岛的牛肉和神户的不相上下。肉肠也很好吃。我不常吃零食，从不偷嘴。不过有一天，我忽然觉得肚子饿了，就从存放在食品仓库里吊着的肉肠中，拿出了一根，自己用小刀一片片地切着吃了起来。开始只是想吃一点点，可连自己也没想到，不知不觉地竟把整根都吃光了。我记得那是一根香肠。直到现在，我再也没能在肉铺或是商店里找到那么香的东西。

　　在青岛住有德国人，那里的牛肉和肉肠都很好吃。

　　旅馆的房子和大门不同。那房子的外墙是用中国式的土坯垒起来的。

　　①　马场公彦：《竹内实：一身两栖于日中之间》，《战后日本人的中国像——自日本战败到文化大革命、日中恢复邦交》，新曜社 2010 年版，第 495 页。

　　②　素烧，又名"鸡素烧"，是日本关西地区对"牛肉火锅"的叫法，据说始自 1860 年左右。此前日本人没有吃牛肉的习惯。

这种土坯是从地里掘出黏土，里面掺上麦草，用水调合起来，然后把这样的湿草泥挑进长方形的坯框中，脱成坯子，在太阳下晒干制成的。

屋脊是草苫的样式，但没有茅草，而是用麦秸。

和大门连在一起的房子建得又高又大，一阶比一阶高。不过样子还是中国式的，即从外面一进去，房里是用土夯实的地面。

走进大门是一个院子。因为有外墙围着，从墙外看不见院里。而在铺着"榻榻米"席子的屋子当中，则是一个很大的庭院。四周便是客人的房间。其中有一个房间像宴会厅那么开阔，在孩子眼里显得相当大，想来大约有十席到二十席的样子。

客人只有日本人。在旅馆里可以住宿、吃饭和洗澡，全都是日本式的。那时，是把日本称作"内地"。

经办这旅馆的好处，大概就是因为它能使来往的客人有一种回到"内地"的感觉。①

当时在张店，经常有日本人来出差或做生意，竹内家的旅馆里总有客人来住。像"从青岛来的火车到了，会有人到车站去领客人。当时，电话还没有普及，旅行的人到车站下了车，会看到在那里迎客的领班，从而决定住宿的地方"。② 偶尔，镇子上的日本人也会在竹内实家的旅馆举行宴会什么的。

当时，在张店约有二十多户日本家庭，附近地主家也有日本人居住。此外，那里曾有一所由"日本人居留民会"管理的专门招收与教育日本孩子的小学校，主办者是一对姓森的和尚夫妇，教书的则是一位女教师。在这所日本人学校里：

从初小一年级到高小二年级都有，共有六十多名学生，一般是两个年级合在一间教室里上课。在那里，我们知道了日本，但当时的用语，是说"内地"。"小学唱歌"的情景至今还深印在脑海里，歌曲有

---

① 《在接受第三次福冈亚洲文化奖时的讲演》，《获得福冈亚洲文化奖的人们》，联合出版社，1999 年 9 月 30 日。

② 《中国文化传统探究·作者前言》，《竹内实文集》，第 10 卷，中国文联出版社 2006年版。

《菜花田》、《樱花》、《广濑中校》，还有《天皇陛下》，都是日本歌曲。[①]

这所学校使用日本教育部门颁定的教科书，并不教授中文课程。每年举办有日本学生和家长们参加的运动会之类的集会。如同当时在中国其他日本侨民聚集的地方，在张店俨然也有一个由日本人形成的小小社会。每到日本天皇诞辰之类的日子，当地日本人会去日本领事馆分馆聚会纪念与庆祝。日本人办的小学也在每年举办一次运动会。此外还组织过游园会等活动，让孩子们唱歌、演戏，学童的家长们带着盒饭，大家齐聚一堂，度过快乐的一天。

竹内实的父母共生育了三个孩子。在竹内实身下有一个弟弟和一个妹妹。

不幸的是，在竹内实五岁的时候，他父亲就因患病去世了。从此，便由他那自信、坚韧的守寡母亲独自经营着旅馆，继续在异国土地上维持着全家生计，含辛茹苦地将三个子女抚养成人。

竹内实父亲的葬礼

---

① 《我心中的红卫兵》，《新日本文学》，第21卷11号，1966年11月1日。

按当时日本人的习惯，居住在国外的侨民都将日本称为"内地"，日本国内则把国外叫作"外地"。于是，竹内实便属于出生在"外地"的日本人。毕竟距离遥远，他家里与国内亲戚的交往自然比较少。每当有亲属或朋友从日本来到张店，家里人都会喜出望外，觉得格外亲切。不过，等稍大一些回到日本以后，每当大家知道出生于同一地方，兴奋地谈论起故乡的共同话题时，竹内实总是很难插上嘴。他常因此心中怅然若失，隐约意识到"自己竟是一个划归不到日本任何都道府县去的人"。①

二　中国故乡

竹内实刚刚回到日本时，对日本的所知很少甚至感到陌生本在情理之中，毕竟他出生在中国农村。在当地，竹内实虽然是日本侨民的后代，幼时的生活也大体没有超出当地日本人的小圈子，但在他儿时的记忆里，基本都是对旧中国华北村镇上人们及其周围场景的印象与感受。

在竹内实眼中，20世纪二三十年代的张店，是一个略显局促而又有些嚣噪的乡下小镇。

记得那个小镇的正中，南北有一条笔直的街道，大家都叫它"马路"。那确实是一条马车走的路，因为路上有石板，似乎像是铁路的道轨，两条并排铺着。即使下了大雨，土路上泥泞不堪，马车走在这条路上，只要车轮不跑到"道轨"外边去，便能走得很安稳。这条路是这个小镇子上的主要街道。我们家并不面对着它，但有很多日本人住在那条街上。当然，那里也有中国人的商店。与我家隔两三栋房子，有一个中国人开的理发店。那时，门外并没立着像糖棍那样的幌子。② 每到夏天，窗户就卸下了玻璃，可以很清楚地看见里边。那店里在天棚上吊着一扇小门板样的东西，在下面系着一根绳子。绳子拽到另一间屋子里，向下耷拉着。当小伙计在旁边的房里一紧一松地拉那绳子时，天棚上的那扇小门板动起来，就会煽起风来。那是个

---

① 《在外地长大》，《神户新闻》，1982年10月14日。

② 旧时儿童常吃一种棍状的糖果，糖是以红绿两色相间螺旋式裹在棍上。理发店外常有一种类似于棍糖状的旋转灯柱，则是红、蓝、白三色相间。

能使正在下边被剃的头觉得凉快的装置。理发店里的师傅，像大多数过了中年的中国人那样，头剃得溜光。

我家和理发店的前面一带，是一片空地。空地用来当作停车场，连着前边说到的那条"马路"。从偏僻的农村运货来的马车就停放在那块空地上。虽说那里大部分时间挺冷清，可忘了是哪一年，也曾有过马车和骡车把空地塞得满满的时候。在那时，拴骡马的树的树皮常被牲口啃下来，露出了白花花的木头。

从我家经过理发店面，再走过日本同学足立正君的家门，有一个中国人的饭摊，就在"马路"边上，那儿总有人在叫卖着热呼呼的肉包子。

"热包子啊！热、热、热包子啊！"

其中的卷舌音"热"，真能勾起人的食欲。油黑的小棉被里，裹着圆圆的蒸笼，摆在摊子上。肉包子里满是热热的肉汁，等着客人们来买。[1]

除了周围有很多中国邻居，竹内实家旅馆里的厨师、保姆和佣人也都是中国人。另外，还常有当地的农民来送蔬菜和瓜果之类货物。这时，竹内实的母亲能够用简单的中国话与他们打交道，或者指使这些佣人。

竹内实家旅馆的隔壁便是被他父亲从土匪手里解救出来的那家地主的房子，他们与那家地主常有来往。竹内实和镇上的孩子们常常三五成群跑到地主家的院子里，在那里捉迷藏或玩耍。竹内实对那里人们杀猪有深刻的印象，日本小孩儿对冲洗长长的猪肠子很是好奇。

竹内家旅馆的大庭院中长有一棵桃树。每到夏天，母亲就会用浸着桃树叶的水给竹内实和弟弟妹妹洗澡，据说那样可以防止天热时身上出痱子。

竹内实还记得妹妹回忆过，每年到桃花盛开的时候，地主的夫人都要来院子里赏花。那时，母亲总要准备凳子之类的用具招待她们，而旅馆的一栋房子也会变成地主夫妇生活的地方。[2]

---

[1] 《我心中的红卫兵》，《新日本文学》，第21卷11号，1966年11月1日。

[2] 《在接受第三次福冈亚洲文化奖时的讲演》，《获得福冈亚洲文化奖的人们》，联合出版社，1999年9月30日。

竹内实家旅馆外的运冰车

当然，尽管竹内实小时候和中国人的交往比较融洽和亲切，但彼此也有过误解甚至是戏剧性的冲突。比如，记不得是在哪一年夏天：

似乎那时理发店前的街道和空地之间已经有了明确的界限，那里栽着两三棵杨柳树。有一天傍晚时分，附近的中国人都全家坐在树荫下，享受着入夜前的宁静。停车场的上空，被火烧云映得通红。

至今我还记得那天空的颜色，因为当时我曾向那烧红的天空中扔过一块小石头。那时为什么要那样扔，即使现在我也没有想明白。也许是由于看见那红得近乎发紫的晚霞有点着魔罢。运动神经一点儿也不发达，在运动会上总是落后的我，这次投出的那块小石头，竟然高高画出了一道漂亮的抛物线，最后恰巧落在理发店师傅那光溜溜的头上。于是，血滴滴答答地流了出来。那师傅一边大声责骂着，一边朝我追来。我可以向神发誓，我扔石头绝不是想要打他。以前我也从未向别人扔过石头。可眼下，如何才能向气得满脸通红的师傅申辩清楚呢？

我慌忙跑回了家。在师傅的身后，跟来了很多看热闹的中国人。

那师傅进了门，当然要在院子里大骂"日本帝国主义小孩"的恶行。当时的情形已记不太清了，好像后来是由大人出面来道歉，而我一定在屋子里吓得要命。①

这种事情原是并无恶意的巧合。事后回忆起当时的尴尬和惊恐，遗留在竹内实心中的与其说是遗憾，毋宁更是带有惋惜的温馨。此后，他仍旧经常去那家理发店理发。

在主要接待日本人的竹内家旅馆中，曾有过一个由老先生教孩子们读书的旧式私塾。每天有一群年龄参差不齐的中国小孩集中在那里上课，常常是各人按照自己的学习进度哇哇地背诵着课本。竹内实长大后回忆起来，觉得他们像是在念《三字经》之类。"在讲课中经常传出的那朗朗的读书声，虽然显得吵嚷，但也带着某种韵味，听起来很给人以快感。"②这种与日本人小学校不太一样的读书气氛，让幼时的竹内实觉得相当新奇。他由此知道，"中国话所说的'念书'，在私塾和在学校里并不相同。在前者，有除了学学问，还要放声朗读这样两种含义。如私塾先生那样，按着活字印刷的教材，一边小声抑扬顿挫地读着，一边配合着自己的声音，上身像被风吹动似地前后摇晃着，仿佛沉浸在课文的情景中的样子，那才是真正'念书'"。③

不知道是因为受家里院子的中国私塾学习气氛的感染，还是竹内实的母亲觉得该让孩子"小时候学一门什么技术，将来总会有些用处"，④以后在中国谋生能够容易一些，当竹内实在日本人的小学校读到三年级下学期的时候，母亲决定让他跟着三四个日本青年，向一位中国老师学习中文。可到后来，那些青年全都打了退堂鼓，老师跟前只剩下竹内实一个人。于是，母亲改请这位中国老师到家里来给竹内实独自上课。这位中国老师说的是北京话，名字叫萧国栋。

当时，日本人学习中文，大都选用日本的善邻书院发行的一种汉语教科书，全称叫《官话急就篇》。"当时中国语的初级教科书是《急就篇》，

① 《我心中的红卫兵》，《新日本文学》，第21卷11号，1966年11月1日。
② 《〈毛泽东语录〉译后记》，《毛泽东语录》，角川书店，1971年10月25日。
③ 同上。
④ 《回忆与思考·作者前言》，《竹内实文集》第1卷，中国文联出版社2002年版。

几乎是唯一的教科书，一本小小的、白色封面的书。"[1] 竹内实后来曾回忆：

> 我在教科书上的《急就篇》学习简单的会话，老师出声朗读，我随后大声仿念，反复诵读，自然深印脑海，至今我还能背诵，"来了么"（不是"吗"，而是"么"）、"来了"、"去了么"、"去了"、"走了么"、"走了"、"行不行"、"行"、"好不好"、"好"……

> 只记得《急就篇》从头至尾读过两遍，之后还学了什么已不记得，但我读过一册中文教科书（附录有《百家姓》："赵钱孙李，周吴郑王"），还念完一本《官话指南》，我还记得上面有个叫"万岁爷"的单词。

> 这样的课程学了两年。后来，我们一家搬迁到东北的长春，不得不与老师告别。上课时，老师不厌其烦地仔细纠正我的发音。有时，我急得哭起来，有时板着面孔不说一句话。

> 至今，我每每想起当时的老师，总是心生感激之情。老师好像不是山东人，教我的是"北京官话"。[2]

实际上，儿时的竹内实对中国文化的体验与理解，并非仅仅得自这些中国老师以及书籍的教诲。除此之外，他还从周围邻居的举止言行中，感悟到一些书本上未必都能写明讲清，却是中国为人做事的一般传统道德准则。像他弟弟后来讲过，小时候在山东，听人们在吵架时经常叫骂的一句话是："你不是人！"竹内实从那时已经觉察到，在中国老百姓心目里，像一个"人"是为人、做人最起码也是最根本的要求。同他在日本小学校里所读的书相比较，仿佛周围的中国人尽管不太注意积累知识，却都很看重人性，也就是人的品行和道德。

> 正是在那时候，我知道了孔子，还有伟大的思想家孟子这些人。
> 孟子说：人皆有恻隐之心。比如，蹒跚学步的孩子要是掉到了井里，

① 吉川幸次郎：《我的留学记》，中华书局 2008 年版，第 13 页。
② 《致中文读者》，《解剖中国的思想——传统与现代》，台湾前卫出版社 1996 年版，第 4 页。

不管是谁都会慌不择步地去搭救。

人们这样做，当然并非要图那孩子的家长报恩，或者一定要与孩子的父亲有什么交情。救人性命不是想得到别人的好评，也不会因为怕受牵连便不去抢救。这就是孟子所讲的恻隐之心。

竹内实五六岁时在张店

恻隐之心，仁之端也。羞恶之心，义之端也。遇事谦恭的辞让之心，礼之端也。区别什么是对、什么是错的是非之心，乃智之端也。凡为人，谁都有这"四端"。①

小时候在山东乡村的种种生活经历与体验，给了竹内实以中国文化的丰厚滋养。后来，他曾深情回忆道："我觉得在当时的见闻，对自己的思想认识，对我后来的研究，确实打下了基础。"②甚至"有时回忆起幼年时代，深感自己是一个中国乡下人"。③

自然，儿时在当时小镇上的某些生活习惯，仿佛也潜移默化地影响了后来竹内实的人生道路：

出去的时候，上衣和裤子的口袋里总是装满了"宝贝"，显得鼓鼓的。等回到家把它们一个个掏出来，摆到榻榻米上，有石头子儿、弯钉子等，还有其他一些已经忘记了的玩意儿，都是我当时的宝贵收获。但是，并不记得把它们装到箱子里保存起来，大概都让母亲给扔掉了。

---

① 《在接受第三次福冈亚洲文化奖时的讲演》，《获得福冈亚洲文化奖的人们》，联合出版社，1999年9月30日。

② 同上。

③ 马场公彦：《竹内实：一身栖于日中之间》，《战后日本人的中国像——从日本战败到文化大革命、日中恢复邦交》，新曜社2010年版，第504页。

　　直到后来忝列研究者之中，我仍旧热衷于搜集资料，如剪贴报纸或汇集小册子之类。我觉得把报纸剪下以后扔掉很可惜，便把它们原封不动地叠起来。在"文化大革命"期间，我订阅过《人民日报》和《光明日报》，曾按问题分类剪贴过。决定到京都大学人文科学研究所工作，又将这些报纸带到了京都。后来，把剪报装进透明塑料袋并制成了书册，有百余本之多。它们至今仍完好地保存在人文科学研究所的书库里。①

　　竹内实回到日本以后，无论大小，只要是与中国有关的报道或消息，总会撩拨起这个"中国乡下人"对"故乡"的深切记忆。比如，新中国成立不久，一些正义、善良的日本人士曾为返还战争期间被抓到日本并折磨致死的中国劳工的遗骨而辛苦奔走，当竹内实看到中国劳工的名单中不少人是来自山东省博山地方的农民，心目中便情不自禁地浮现出幼时对博山的鲜活印象：

　　　博山有日本人经营的矿山，并在那里挖煤。走出博山车站，是一条丝毫没有修整的山路。运煤的驴车和马车的车辙将路上轧成了深深的沟痕。当时还是小学生的我，喜欢踩着车沟的左右沿儿走。晴天的时候，穿着鞋踏在土路上扑腾扑腾的，尘土飞扬。脱下鞋子则满脚都是土。博山道路的颜色与张店的黑色不大一样。现在让我想来，觉得那颜色有些和水泥粉差不多。不知道为什么出产煤炭的地方道路竟会是那种色彩。也许40多年前的记忆，已经不怎么准确了。
　　　记得在博山车站的前面，与铁路平行有一条河。沿着陡坡下去是宽宽的河床。在河床对面有一条狭窄的水流。再爬上河床的高坡，便是镇上的街道。靠右边几百米远架着一条石桥。在从车站到石桥的途中有煤矿事务所，还有一个煤矿。那条河的名字叫"孝妇河"。我至今还记得"孝妇河"这个河名，是因为当我后来从山东转学到了东北（满洲）的长春（当时叫"新京"），那作为乡土教育用的教材《满洲补充读本》记载过关于这条河的传说，那时的印象非常深刻。不过，主要细节已经模糊，只记得说有一个行孝的妇人因善行而变成

---

① 《中国文化传统探究·作者前言》，《竹内实文集》第10卷，中国文联出版社2006年版。

了水流……①

竹内实对中国文化传统的感受，总是与对乡土的记忆密切重合、交融在一起。

竹内实在晚年，曾在一篇名为《我的故乡在中国》的短文中，表述过接受淄博一所大学的邀请重回"故土"的激动感受：

> 前些日子，我去寻找过自己的出生地。它与附近的地区已合并为"淄博"市，我生活过的"张店"只是该市的一个"区"。当时的"张店站"很小，站前有一个广场（空地），在空地稍微向东的地方便是我父亲的旅馆所在地。而现在，"淄博站"的规模已扩展了几十倍，广场也铺装了。当初的旅馆大约就在如今的站前广场上。
>
> 令人高兴的是，有一个旧的天主教堂还保留着。经允许进入教堂参观，看见有五六个信徒在唱赞美诗。有一个老医院也还在，原名叫"同仁会医院"，西洋式的建筑很引人瞩目。但觉得意外的是，在我的印象里，自己出生的地方应该更大一些。教会和医院也都不是在老地方，它们似乎离车站还要近一点。而现在，这里已经成了淄博市的中心部位。②

他在面对当地学校的师生讲演时，曾真诚、深情地说，自己对张店的一切备感亲切，终生难忘。

事后，竹内实还多次回叙当时的感受，并说过：

> 不久以前，当我相隔了几十年以后再去访问的时候，当地的人说："这里是你的第二故乡。"而我心中的回答则是："应该是第一故乡。"我出生在那里，而且当时并不知道除此之外还有"日本"。③

---

① 《花冈纪行》，《传统与现代》，第37期，1976年1月1日。

② 《我的故乡在中国》，《中日新闻》，1995年1月26日。

③ 《中国文化传统探究·作者前言》，《竹内实文集》第10卷，中国文联出版社2006年版。

三　兵荒马乱

实际上，竹内实儿时生活的山东小镇张店，就是旧中国的一个缩影，当时的中国正处于内忧与外患交织的动荡年代。"内忧"源于军阀之间的混战与割据，平民百姓贫穷凋敝、走投无路；而"外患"则来自包括日本在内的各国列强对中国的蚕食，甚至是明目张胆的野蛮侵略。在当时竹内实的脑海里，中国留给他的印象，总是和兵荒马乱、满目疮痍的景象纠缠在一起。

当时的山东与全中国一样，最多、也最引人注目的有两种人：一种是苦力；再一种就是土匪。所谓"苦力"，指食不果腹、衣不蔽体的穷人。即使在平常年景，张店街头也随处可见从周围农村前来乞讨的穷苦农民，遇上灾荒或战乱，逃灾逃难的人流更比比皆是。这些农民山穷水尽、被逼无奈，有的便靠偷盗、抢劫等勾当糊口，还有的犯下更严重的贩毒以及杀人等罪行。为此，当地的军阀以及政府的警察，每隔一段日子总要"处置"一些罪犯示众，以杀一儆百。竹内实小时候就亲眼目睹过警察在自家门前的广场上成排枪决犯人的情景：

> 有一次，像是一队全副武装的警察，走到我家的门前站住了，这是执行死刑的先兆。当前边铁路路基下的犯人排成一排时，已经到处站满了观看的人，我家连门也推不开了。等准备好了，我从家里面朝空地的窗户，越过站着射击的人的军帽上望过去，看见犯人仿佛都是男的，跪成一条直线。一阵像是炸裂的震耳枪声响过，跪着的男人们都如破布袋似地瘫倒在地上。围观的人如黑色的波浪轰然散开，破布袋们也看不见了。一会儿，等人们走光后，地上只剩下残留的尸体。

> 当时，因吸食吗啡或海洛因中毒的人已不少见。在偏僻的村镇上，由于日本帝国主义的发展，有些日本人能够在那里生存下来，大都与毒品贩卖有些关系。在看见蒋介石的"新生活运动"的传单以后，日本孩子们相信并在暗地议论说，如果讨饭的让人抓住了，就会被卷起袖子，看看要是注射过，都要被那样枪毙。在有段时间里，好像枪毙每天都有。而注射后的人脏兮兮地躺在地上，塞满狭窄的小路

的情景，我也见过。这时，枪毙就如同是一种清扫的行动。①

在这众多"苦力"当中，有人则铤而走险，开始走上落草为寇、占山为王、打家劫舍之路。旧中国的土匪数量并非以山东为最，主要原因也不像竹内实在当时听说的，是"山东省山多，因此，据说土匪也多"。②但土匪确实是中国社会普遍与深刻病态的毒瘤之一。后来，曾是竹内实在京都大学读书时教过他中国古代文学的吉川幸次郎（1904—1980）先生，同样在回忆录中说过，他在留学中国时，遇到一个书店老板的儿子问自己，日本是否有土匪？书店老板当即训斥儿子说："别问傻事，没有土匪的地方哪里去找呢？"③可见，在当时的中国，几乎称得上土匪无处不在，人们已经司空见惯了。至于山东的土匪，更是胆大包天，也更贪得无厌。据说，"山东土匪抢劫勒索，动辄数万元，少亦数百元"。④

例如，就在竹内实出生之年即 1923 年 5 月，在纵穿山东省的津浦线铁路上，发生过震惊中外的临城劫车案。以孙美瑶为首的土匪，共绑走火车上的外国旅客近 20 人、中国旅客 100 余人。经过政府与军队同土匪的多次谈判、讨价还价，历时一个多月才最终使人质得到释放。而像竹内实的父亲挺身与土匪交涉，最后解救出被绑架的当地地主，与当时屡见不鲜的重大劫案相比，则是小巫见大巫了。

更令人惊异的是，那时的中国政府或军阀根本无力甚至不想真正剿灭匪患，而是伙同土匪鱼肉百姓，借以谋利，正所谓"官匪一家"或"兵匪一家"。比如，竹内家的旅馆便不得不接待或应酬各路土匪，他们竟敢在光天化日之下长住旅馆并随意吃喝玩乐。竹内实记得，小时候曾有这样的事情：

> 我刚刚从小学校回来，母亲便告诉说："土匪头子住在这儿，看看罢。"我移身向旁边的客房，推开门进去，看见那个土匪头子穿着衣服躺着，大口地吸着烟。以后想来，他是在吸鸦片，点着一盏小

① 《我心中的红卫兵》，《新日本文学》，第 21 卷 11 号，1966 年 11 月 1 日。
② 同上。
③ ［日］吉川幸次郎：《我的留学记》，中华书局 2008 年版，第 91 页。
④ 吴思：《血酬定律》，中国工人出版社 2003 年版，第 25 页。

油灯。

多年以后，从母亲那里听说，这个土匪连地主、警察局长也得接待，和他打麻将。在打麻将时，地主（中国人）要故意输牌，他则接受那作为礼物的赌金。若不这样做，土匪就攻打城镇，抢掠烧杀。

……

土匪就是离开众人，到山的深处安营扎寨，时时下山到村镇上抢劫，大约因为常骑着马，日本话叫"马贼"，也就是强盗。

不过，他们也是人，并非自己愿意去杀人越货，而是因为生活太穷。所以，土匪头子也一个人随便出来，赌麻将赢了钱就回去。警察局长并不开枪打他，还情愿输钱。

另外，土匪也抓人质，逼有钱的家属交赎金，那样可得大笔的钱。①

既然政府和军队都靠不住，为了防备土匪的骚扰与抢掠，当地有钱人大都豢养着私人武装即"团练"。据说，紧靠着竹内实家，便有一个驻扎"团练"的营房。不过，从邻家的地主曾被土匪"绑票"一事不难看出，即使靠私人武装也难以抵挡匪患的猖獗。

当时，中国如此积弱衰败，列强都趁机来华争夺利益，或以经济贸易搜刮资源与钱财，或以军事侵略霸占土地。日本在第一次世界大战后夺得青岛和胶州湾管治权就是突出的例证。后来，在1928年春天发生的"济南事件"，更在刚刚五岁、初有记忆的竹内实心中留下了难忘的印象。

所谓"济南事件"，是指日本政府在国民革命军北伐至山东省后，以"保护在山东日本侨民的利益"为借口，两次派军队从青岛登陆，沿胶济铁路侵犯济南的事件。

1928年4月底，因北伐军势不可当，日本政府即调天津、青岛两地的日军开往济南，还在青岛港停泊了30多艘军舰。那时，分裂为南、北两方的中国政府均提出过抗议，反对日本出兵。然而，日军到达济南城外修筑了工事，接着，由蒋介石率领的北伐军与日军在济南市内对峙，互不相让。而随后双方陆续发生的冲突，伤亡的多为中国军人。日军还借口发

---

① 《在接受第三次福冈亚洲文化奖时的讲演》，《获得福冈亚洲文化奖的人们》，联合出版社，1999年9月30日。

现日本侨民尸体，进而屠杀和残害中国民众。与此同时，日本政府继续从中国东北、朝鲜等处调兵到山东，并派飞机抵达济南上空，投弹阻止北伐军开入济南。日本方面一边向国际联盟提出要求裁决，一面继续向城内进攻，最后占领整个济南城并建立了伪政权。在前后近半月的冲突中，中国军民死亡千余人，伤者不计其数，而日军将士受伤者仅 30 人，无一人死亡，日侨也毫无损伤。

在这次"济南事件"中，日本军队沿胶济铁路不断从青岛向济南增兵，铁路沿线的日本侨民则被告知，日本政府出兵是为了维护他们在中国的权益，便有侨民信以为真，到车站对日军表示"欢迎"与"慰问"。同样，张店火车站也驻扎过日本军队。竹内实曾回忆说："我有生以来的最初记忆，是自己在军用帐篷里裹着黄毛毯，很是暖和，并在里边睡觉，而不知不觉地却尿了床，热呼呼的。当时，大概日本军队正在中国打仗，驻扎在帐篷里。经查年表后知道，那是发生'出兵山东'那一年里的事情。好像在野外看见转动着螺旋桨的飞机，把邮政信筒吊起来，也是那时候的事。"①

不难想象，在张店安营扎寨的日本军人，在异国他乡偶然遇见年幼的日本小孩儿，无疑会十分意外和惊喜。军人会争先恐后引逗着这个会说日本语的孩子，他们让说累了的孩子在帐篷里睡觉，即使尿了床也会觉得是无聊而凶险的征途中的乐趣。而纯真无知的日本孩子并不懂得也不会质疑，这些并非像自己父母一样为了出国谋生的"内地"军人们，为什么也要成群结队地远涉重洋闯到"外地"来，他无疑会对军队里的一切感到好奇。孩子天真无邪的心灵与日本军队的血腥与凶残形成强烈的反差，似乎预示着出生于中国的日本侨民后代，注定要不断地面对和思考日本民族性中人性与野蛮并存的矛盾。竹内实后来每每回想起这些最初的记忆，总是心绪复杂，五味杂陈。

实际上，此后不久，竹内实就如同一只稚嫩、无辜的替罪羔羊，曾不知所措地面对与承受过中国人因日本政府与军队的侵略行径引发的激愤与怒火。

_____

① 《我心中的红卫兵》，《新日本文学》，第 21 卷 11 号，1966 年 11 月 1 日。日本出兵山东时，曾在中国境内使用一种以军用飞机与各地日本军队或日本侨民通信的办法，即用带螺旋桨的双引擎飞机吊着铁钩放下信件，再勾起地面日本军队或日本侨民寄出的信件。

"济南事件"之后，中日两国之间的矛盾逐步升级。中国普通老百姓对日本的愤怒，即便在小镇张店也日益显现出来，一些中国孩子不加区别地把愤怒发泄到当地的日本儿童身上，虽然他们的做法似乎带有戏谑与恶作剧的味道。竹内实就有过类似的经历：

一天，在那条"马路"上的一个街角上，四五个日本小孩儿正凑在一起玩耍。不知什么时候，一些年龄差不多的中国小孩子，也闹闹嚷嚷地聚拢了过来，嘴里好像在一起骂着什么。一个小石头突然从他们中间飞出，这块石头正巧打在一个日本小孩儿的肚子上，劲大得竟"嘭"地一声弹了起来。中国小孩儿们看见这情景，都显出了如中国话所说的"吃惊"的样子，慌张地逃散了。而那个日本小孩儿——也就是我，是因为当时有病，腰间正缠裹着石膏。中国小孩儿见石头打在我的肚子上，以为打伤了。其实我并没觉出疼来，倒是感到中国小孩们看见迸走的石头而显露出的那善意、惊慌的脸色有点可怜，禁不住有些苦笑。他们那飞快逃走的样子，我至今还记忆犹新。

不久，也就是两三年以后，镇子的一些地方出现了排日的传单。我曾看见上面画着，一些中国人被夹在用铁环箍着的木桶板条中间，有的被夹出了血。不必说，那意思是说日本人在欺压中国人。

我这时已经入了小学。在上学放学的路上，总能远远地看见一幅广告。偶尔，要是在那幅广告前面与中国军阀的队伍交错而过，就会有唾沫吐到我的头上。这时，我恍然明白了，那是什么意思。

……

后来，在我家的外墙上，有人用白粉和铅笔画了一把青龙刀，刀身上写着"打倒日本帝国主义"，或者也许并没有"主义"两个字。不过，我确实很快便模仿起来，在给"内地"的伯父寄信时，也在收信人的名字前面，先写上"大日本帝国"的字样。

有一段时间，尽管并不总是同样，但从家里一上街，大都能感到排日的浪潮逐渐高涨，常被可怕的敌意包围着。当时，一群群的中国孩子们像驱赶猎物一样追我，即使逃回家里，仍心有余悸。于是，我从藏物中找出一个猎枪上的空弹夹，并且像中国人在旧历正月放爆竹似的，把爆竹装在弹夹里，放过三四个。我家的大门是中国式的，两扇厚厚的门板可以像观音龛那样开合。我用黄磷火柴把弹夹里爆竹的导火索点着，再将那装有爆竹的弹夹夹在门缝中，只听"轰"的一声，爆竹便像火箭似地飞出去了。

这时，周围的中国孩子们全都四处逃散了。我想，家里不会再有人来捣乱了，害怕的心情才渐渐消失。

当然，这并没有真正伤害他们。排日的骚动，不久也平息了下来，我就再没有体会过那种害怕的滋味。①

如竹内实所说，他和中国邻居的小孩儿之间，并没有过什么真正的"伤害"，但那时的"害怕"心情，却是空前的，并且深深伤害了他那稚嫩的心。当日本帝国主义不仅虎视眈眈而且在华为所欲为，大肆鲸吞中国的时候，作为在华日本侨民的后代，竹内实没有从日本对中国的侵略行径获得什么实在的好处。他亲身体验到的，只有日军侵华战争给中日两国和两国民众身心造成的巨大创伤。

这些称得上是幼年竹内实对现代日本与中国两国关系最初的亲身体验。

---

① 《我心中的红卫兵》，《新日本文学》，第 21 卷 11 号，1966 年 11 月 1 日。

第 二 章

两栖的"满洲国"民

一 移居"满洲"

"济南事件"过后，尽管在国内外压力之下，大批日本军队最终在1929 年被迫撤出了济南，经青岛登船回国，但日本侵占中国领土的气焰却日益嚣张。到 1931 年，日本军人在中国的沈阳策划了震惊中外的"九·一八"事变，并很快占领了整个东北地区，那里完全沦为日本的殖民地。为了避免受到国际谴责以及各国列强争夺利益，日本政府处心积虑伪造日本出兵中国是应满族人建立新国家的要求而非侵占东北的假象。到1932 年 3 月 1 日，日本扶植已被辛亥革命推翻的清朝末代皇帝爱新觉罗·溥仪（1906—1967），在东北成立傀儡政权"满洲国"，并将长春改称"新京"，定为"国都"，作为东北地区的政治、军事、经济、文化和社会中心。直至 1945 年日本战败投降，"满洲国"前后共维持了 14 年。

当时，针对日本大肆侵犯日甚一日的态势，中国民众声讨与抵抗日本的情绪更加高涨。特别是在"济南事件"后的山东各地，日本侨民与当地中国人之间的关系日渐紧张。这样的情势变化，不能不让拖带着三个儿女的竹内实母亲感到紧张。连孩子们都与当地儿童时有摩擦，母亲觉得继续在张店谋生已有困难。此时，听说日本国内正鼓动向中国东北地区移民，她产生了迁移到伪满洲国去的想法。

日本逐渐公开视"满洲国"为附属地，变本加厉地向中国东北地区扩张。为此，日本朝野接二连三推出所谓《满蒙殖民事业计划书》、《日本人移民案纲要》以及《关于满洲移民实行职件》之类的方案，而且通过在中国东北的日本移民机构"满洲拓殖株式会社"，具体实施鼓动与管理移民事宜，如划分和分配日本移民区域，向日本人发放补助金等。① 因此，除日本军队之外，在很短时间里，日本商人和农民等大量涌入中国东北各地。到 1944 年，"新京"市区人口已达 120 多万，面积也拓展至 80 平方公里，号称"亚洲第一大都市"。

但是，在当时中国人看来，日本在"满洲"的这些行径无异于强盗，大家大都把那里称为"伪满"，即"非法的满洲国"之意。比如，当竹内实按母亲的意思把全家将移居"满洲国"的消息告诉自己的中文老师萧国栋时，老师立刻说："不好！"表情一下子变得紧张起来。这让竹内实感到有些害怕。② 后来，竹内实对日本政府炮制的这个"国家"的评价是：

> 以前，日本曾在中国的东北炮制过一个国家："满洲国"。可以说，这与英国等发达国家在非洲、亚洲占领和据有殖民地一样，同样属于侵略的行径，是名不正言不顺的。
>
> 为了掩饰殖民地的本质，在满清的发祥地——中国东北，将清朝的末代皇帝，也就是废帝宣统扶植起来当"执政"。后来竟恢复了帝制，称其为"皇帝陛下"。日本也表示拥戴，竭力鼓吹。我觉得，这是一手制造伪满洲国的日本军部迷信和陶醉于君主制度的反映。同时，也是为了便于收容日本的老百姓移居到那里去。③

竹内实跟着母亲连同两个弟妹移居到"新京"，是在 11 岁即读完张店日本人小学 4 年级后的 1934 年夏天。母亲以自己在张店多年的积蓄，加上日本亲友们帮助，在"新京"市中心最大的广场西边的崇智胡同买下一处房子。她凭借以往的经验，仍旧靠经营旅店维持一家人的生计。

虽然竹内实全家移居东北实际是在夏天，可竹内实对那里最初的深刻印象却是严冬的寒冷。他后来回忆说：

> 当时，到满洲的日本人首先感慨的是满洲真大。有 130 万平方公

---

① 中央档案馆等编：《关于满洲农业移民实行之件》，《东北经济掠夺》，中华书局 1991 年版，第 648 页。

② 《最初的中国语教师》，《NHK 中国语讲座》，1967 年 12 月、1968 年 1 月合刊号。

③ 《伪造的国家向儿童灌输》，《读卖新闻》（晚刊），1988 年 4 月 5 日。

里，是目前日本的两倍。

　　由于制造出了那样的傀儡政权，日本的国土扩张了近4倍。在改为帝政之后，我和母亲一起移居到了那里。新京车站的月台上结了冰，我滑动着脚往前走，差一点跌倒。确实很冷。①

　　竹内实对东北的这些印象，隐约含有与其出生及幼年成长的山东省村镇对比的感受。除了山东要比东北温暖一些，两地的生活习惯也不太相同。"长春的冬天十分寒冷。因为烧煤，家家有烟囱冒烟。烟灰漂落下来，把冻雪染成点点黑斑。"② 心境之所以经常如此阴沉，大约也因为竹内实似乎总把自己看作"满洲国"里的"外乡人"，对那里始终没太有强烈的认同感或亲切感。

　　这样的心情同样表现在竹内实的母亲身上。因为在山东生活过较长的时间，她带孩子们移住到东北后，仍对在那里随处可见"闯关东"的山东人感到很亲近，与他们好像有"同乡"之谊，彼此来往也比同当地人频繁与密切。自然，她接触的多是从山东来谋生的贫苦平民。

　　满洲的冬天非常冷，当时，市内的交通工具是马车。人力车也有过，可因为道路结冻，很难走。

　　等我长到11岁的时候，全家移居到了现在的长春，也就是当时伪满洲国的首都新京。

　　我母亲的中国话说得并不太好，然而有一天坐马车，她跟赶马车的聊天，知道那个男人是从山东来的。一个"山东苦力"到当地，赶马车是他的擅长。那时由于经济管制，伪满洲国和中国的货币之间不能自由兑换。那个男人费力挣钱，却不能寄回山东。我母亲是一位乐于助人的热心人，她便与青岛的日本人联系，把钱送走，等到那赶车人的村里有人去青岛，再把钱带回家去。③

---

① 《欲望的经济学》，《竹内实文集》第9卷，中国文联出版社2006年版，第332页。

② 《延安，也是故乡——初读〈人民文艺丛书〉的时候》，《延安文艺研究》，创刊号，1984年12月。

③ 《在接受第三次福冈亚洲文化奖时的讲演》，《获得福冈亚洲文化奖的人们》，联合出版社1999年版。

　　竹内实随家人到"新京"以后，又续读了两年小学。那所学校名为白菊小学，与在张店一样，也是专门教授日本孩子的学校。然而，毕竟竹内实已渐渐长大，他不再像在山东那样只是关注自家房子的样式或大多数时间与日本孩子交往，最多只是扩展到观察中国邻居们的生活，而是逐渐尝试以自己的眼光观察当地更广阔视野里的人与事，也就是所谓社会的种种是非，并且在不自觉地思考甚至懂得了质疑。

白菊小学

新京规划图

　　如实说来，长春被改名"新京"作为伪满洲国的"首都"以后，日本政府和日本关东军曾处心积虑地规划并大兴土木，试图建设成一座足以显示"日本式现代文明"水准的样板城市，以证明日本与"满洲国"的实力和繁荣。自1903年日俄战争后在东北成立的日本满铁经济调查会，首先着手编制了新城市规划，随后又组成直属"满洲国"的"国务院国都建设局"，承担规划并实施规划的任务。1932年8月，日本关东军、日本特务机关和"国务院"三方联席会议，将满铁调查会和国都建设局两个方案加以比较，随后国都建设局再次改订了城市建设规划范围，确定全市建设规划区为 200 平方公里，除近郊农村 100 平方公里外，以 100 平方公里为城中建设区域。长春原有旧城区 21 平方公里，第一期 5 年建设区域则扩展 20 平方公里，规划人口 50 万。这一规划由关东军司令部最后定案，确定为《大新京都市计划》。

根据《大新京都市计划》，城市干道网采用放射状、环状与方格状结合的多心形式，城市中心位于大同广场，直径 300 米，其他重要路口也都设置广场，如安民广场直径 244 米。道路则按不同功能分为宽 26 米至 60 米的主干道，以及宽 10 米至 18 米的次干道，还配有宽 4 米至 5 米的辅道。干道由绿化带区分为汽车道、公共汽车道、马车和自行车道，两旁是人行道路。

按照规划，各种机关、大型银行和公用设施分为几个群落建设在这些干道的两边。在最长的大同大街两旁，设有各种现代化办公机构即所谓"厅舍"，还有司令部、广场和公园等。在顺天大街一带分别建设了新"皇宫"、"国务院"，在市中心的大同广场周围还有满洲中央银行、满洲电信电话株式会社、国都建设局、首都警察厅等。在其他地区则分别设有文教区、社交中心、日本人娱乐区和中国人娱乐区等。竹内实还记得：

> 在那个新建起来的城市，对都市规划是很精心的。在横贯市中心的大干道上，路的中间铺着石头，而夹着它们的两侧，则是单向通行的柏油路。在隔离带和人行道上，还并排栽了树木。
>
> 路中间铺石头的部分是走马拉的车。那装有橡胶轮胎的车子由 2 匹或 4 匹马拉着，车夫不断地响着鞭子。
>
> 在这样的道路上，是禁止车夫乘车的，得边走边赶着马。偶尔有人违反了规定，被警察看见，就要受到斥骂。①

整座城市堪称宽敞、整齐、新颖，与中国东北地区其他老旧城市的土气、破败与脏乱相比，堪称光鲜夺目。然而，在当地中国人眼里，这座由"外来人"设计和建设的新城市，都是别人的，是为别人盖的，与自己没有多大关系。因为"新京"城市规划的最初意图，是要将日本人与中国人区别开来，"满洲国"的主人和主权，实际上属于日本而非中国。整座

① 《散步之路》，《路径》，第 95 号，1981 年 10 月 20 日。

城市无论街道、楼宇、店铺还是广播、报刊、学校，无一不显露出日本情调，到处听得见日本语的声音。此外，还时时会演出"日满亲善"，例如日本政府"施惠"实质是支配、摆布"满洲国"，或者"满洲国"首脑与官员朝拜日本天皇之类的闹剧。在竹内实的记忆中：

> 执政溥仪的登极典礼，也就是再次正式做"皇帝"，是1934年即日本昭和9年的事。第二年，他去日本访问。一回国就发表了"回銮训民诏"。
>
> "銮"是指天子马车上的铃铛。那是回国后的天子向子民训导的诏书……
>
> ……
>
> 那时候，我是伪满洲国首都"新京"（现在的长春）小学六年级的学生。因此，知道伪满洲国皇帝访日的事。在《扈从访日恭记》出版时，应该读过这本书。我之所以这样说，是因为自己不仅对这书的作者林出贤次郎，[1] 直接或间接地知道一些，而且脑中至今还记得，书里有所谓"皇帝"乘坐的"御舰"比睿号的桅杆上，飞来过仙鹤的说法。
>
> 昭和时代的日本既是日本，又不单单指日本自身，其中还包含着另外一个"国家"。"昭和"年号的翻版就是"大同"和"康德"的年号。[2]
>
> 即使是在小学六年级学生的脑子里，也渗透了伪满洲国宣传的观念。林出贤次郎不但到处给人以爱国者的印象，而且其形象似乎就象征着毫无二心地效忠皇帝。这便是我对他的记忆。[3]

在竹内实看来，由于这是一个别有用心伪造出来的"国家"，好多事情都显得装模作样甚至有些乖戾。其中最不合情理的，还是人与人之间那种难以平等、和善、融洽相待的主奴关系，活灵活现地反映了殖民地的本质。

---

① 林出贤次郎为当时日本驻"满洲国"大使馆书记官，兼任"满洲国宫内厅行走"。
② "大同"和"康德"均为伪满洲国的年号。
③ 《伪造的国家向儿童灌输》，《读卖新闻》（晚刊），1988年4月5日。

二 在两种"国民"之间

在伪满洲国的等级观念中，最高高在上的自然是位于溥仪"皇帝"背后的那个，可以随意对他以及整个"国家"事务颐指气使的日本官员和军人，他们俨然就是"太上皇"。而一般日本人，只要来自日本"内地"，仿佛也可以自命不凡地在"满洲国"随心所欲，足以蔑视所有"满洲国"的民众，包括像竹内实家这样长期生活在中国的日本侨民，更何况竹内实还是出生在"外地"的日本人。最为低贱的无疑是中国平民百姓，他们不肯像汉奸一样认日本人为主子，不甘心做日本的走狗，又无法像日本人那样得到种种优惠或偏护，甚至不能够公开自称是中国人，其屈居的低下地位无异于"亡国奴"。竹内实眼中的"新京"：

> 那时有 43 万人口（1940 年），① 大都是中国人。一般称"满洲人"就是指中国人。在新京的小学校里，每周教一节中国语课，称作"满洲语"。现在想来，尽管国号是"满洲国"，可又叫"中国人"或"中国语"，是很矛盾的。②

这种"矛盾"，便是中国人所说的"名不正言不顺"。毕竟"满洲国"是在中国的领土上，绝大多数国民是中国人，自然不能不讲中国话。可是，为了处心积虑地把这片土地从中国版图上割裂出去，竟要蹩脚地称为"满洲人"、"满洲话"，而且"满洲国"的多数日本人是不屑于学说中国语或者认读中国书的。为此，竹内实"对从日本，即从当时所谓'内地'来的人，并未真正读懂中国的书，或者说连一页也不肯读，感到很不满。因为在伪满洲国以前，自己曾在中国北方的农村生活过，我在那里的见闻，要比伪满洲国的宣传和漂亮口号，真实得多"。③

在竹内实看来，那些因殖民统治而利欲熏心的日本人，因为无知或傲

---

① 作者此处记忆不确切。据资料记载，1940 年"新京"人口已突破预定的 50 万人。

② 《欲望的经济学》，《竹内实文集》第 9 卷，中国文联出版社 2006 年版，第 332 页。

③ 《顽强用功读懂中文》，《读卖新闻》（晚刊），1988 年 4 月 6 日。

慢而不懂得，甚至也不情愿承认：

> 众所周知，日本列岛曾受惠于中国大陆文化。当然，日本也有自己的种种创造，其中，用日语音序符号和送假名对汉字标注的"汉文和读法"，① 称得上相当奇特。正如有人批评的那样，现在像读"训读"那样按日本语语序解读汉文已很难懂，还不如直接读汉文原文为好。

> 日本人把不加日语音序称号和送假名的汉文原文称为"白文"。而我小时候最先接触的中国书文，就是这样的"白文"。后来，到了"满洲国"才熟悉和习惯了在宣传文字和口号上标有日语音序符号和送假名。②

竹内实在当地的白菊小学读了两年，1936 年夏天小学毕业时，老师认为他的身体孱弱，以后不太可能上大学，便建议他考进了"新京商业学校"。那是一所相当于初中程度的专业学校，位置在一处公园附近。所以要报考中等商业学校，竹内实朦胧的初衷是想学得一门谋生的技能，作为长子最好能够早早顶替母亲负责维持全家人的生计。

在这所商业学校中，除了经营类课程之外，多数同学选学的外国语是英语。从以后经商的角度考虑，英语的用处无疑更广泛，也更实用一些，何况当时，当地的日本人瞧不起中国语。然而，竹内实因为已有相当的中文基础，也可能觉得今后全家的生活还得立足于中国，他便与多数同学不同，外语课选学了很少有人肯学的中国语，希望自己的中文水平能更上一层楼。竹内实曾回忆：

> 在当时的"满洲国""新京"的学校里，中国语曾是正式的课程。然而，讲课只是让记一些实用的会话，根本不考虑通过语言走向另外一个世界。其实，自己也并不知道中文究竟能通向什么样的世

---

① 日本语的音序符号是为指定汉字的阅读顺序而标示的符号，如"√"、"上中下"等。送假名则是指日本语中的动词、形容词、形容动词等用汉字书写时，其词尾变化部分的日本假名部分，即"送假名"。如"行く"一词中的"く"就是送假名。

② 《顽强用功读懂中文》，《读卖新闻》（晚刊），1988 年 4 月 6 日。

新京商业学校

界，只是觉得翻来覆去光说日本语有时会觉得无聊。因此，在放学之后，我便钻进"新京神社"对面那座唯一的图书馆里。这大约是当时并不了解另外世界的我的一种幼稚的反抗。①

对竹内实这样的日本侨民后代来说，与自己的日本生活圈子不同的"另外世界"，最近在咫尺也最熟悉的就是周围的中国社会与中国人。他自幼已有对中国农村生活的体验，无法认同"满洲国"里某些日本人对中国那种惯有的轻视甚至鄙视态度。即使是在商业学校里主要学习日本语课程，每当有意无意地接触关于中国文学或文化的书籍，他都会情不自禁地产生强烈的阅读欲望。比如，他记得在图书馆里翻看日本作家森鸥外的作品时，② 知道了中国有一部名叫《金瓶梅》的小说，并急切地想找来

① 《鸥外和我》，《现代日本文学馆》1 附录，1967 年 12 月。
② 森鸥外（1862—1922），日本小说家、评论家、翻译家。曾赴德国留学，本职是医生。

看。其他中国古代白话小说像《水浒传》、《红楼梦》等，他也读了一些。这种爱好显然与商业学校的课程毫无关系，并非专业要求，但青年时代的这种兴趣，反映了竹内实与中国文化难以割舍的密切关系。这种情趣曾催促他尽力搜寻能够看到的中文作品，由浅入深、由表及里地认识与体味其中表述的中国历史、中国社会以及中国人的心理与情感。

他阅读这些中国书籍，还谈不上什么深刻的思考与研究，主要从中逐步领悟到了中国人的一些行事准则以及待人处事的习惯。所有这些，几乎没有一种是由学校教师传授的，全是靠自己广泛涉猎中国典籍并结合对中国社会的感受潜移默化懂得的。比如，竹内实当时无法读到中国人对"满洲国"等级与歧视观念表示不满的文字，但借助于自己听、说中国话比一般日本人好得多的长处，他能从身边的日常话语与表情，准确和深刻地理解中国人的真实情绪和想法。

"满洲国"打出的旗号是"王道乐土，五族协和"，说是在这个"国家"里应该各民族平等，以友爱之心团结相处。当官的不管是日本人还是中国人，都必须向"满洲国"效忠，他们分别被称为"日系官吏"和"满系官吏"。

尽管这样说，但即使在按现代化设计的首都"新京"的马路上，众目睽睽之下对中国人施暴的日本人的身影并不少见。只因为人力车夫或马车夫讨要车费，就有举起拳头打人的。地方一级行政区"县"的县长是满洲人，即由当地有势力的中国人担任，可实际上的支配者却是从"中央"派来当副县长的日本人。

对好听的口号和好的事例我当然也并非没有注意到。不过，中国人被欺压在"满洲国"是实在的。虽然外表看起来他们似乎无力反抗，但实际上毕竟能够感觉出来，他们并非全都是那样软弱。

他们的口头禅是："没法子！"对这句话，那些听中国话马马虎虎的日本人，觉得仿佛其意思是在说："确实无法可想。"因此，也许会感到有点得意。而在我听来，在这句话里却有着比无奈和灰心更为强烈的坚韧精神。

这种感觉并非只就某个特定的人而言。我没有读过中国人直接为自己伸张正义的书报文章，更无前辈对我心中的这种朦胧感受给予启发，但凭自己心里的判断，我觉得那些"满洲人"的心理情绪，与一般日本人对他们的一知半解实际上并不一样。①

其实，"满洲国"里的日本人并不都是达官贵人或者富豪财主。许多从故土远道迁来的日本平民，其境遇和结局比当时穷困、低贱的中国人好不到哪里去。而与中国人相比，竹内实觉得他们似乎倾向于默默忍耐而非顽强地反抗。他曾回忆道："记得在日本战败的时候，我在日本而母亲和弟弟还住在长春。后来听回国来的母亲说过，在好容易从'内地'跑到长春的'开拓团'里，② 不断有人因严寒和饥饿而死去。在郊外的原野上掩埋着这些人的墓穴多得数不清。她曾到那些坟前去祈祷过……母亲还说，以后还想再去颂一次经。当时，我听了这些话，眼前曾偶尔显现过，在冬天的旷野上，那些没有棺木的人裸葬的情景。"③

与此不同，当时生存在"满洲国"困境中的中国人，困苦时即使不愤怒反抗也常有"没法子"之类的叹息。竹内实在晚年曾提到，美国女记者尼姆·威尔斯（Nym Wales，1907—1997）在《人民中国的黎明》一书中，称赞中国革命者已与"没法子"、"马马虎虎"之类"过去的民族哲学"决裂的看法，这使他情不自禁联想起青少年时代在中国生活的印象，并进而确认："至于'马马虎虎'，似乎应该如鲁迅所考虑的一样，看到使中国民众形成那样一种生活态度的社会与历史条件。我觉得，在乍一看来不认真的生活态度里面，反过来也能够发现不轻易妥协的中国民众的抵抗力。""如果看不到这些，认定它们是中国软弱思想的表现，反倒会导致误解。常见日本人对中国人的蔑视，便出于这种误解。此事尚未进行充分的反省。"④ 这样的看法，无疑可以追溯到他年幼时对中国东北伪满洲国的现实和中国民众心理、情绪体贴入微的认识。这种深刻的认识是那些短暂接触或仅从书本上研究中国的外国记者、学者们无法企及的。

在人为伪造的不伦不类的"满洲国"五六年的生活中，青年竹内实尽管比那些处于社会最底层的中国贫苦民众的处境要好一些，但与来自"内地"即日本的人们相比，生于"外地"的他毫无优越感。他是夹在

---

① 《顽强用功读懂中文》，《读卖新闻》（晚刊），1988 年 4 月 6 日。

② 在侵华战争期间，日本政府曾组织、派遣日本贫苦农民到中国东北垦殖与开发。这些组织称为"开拓团"。

③ 《花冈纪行》，《传统与现代》，第 37 期，1976 年 1 月 1 日。

④ 《新版中国的思想：传统与现代》，日本广播出版协会 1999 年版，第 138、145 页。

"上层"日本与"下等"中国人之间的两栖式"满洲国"民。这样的社会身份定位，使得竹内实尽管血缘与国籍属于日本，可在心理、情感与文化基调上却更理解与贴近中国，更熟悉中国的社会、历史、传统与世俗人情等。青少年时代在中国的实际经历，几乎造就了竹内实领悟中国文化传统得天独厚的基因。他对中国的理解不是靠阅读枯燥的教条，而是来自个人亲身的体验：

> 在那个时代，我周围的人们并没有学者，也没有人特意给我讲授过什么道理。
>
> 现在回想起来，我觉得在当时当地的见闻，对自己的思想认识以及对我后来的研究，确实打下了基础。
>
> 正是在那时候，我知道了孔子，还有伟大的思想家孟子这些人。
>
> 孟子说：人皆有恻隐之心。比如，蹒跚学步的孩子要是掉到了井里，不管是谁都会慌不择步地去搭救。
>
> 人们这样做，当然并非是要图那孩子家长报恩，或者一定与孩子的父亲有什么交情。救人性命不是想得到别人的好评，也不会因为不怕指责便不去搭救。这就是孟子所讲的恻隐之心。
>
> 恻隐之心，仁之端也；羞恶之心，义之端也；遇事谦恭的辞让之心，礼之端也；区别什么是对，什么是错的是非之心，乃智之端也。凡为人，谁都有这"四端"。
>
> 孟子这样断言："无恻隐之心，非人也。"
>
> 我的弟弟至今还不能忘记，小时候在山东看到人们吵架时，常嚷的一句话是："你不是人！"
>
> 吵起架来谁都觉得对方不对。至少在一方看来，大约对方就是缺少"恻隐之心"。
>
> 由此可见，孟子的教诲已不知不觉地渗透到了那些不太懂得读书的平民之中。①

这些由丰富、生动的感受与书本知识结为一体的对中国文化传统的理

---

① 《在接受第三次福冈亚洲文化奖时的讲演》，《获得福冈亚洲文化奖的人们》，联合出版社，1999 年 9 月 30 日。

解，使竹内实在未走上中国研究道路之前，就已具备了与出生在日本本土
的中国研究家们明显不同的特点。也就是说，竹内实与中国的联系并非仅
仅来自书本，而首先来自他做人的道德修养和精神基础。正像有学者在评
价日本著名中国研究家尾崎秀实（1901—1944）的研究风格时所说，他
"对中国问题进行分析的起点、终点，以及他的分析之所以与其他几乎所
有的中国分析都存在着质的区别，其原因在于一个亲自触摸了中国民族运
动的人的触感上"。① 应该说，所谓"亲自触摸"到中国社会与民族运动
的真实，竹内实比尾崎秀实有过之而无不及。因此，他在日本现代中国研
究领域具有典型性和代表性。

因此，竹内实到晚年对自己心目中的中国文化精神的简捷却恰中肯綮
的总结与概括，都并非教条、枯燥的归纳，而是原汁原味的温情写照，这
恰恰符合竹内实的中华文明观的本质特色，显示出一位与中国具有血肉因
缘的日本人对"异国故土"的真知灼见。

> 我愿意用"中华世界"这样的说法。而中华世界文化的特点，
> 并非仅仅积累知识或对概念条分缕析，而是以人性为根基。我觉得，
> 这种文化是用谁都能理解的浅显话语，来传播前人领悟的智慧。
> 看融合重于对立，对人对己都设身处地地待以温情，这无疑就是
> 中华世界，也可以说是广大亚洲世界的精神。②

三　初回祖国

在日本昭和时期（1926—1989），日本社会中家族与血缘的观念还很
传统，亲属间的关系比较密切。由于受中国儒家伦理传统的影响历久且
深，在父亲英年早逝之后，竹内实一家孤儿寡母始终受到日本父家和娘家
两方亲人的种种关照，他们与国内亲族一直保持着情感与经济方面的联
系。这是竹内实的母亲独自支撑家业，最终将三个儿女抚育成人的心理动
力之一，也使竹内实能够比在中国的日本人圈子里获得更多对祖国人情的

---

① 野树浩一：《近代日本的中国认识》，中央编译出版社 1999 年版，第 181 页。
② 《在接受第三次福冈亚洲文化奖时的讲演》，《获得福冈亚洲文化奖的人们》，联合出版
社，1999 年 9 月 30 日。

亲身感受。

竹内实在正式回日本读书之前，曾跟随母亲和弟妹几次回国度暑假。儿时的回国经历，首先扩大了竹内实的眼界，冲破了中国乡土环境的单调色彩，接触到日本真实、多彩的风土人情。当时，日本现代化的进程与速度堪称在亚洲第一，社会、经济的繁荣与国民教育水平都高于中国，尤其是中国的农村。虽然此时的竹内实未必关注或者懂得日本总体社会发展水平的高低，但从一个孩子的眼光看，也能够发现祖国亲友的日常起居、饮食大都比较讲究，即所谓文明。比如，他对那里人们吃饭的印象：

> 我小时候生活在中国，曾经在暑假回过日本几次。当时，到农村的亲戚家里去，看到连孩子都使用被称为"箱膳"、带有盖子的漂亮饭盒，觉得非常吃惊。每人各自坐在它前面吃起来，最后要了茶。等到把茶喝干净，再将筷子洗好插进筷子盒里。然后，把茶碗和筷子盒全都装到箱膳里去。①

日本农民如此严格、规范的饮食习惯，反映了生活的稳定与富足。在贫穷、饥不择食的中国农村，人们吃饭不可能如此从容或精心。不过，在已经适应中国生活的竹内实眼里，日本饮食的这些规矩显得有些过于拘谨，难免让小孩子觉得紧张甚至手足无措。而且，日常生活太讲究规矩，人与人之间也少了些亲切与温馨，不够从容与随意。在竹内实看来，中国亲友们一起吃饭，喜欢气氛的亲近与热烈，虽然也有不成文的规矩，但不像日本那样古板。

> 中国的饭菜经常是大家一起夹着吃，并不介意很多人同时向一个盘子里伸筷子，毋宁还显得气氛热烈。然而，在日本却有一种禁忌，即叫做"不能一起夹菜"，不允许那样做。除此之外，还有禁止夹菜时犹豫不决，以及不能吸吮筷子之类。可在中国，把筷子吸咂干净或者用筷子给别人夹菜，都是相当自然的事情。②

---

① 《饮食与权力——日、中、法比较》，《竹内实文集》第 8 卷，中国文联出版社 2006 年版，第 242—243 页。

② 同上书，第 234—235 页。

　　将二者相比，竹内实感觉中国人的习惯更富于人情味，日本则强调规范的约束力，偏重于形式化。

　　如果将日本的这些规矩拿到中国去，自然也不失为礼节。不过，我总觉得在中国的礼节中没有与日本的规矩相对应的东西。或者，与其说中国没有这些规矩，毋宁说日本有些过分。①

　　竹内实对日中两国饮食习惯做出如此的判断，已是晚年的事。小时候的他，既没有大胆褒贬彼此的勇气，也未必能够具备认识清楚以及说明白其中内在意蕴的能力。基于儿时的心理，他无非希望全家一起吃饭时能够轻松、快活一些。这些属于情感的好恶而非理性的解释，相当即兴也常常不特别在意。不过，感性的印象积累得多起来，也在逐步启示、推动着他对日中两国社会风气和心理异同的理智与公正的看法。

　　比如，与饮食规矩一丝不苟的特点相类似，日本的人际关系，即使是家族内亲戚、长幼之间，也显得责任有余而体贴、热情不足。竹内实的父亲去世后，他的伯父义不容辞地承担起对弟媳一家的指导、扶持的责任。这种日本式家族的责任感，更多体现在对竹内实母亲毫无情面的说教直至训诫上。这往往让竹内实感到难堪和不快，心里总是袒护着母亲。他由此引申开去，甚至觉得日本社会的人际关系不像中国人那样能够设身处地与宽容。

　　在日本有父母的兄弟姐妹，我也始终受到他们的照顾。不过，因为并非从孩童时代一直与他们亲切交往，相互之间并不太热情。特别是像舅舅、伯父，虽然非常喜欢我，可伯父却经常批评他的弟媳也就是我的母亲，对此我很不高兴……
　　伯父称得上是我接触日本社会的开始。不能不说，日本社会确实让人觉得并不轻松。②

　　如实来说，竹内实的两位伯父尤其是大伯父，在弟弟早逝后对弟媳及

①　《中国的礼节与日本的规矩》，《墨》，第32号，1981年9月1日。
②　《作者前言》，《竹内实文集》，中国文联出版社2006年版，第8卷。

其子女的关心与照应是非常认真负责的，像竹内实能回国读书，伯父的支持无疑是关键。尽管竹内实去日本亲戚家大都是暂住，但没有伯父、舅舅等家人的接应与照顾，他不可能坚持到大学毕业。对此，竹内实也真诚地心存感激。

　　不过，或许与日本社会人际关系突出秩序与责任的特点有关，伯父对弟弟的子女尤其是长子的要求，有种"恨铁不成钢"的严厉。据竹内实回忆，在他小学四年级，也就是父亲逝世那年，伯父送给他一本署名"碧瑠璃园"的日本作家写的《渡边华山》一书，① 还记得其中有"'不忠不孝之子'罪当切腹"之类的话。伯父意在要求竹内实在父亲去世后，应承担起为母亲分忧解难以及孝敬家族长辈等长子之责。然而，他显然没有考虑到生长在中国的年幼侄子，未必能够真正接受这种日本式道德训诫。对一个成长在中国的孩子来说，"切腹"之类自我惩罚方法，显然有些过分血腥。② 这或许是竹内实最早接触来自祖国的伦理教育，意识到合理的伦理信条与未必合理的惩戒之间存在的矛盾。这样内含矛盾的道德观念在"内地"的日本人看来可能无可置疑，但对"外地"人竹内实而言却不太容易接受。在竹内实的印象中，似乎像中国老百姓之间那种带有宽容、温情特点的道德信条更符合人性。

　　不难看出，竹内实自幼便身处或挣扎在日中两种互有差异的价值观之间。出生和自幼成长于"外地"即中国的他，与"内地"日本人相比，属于所谓"边缘"之人。"边缘"之人不断通过与"内地"亲属的接触和亲近，与正统、核心的日本文化价值观保持着接触，这足以丰富和巩固竹内实作为日本国民的心理归宿感；可另一方面，其身处的"边缘"地位毕竟又与正统、核心的"内地"日本有距离，二者之间内含着一定的张力，使他难以原封不动地认同"内地"的所有观念。这实际上是现代文明进程中常见的所谓主体面对与理解"他者"意识的现象。日本现代学者丸山真男（1914—1996）论述过这种现代文明现象，认为意识到"他者"是现代不同文明活跃互动与融合过程中的自觉精神的反映。尽管理解"他者"的价值观念并不等于赞成，不意味着承认对方一定合理或

---

　　① 　渡边霞亭（1864—1926）日本作家。本名渡边胜，在《大阪朝日新闻》等报刊连载过许多历史小说，因文笔通俗大受欢迎。其所著《渡边华山》一书作者署名"碧瑠璃园"。
　　② 　《周作人与日本人》，《野草》，第 1 号，1970 年 10 月 10 日。

竹内实（后排左一）和伯父家人合影

者正当，即使有所保留甚至反对也可视为一种"理解"方式。但无论如何，形成鲜明的"他者"意识十分重要，其称得上真正意义的求知欲望，而求知欲望是获得来自异国和不同文化的异质学问的起点。"把他者作为他者，想要知道'他是什么'——这种心情就是学问的起点。"[1] 而未必完全认同甚至质疑、批评的态度，都是在现代世界真正理解、借鉴异质文化观念不可或缺的积极心理活动。只有通过对比鉴别，才有助于丰富、提升自身的价值体系，也有可能映衬出对方自以为是的价值观念的偏误。

相比之下，竹内实对那些与中国文化传统有内在联系的日本学者的观念更觉亲切，也容易接受他们的学说、观点。比如，他在 2001 年春应朋友之请书写的佐藤一斋之语堪称一例。

少而学则壮而有为
壮而学则老而不衰
老而学则死而不朽

---

① 丸山真男：《日本思想史中的"古层"问题》，《丸山真男集》，第 11 卷，岩波书店 1996 年版，第 124 页。

录佐藤一斋之语自勉　辛巳新春　竹内实

佐藤一斋（1772—1859）是日本江户时代的著名儒学家，曾任日本私人教育机构即所谓"塾"的塾长，后担任过幕府政权的儒官，在当时以"文体精练"著称。看竹内实摘录的文字，容易使人联想起中国儒家经典《论语》中"学而时习之，不亦说乎"的传世名言。而佐藤提倡与强调的，则是学习之所以重要在于能够保持与升华生命的后续价值，而并非仅得一时或短期效益的权宜之计，应该把学习视为与生俱来并使人生意义不断增值之道。这实际上超越了将生命看作自然、本真的存在，认为生命价值在于自身乐趣的日本传统观念。这种将日本价值观引向人文伦理意义方向的努力，是竹内实之类接受过中国文化气氛熏陶的日本文化人的可贵取向。

一些与青年时代竹内实有接触的日本朋友，对他具有中国文化心理根基的特点都有察觉。如在京都大学教授中国古典文学的著名学者吉川幸次郎（1904—1980）先生，晚年在回顾自己的学术道路时，曾经庆幸因年少头脑尚有"可塑性"而能够汲取中华文明的滋养，觉得是"我拥有的幸运之一"。与之相比，他很羡慕自己的学生竹内实得天独厚，曾说"像竹内君那样在中国长大的人除外"，实质是肯定竹内实具有先天感受中国风土人情的优势，不必像一般日本青年学生那样，为学习和理解中国历史、文化格外而费心努力。①

---

① ［日］吉川幸次郎：《我的留学记》，中华书局 2008 年版，第 47 页。

第 三 章

幸未"出阵"的"学徒"

一　回国求学

1942年春，19岁的竹内实从"新京"商业专门学校毕业后，面对着继续升学和择业的两种选择。一方面由于母亲经营旅馆尚无多大困难；另一方面也因为国内亲属大多主张并支持家族长子应尽力培养，读书深造，母亲便同意竹内实继续升学。这一决定恰好也符合竹内实进了商业学校却一直不太情愿终生经商的志趣。不过，最初他曾想升入日本在中国培养"中国通"的同文学校，甚至还有以后报考北京大学的打算，为此行李都准备好了。后来，几经母亲与国内亲属斟酌，还是决定让他回日本读大学。

同年春天，竹内实考进了位于东京的二松学舍专门学校，学历相当于高级中学，该校属于为考大学做准备的预备学校性质。

二松学舍起初是一位具有儒学修养的人于1877年创办的汉学塾。所谓"汉学塾"，原为日本培养汉学和东洋学人才的旧式学校。明治维新以后，汉学塾开始由传统教育向新型西洋学校转型，增加了经济、科学等讲授科目。而二松学舍的重点与优势，仍为日本文学、中国文学等人文课程。1928年，该校改设为相当于高中的二松学舍专门学校。

竹内实选考二松学舍专门学校，主要因为该校著名的汉学、东洋学传统符合自己的学习趣味。入学第一年，偏重于人文的课程令人满意，竹内实学得兴致盎然。他曾和一个同学比赛，看谁能最先买到难得的几种日文诗集。后来，当他从东京高元寺的旧书店买到当时有名的日本童谣作家和诗人北原白秋（1885—1942）的诗集《东京望景诗》时，还沾沾自喜地向人炫耀过。但出人意料的是，那位同学因为"学徒出阵"被征入伍，后来竟在战争中病死了。① 那是在二松学舍不到两年的求学中最令人难忘的伤感记忆。后来，竹内实和同学们一样，都未能逃脱"学徒出阵"的命运，经历了两年的日本军队生活。虽然到日本战败前夕，竹内实因为体弱多病而退伍，侥幸未被派往前线，但那两年的酸楚感受如同被迫读了一本比二松学舍所学课程更印象深刻的大书，这意味着："我便无可逃避地必须去读另外一本特别的书，那就是'日本'。对我而言，那完全是一本新书。说得具体一点，那指的是'日本军队'。"②

二松学舍专门学校师生合影，前排中为竹内实

当时，日本的对外侵略战争打得后继乏力，已接近尾声。日本政府为了补充极端短缺的兵源，迫不得已改变了此前不在大专学生中征兵即所谓"出征"的规定。从1943年开始以"学徒出阵"的变通名义，将大专以上学校的在校学生送上前线。据经历过"学徒出阵"的日本学生后来回忆，那时日本大专以上学生仅占同龄青年人数二百分之一，一直被看作享

① 《〈青春记〉和我的青春》，《涡》，第19卷2号，1978年2月28日。

② 《奇怪的"学徒出阵"》，《读卖新闻》（晚刊），1988年4月7日。

有特殊权利的精英群体。即使早已从三四十岁的中年人里征兵，也迟迟没从大专以上学历的人中抽调兵源。到最终不得不这样做时，不叫"出征"而改称"出阵"，则是为了将这些年轻学子与普通士兵加以区别，以诱惑学生们志愿"卖命效国"。①

1943 年 12 月 1 日，在二松学舍专门学校读二年级的竹内实在"学徒出阵"中正式被征兵，后分配到位于爱知县丰桥市的第十一集团军当兵。后来，竹内实读到京都大学的同学作家赤尾兜子（1925—　）记录这一经历的俳句集《青春记》时，引起了对当时情景的诸多回忆：

> 我早就没有了父亲，所以，对自己来说，在整个入伍过程中根本无法与父亲话别。我从"满洲"的"新京"进了东京的二松学舍专门学校。第二年，因为不再对文科大学生暂缓征兵，便有了所谓"学徒出阵"。可因为自己身体很弱，开始我猜测着可能自己不会被征兵入伍。

> 我并没有参加在神宫外苑举行的分列阅兵式。② 不过，在搞过征兵体检之后，学校里已经骚动不安起来。于是，我从阅兵式以后便没有再去上课，而暂住到了东京的伯父家里。

> 在东京的公寓里，根本无法安身。开始还在那里吃午饭，后来则连那顿饭也吃不下去了。

> ……

> 我从东京伯父的家，又搬到了在知多半岛上另一个伯父的家里。③ 已经知道了 12 月 1 日要入伍，在那个伯父家里我无事可做。只好随便读点什么书，但已很难再看到新书。

> 当政府的人拿着红色的征兵证送给我的时候，其实当时自己的脑子里并非一点想法也没有。

> 那时，我曾不由自主地想到：为什么不回到"满洲"去呢？如果办点什么手续，也并非不可能。但是，我不太明白到底需要办什么手续才行。后来，自己没再深想下去，而周围的大人们也并没太注意

---

① 田中正俊：《东亚近代史的方法》，名著刊行会，1999 年 6 月，第 21 页。

② 此处所说"神宫"，指东京的明治神宫。

③ 知多半岛位于日本本州岛爱知县西部。

我的这些念头。

……

妹妹从东京到知多半岛的伯父家里来看我了。我和她从那个伯父的家里走出来，穿过了一座酱房的仓库，沿着一条弯弯曲曲的小路，边走边谈论着。我们走到了一家粗点心铺的凉棚下休息，还买了蜜橘吃。

后来，我们说到母亲在"满洲"的难处。然而，远离母亲的我和妹妹都不知道该怎样帮助她。附近有一个小邮电局，于是，我们从那里给母亲拍了一份电报。实际上，当时我们并没有细想，究竟为什么要那样做。

我被征到了第十一集团军。当检查完身体以后，人家问我有什么特长，我表示自己能说中国话。当时，自己这样讲，是暗示着想被派遣到中国去。[①]

实际上，此时竹内实内心相当矛盾甚至恍惚不定。所谓想到中国去，无非是一时的"念头"而已，并没有切实可行的办法去实现。何况，随着年龄与心理的成长，以往恋母、恋家之情已渐渐被读书、求知的强烈欲望所替代。当时，竹内实最厌烦的，还是那阻断了自己求学之路的可恶战争。

自己已没有在母亲和弟弟仍住着的那个"新京"的家继续生活下去的心情了。不管从实际情况还是从心理上看，我都不可能再回到那里去。而更内在地说，就像前面提到的，还主要是因为我当时有一种期待暗暗地并未死灭，那便是希望仍如以前那样，有可能继续读书。

此时的我，真正感受到了自己的可怜无助。[②]

这种"无助感"在换上发下来的军服，把以前穿过的学生装叠起来的时候尤其强烈，真有些万念俱灰的意味。

---

① 《〈青春记〉和我的青春》，《涡》，第 19 卷 2 号，1978 年 2 月 28 日。
② 同上。

然而，残酷的现实蹂躏着日本青年的纯真心灵与美好向往，无情的战争撕开了复杂社会的另一面。非常态的战争将强权、破坏甚至摧残等推崇为正当与合理的价值，逼迫着软弱无力的青年就范。竹内实将这种个人无法躲避的无奈阴暗称为日本的"反面"。不过，这又确实让竹内实看清与正视了日本社会的真实，这也许可以称得上中国人所说的"失之东隅，得之桑榆"。

> 我认为，对"日本"这本书，只有从反面读它才能够理解。至少也应该看看别人是怎么从反面阅读它的。对于帝国陆军，同样是如此。
>
> 在帝国军队里，那种集体生活是非常奇怪的。正如西村雄二在队的信中所说:① 所谓"学徒出阵"，并非只是指放弃学业而拿起了枪。正如学生必须当真弄刀动枪一样，实际上学生已不成其为学生，甚至学问已经被完全丢到脑后去了。
>
> 当然，也难免有人会被环境驯服，并最终逆来顺受的。②

既残酷又无奈的现实固然令人心灰意冷，周围年轻伙伴们面对如此现实的不同态度，又启发和提升着竹内实的思考与鉴别能力，同时推动着他开始奠定其个人价值立场、政治态度的根基。日本社会这本"反面教材"，特别是被迫"学徒出阵"的经历，促成了竹内实后来日益清晰的以厌恶千篇一律、坚持个性自由和向往丰富多彩为特征的自由主义思想倾向。这种思想根基后来在竹内实对日本社会久远的天皇传统持负面与批评的姿态，以及在日本左翼文化人大都欢呼中国"文化大革命"的狂热气氛中能够保持冷静的心态并且敢大胆质疑的文字中，都陆续反映了出来。不妨说，遭遇"学徒出阵"是竹内实回到日本后面对的首次正式的社会与政治考验。这种考验无论对其生活道路还是心理的冲击，都大大超越了一个青年学子初回祖国后难以避免的孤寂和苦闷的局限，将他的心灵感受从个体引向群体，由私人生活转向社会变动。伴随着酸楚与无奈的个人苦

---

① 西村雄二是竹内实在当兵时的伙伴，后战死于塞班岛。西村雄二的信收入日本战死学生纪念会编《战死者的倾诉》，岩波书店 1982 年出版第 1 集，1988 年出版第 2 集。

② 《奇怪的"学徒出阵"》，《读卖新闻》（晚刊），1988 年 4 月 7 日。

闷，竹内实的视野被迫从自身扩大到了社会领域，其结果既是生活经历的丰富与充实，又是思想与见识的升华。

二　亲历"学徒出阵"

所谓"学徒出阵"，是日本军国主义在当时对外侵略战争陷入捉襟见肘、穷途末路之时，迫不得已催促政府采取的"黔驴技穷"式的补救之策，是为了挽救战争败局的"国民精神总动员"运动的一部分。

在第二次世界大战期间，日本政府为调动与充实兵员，鼓吹"为圣战献身"的"国民精神总动员"的舆论造势一浪高过一浪。这种由"军部"即右翼军人狂热推崇的战争宣传甚至席卷了一些日本文人，借用他们的笔和嘴来吹捧动员战争的天皇神圣至上，力图论证对外战争的合理性。他们中不乏著名的哲学家和所谓"日本浪漫派"文人。他们的论调，有的将天皇"制度化"，有的提倡"超国家主义"等，无非都是拿一些舶来的新鲜名词来炫惑人心。但是，这些论调尽管能够诱惑相当多的日本国民为对外战争充当炮灰，并可以招揽一些文人呐喊助威，也遭到过质疑者与抵制者的反感。对战争持批判、反对态度的人特别是年轻人，无法公开表态或者宣泄内心的情绪，可他们暗地里真心企盼着战争败局的尽快到来。像竹内实这样来自"外地"的日本青年，这种情绪就更加强烈。他对"国家神圣"、"忠君爱国"之类说教带有与生俱来的隔阂。

我记得，好像是在昭和19年（1944）1月发来了军装。我一边在所属的内务班里读着日本报纸，一边低声冷笑说："真称得上外强中干。"那时候，内务班里的其他"战友"，也都对战争持批判的态度，觉得败局已定。

在"外地"长大的我，也知道"内地"的四季之美，以及所谓"国家神圣"的观念。不过，即使是在被称为"国家干城"的军队里面，也并非人人都认为应该"忠君爱国"。在大学和高等专门学校读书的学生曾经被暂缓征兵，可是对文科学生后来又取消了这种优待。于是，就有了1943年即昭和18年的所谓"学徒出阵"。这一特别措施原是为补充将校军官的。在陆军纪念日的3月10日，解散军官后备生落选的说法盛传开来。大家都议论着，明天就要回家了，还互相告诉着个人的地址。①

竹内实刚回日本时，内心的孤寂感本属人之常情。任何人在人生地不熟、举目无亲的新处境，即使是回到所谓"祖国"也在所难免。然而，他在"学徒出阵"加入日本军队后与日俱增的"疏离感"，却已不再如此质朴与单纯，也未必能够像日久天长可逐渐减轻的孤寂感那样，单凭时间的磨砺便逐渐消除。前者属于自然性的生物情感，后者则已上升为社会性的好恶情感。而且，这也并非仅仅因为当时处于特定的战争时期，与竹内实儿时所感受到的中国"一盘散沙"式社会状况差异巨大的日本社会群体性、约束性等文化传统，是战争时期的日本人丧失人性、背离自由的重要心理根源。竹内实因为有了当兵的经验，切实强烈地感受到这一点。他因身体不好没有被派上前线杀人，但几个月的部队生活带给他的心理感受确实并不轻松：

> 我尽管并不情愿，但也有过在部队的经验。虽然只是一等兵，但由于实地的感受并没有忘记，不妨说一说"个人惩罚"。在日本，如果问是否有老兵打新兵，即以拳头揍人的事，总会说并没有这种事情。
>
> 采用极端一点的说法，不妨说军队是杀人的集团。但尽管如此，由于绝非总有可杀的对象，或者总是在杀人，那里也有日常的生活。从事那种如同学校宿舍里一样的日常生活，被叫做"内务班"。
>
> 按照我的经验，进入内务班，首先会一眼看到在房间的角落里，挂着封面写有《内务修养》的题目的薄薄册子，那是誊写印刷的，里面写着在日常生活中必须如何做。像到房间外面去的时候，就得报告："竹内二等兵要去厕所。"便所必须说成"厕所"。而从厕所回来时则还得报告："竹内二等兵从厕所回来了。"这些规定都非常具体。由于做梦也没想到，进入军队后竟会碰上像"修养"这样的词，当时曾经很惊讶。②

---

① 《奇怪的"学徒出阵"》，《读卖新闻》（晚刊），1988 年 4 月 7 日。

② 《对现代中国的视角——关于黄埔军官学校》，《竹内实文集》第 9 卷，中国文联出版社 2006 年版，第 62 页。

　　除了日常起居，部队的主要课目是严厉的军事操练，以准备听从命令随时开赴前线投入战斗。作为操练的条目，必须首先背诵一些原则如经天皇御批的《军人敕谕》，以及具体要求如《步兵操典》之类条文。与那些用功的学生相比，竹内实对这些难以做到严格、认真，往往背着背着就半途而废，心不在焉地不知道读到了哪里。

　　按竹内实的印象，这些条文里要求与规定的"军人精神"，似乎是以"立正"为起点的。《步兵操典》对"立正"动作的要求相当严格。竹内实始终难以理解，对一个人的姿势为何如此要求苛刻。

　　枯燥无味的训练拴不住青年学子期盼能够读书的盎然兴致。进兵营过了3个月，在新兵训练快要结束的时候，竹内实已急不可耐地想订购中国古代经典《论语》和《老子》之类。让他特别欣慰的是，当他将这一要求向内务班的准尉报告并请其在申请书上盖章时，也许是学生惺惺相惜的缘故，那准尉竟好意提醒他说，这种书还是岩波书店的"文库"本比较好，随意的示好让他孤寂的心禁不住些许感动。

　　无聊与郁闷的竹内实从中国古代经典中获得的与其是精神消遣，毋宁是"人情"文化观念与"无情"战争现实的强烈对比及其激发的愤懑。与"有意思"和令人"感兴趣"的孔子、老子等中国古代圣贤的喜怒哀乐相映衬的，是尚未来得及品味人世酸甜苦辣的日本学子们夭折了青春的可悲与可怜。

　　　　后来过了不久，当我因病住进陆军医院之后，发现把《论语》和《老子》对照着阅读确实很有意思。对《论语》感兴趣的，是孔子一边用手杖敲打着学生的腿骨，一边骂睡午觉的弟子是"粪土之墙"，因为确实写得活灵活现。这也许是他自己没有好好享受青春的一种发泄。而在《论语·先进》篇中，当四个弟子分别说了各自想干的事情时，他则说如果希望破灭，想要"乘桴浮于海"。① 这一节只是表现了其不得要领的空想而已。而后来，那些没有当上干部候补生的伙伴们，已几乎全都在玛里亚那海沟沉没了却无人知晓。②

---

　　①　此处有误，四弟子说各自理想在《论语·先进》，而此语出自《论语·公冶长》。
　　②　《读〈论语〉》，《图书》，第152号，1962年4月1日。玛里亚那海沟位于太平洋塞班岛以西海域。1944年6月19日、20日，日美两国在那里发生过大型海战。

如此令人伤感的鲜明对比，实际上揭示了看似柔弱的"文化"和外表凶悍的"武化"两种不同历史价值观的优劣与美丑。突出伦理与人情的中华文明，在近代以来弱肉强食的无情世界时时受人指责，同时代的日本人常以迅速"富国强兵"而趾高气昂。然而，初回祖国的竹内实却以亲历"学徒出阵"的感受，觉察国家的强权精神所要付出的残酷、无情的代价是伙伴们柔弱的生命。竹内实亲身感受到了明治维新以后经历大正直至昭和时代，日本迅速现代化进程的血腥一面，禁不住让他对日本所谓"船坚炮利"等物质文明的反常"成就"苦苦思索，甚至产生强烈的反感与质疑。

> "昭和"时代自开始起，有三分之一是与军队联系在一起的。而那些在军队里接近权力并逐步掌握了权力的人，又支配了剩余的三分之二的时间。这样，便给时代投下了阴影。我在军队那两年是毫无意义的，但反过来想一想，能够觉察出这本"书"读得毫无意义，也并非一点意义没有。①

所谓从战争这本"书"中懂得的"一点意义"即启示，是使竹内实明白了：

> 不仅依靠军队，还要指望战争，企望其胜利，任何国家意志都不外乎是如此观念。而为了保证胜利，平时进行训练，要求每个士兵的素质与习惯，全都以"立正"的姿势为基础。在这其中，"军人精神"必不可少。
>
> ……
>
> 换句话说，如果有命令就只能按命令行动，别无选择，更谈不上反对指挥了。
>
> 在"昭和"时代，战败的伤痕相当之深。即使到战败以后，也不能说人们已经从被训练形成的那种"姿势"中完全解放出来了。所谓"少数服从多数"，其实与这种"军人"的服从精神不过仅有一步之差而已。②

---

① 《奇怪的"学徒出阵"》，《读卖新闻》（晚刊），1988 年 4 月 7 日。
② 《从"立正"开始的军人精神》，《读卖新闻》（晚刊），1988 年 4 月 8 日。

当然，当时日本学子们未必都能像竹内实这样善于思索与质疑，否则日本右翼政治势力是难以轻易挑起对外侵略战争的。出生于"外地"的竹内实之所以与众不同，是因为他自幼便受中国社会与百姓价值观的耳濡目染，而非对以武士传统为根基的日本文化司空见惯。一般日本民众虽然对穷兵黩武的侵略战争本能地反感，但又大多逆来顺受而少有实际的反抗。即使到战败以后，竹内实发现很多日本人对侵略战争的个人感受或国家责任仍旧"可怕地默不作声"。比如，他的一个男性亲戚因为有眼病，最终侥幸从战场上活着回到了家里。可自那以后，竹内实每次去他家，都看到他在火灶旁清洗眼睛，要不就是教竹内实打领带的方法，却从来不提中国，也不谈论战争。这种沉默就像一种"战争后遗症"，久病缠身似地难以解脱。后来，这"可怕的沉默"使竹内实觉得，仿佛日本只有对中国及其文明传统变得客气、敬重一点，才意味着其病态文化传统可能有所救赎与改造。毕竟在对华侵略战争期间：

　　曾有几百万日本人去过中国，他们总该有一些体验才是，可文学作品所反映出来的不过九牛一毛而已。至于他们本人则不大讲在中国做过什么，讲的只是一小部分人，大部分都深陷在沉默之中。这种沉默像是坚固的长城，横亘在我和日本侵华的事实之间。

　　最近，有一些原来的老兵讲出了当时的事实。实际上，并不仅是最近，以前也曾有过这样的人，对他们我是怀着敬意的。当然，这并非意味着，我对那些不愿讲这些的人就看不起，虽然应该看不起的人毕竟还是有的。我想，即使是在沉默中，人们也不应该忘记那些当年在中国或在战争中的体验。

　　"昭和"是一个耐人寻味的时代。人们好像那年号的含义一样，感慨终于逐渐迎来了和平，如今好像已经不怎么时髦了。然而，从"明治"和"大正"时期开始加速的日本军国主义，实际上是在"昭和"年间达到了高峰，并确实酿成了灾难。而后来，在不知不觉之中竟又迎来了可以回味那些往事的新时代。对这些往事，不管褒也好贬也好，如今日本再与关系密切的中国打交道，毕竟变得稍微客气一些了。①

---

　　① 《可怕的沉默》，《读卖新闻》（晚刊），1988年4月9日。

三 受惠京都学派

竹内实曾回忆，小时候有中国小孩子扔石头打在自己身上，竟因有硬石膏的遮挡而毫发无损。这是因为他自幼脊椎不太好，要靠在腰部打石膏来保护。由于有这一沉疴，加上"学徒出阵"入伍4个月在新兵营操练很劳累，后来他在部队医院中竟被查出患有脊椎结核病，不得不住进陆军医院治疗。这次患病颇有点"塞翁失马，焉知非福"的意味。1944年6月，他在新兵营的伙伴们作为日本战败时最后一批开赴前线的士兵们出发，而他不得不留下来，最终在战争结束前两个月即1945年6月获准退伍。

退伍后的竹内实暂住在父母的老家爱知县半田町的姨母家中。自1945年日本战败前一年开始，美军飞机轰炸日本相当普遍与厉害，爱知县乡下也无法幸免，他只好在不久后转去东京，寄食在已过继给亲戚的妹妹家里。到日本战败投降以后，竹内实曾企盼回到母亲和弟弟居住的中国。他偶然找到过从中国带回的两张"满洲中央银行"发行的10元纸币，不过，当他想用它们换成日本钱买船票时，却被银行的人告知"不能换"，只好打消了回中国的念头。①

1945 年的竹内实

到1946年4月，竹内实在二松学舍读书一年半和入伍一年多之后，已算具有高中正式毕业的学历，他考入了京都大学文学系中国文学专业。

竹内实回日本的初衷原是读书。在经历过被逼无奈却又有惊无险的"学徒出阵"之后，个人兴趣已经日渐清晰起来，当面临确定关乎一生道

---

① 《欲望的经济学》、《中国历史与社会评论》，《竹内实文集》第9卷，中国文联出版社2006年版，第331页。

路的学业方向时，他学习中国文学似乎已是不二选择。这其中多半因为出生在中国，并多年生活在中国的情结，又有同龄人望尘莫及的中国语特长，以及越来越不喜欢也不适合经商的生性气质等多种因素引导着竹内实迈入了京都大学。这意味着，此后他可以与中国文化和中国研究厮守终生、不离不弃。

当时，著名的国立日本大学里的中国文学课程，大都是东洋学里的附属性学科，只有京都大学设有独立的中国文学专业。① 此外，京都大学的人文科学研究所也以中国人文、历史类研究见长，并于 1945 年成立了专业性的中文研究会，同时出版《中国语》等刊物以及其他中文工具书和学术著作。在中国文学师资方面，京都大学也比东京大学具备更深厚且悠久的学术传统，而非像后者那样带有强烈的政治或官僚色彩。竹内实回忆说：在京都大学的四年学习中，让自己获益最大也最令人敬重的是仓石武四郎（1897—1975）和吉川幸次郎（1904—1980）两位教授。他们一位是日本现代汉语教育的先行者；另一位是第二次世界大战后日本中国古典文学研究大家。他们两位曾一起在 20 世纪 30 年代到中国学习，并共同租住北京的一所四合院。

仓石武四郎被中国学者认定是最早到北京师范大学留学的日本人。② 他出身于书香门第，1921 年从东京帝国大学中国文学专业毕业后，便到向往已久的中国南方考察。这次中国之行以及与中国人的零距离接触，留给仓石最深的印象是日本长期认读汉文使用的"训读"方法与现代汉语之间已有很大的隔膜。汉文"训读"法，是古代日本大量使用汉字和引进中国典籍时，在中文原文即"白文"的附加符号如"√"、"上中下"等标注日语音序，以及按类似汉字读音标出日文字母即假名，构成所谓"书下文"加以翻译的独特方法。在相当长的时期里，日本人使用"训读"法学习中国古文相当方便、快捷，但随着中文语音的不断变化，用日文假名字母标注的汉字读音与近现代汉字读法已有很大的差异。仓石有感于此，从此立志从事现代和改革日本汉语教育。他于 1922 年进京都帝国大学接读研究生课程，毕业后于 1926 年留校担任大学讲师，1928—1930 年被日本政府派往北京留学。

---

① 日本学术会议编：《基础科学白皮书·人文科学》（A），第 2 集，1962 年。
② 朱玉麒：《仓石武四郎：留学北师大第一人》，《中华读书报》，2002 年 6 月 14 日。

那时候,日本人将这种赴国外学习称为"在外研究",即并非进入中国的大学读书获取学位,主要在中国考察与收集资料,同时结交一些中国教授、学者做朋友。仓石武四郎和吉川幸次郎曾穿上中国服装,像中国人一样在北京生活。最初,他们请人讲解《红楼梦》,既可精读名著又可提高汉语会话能力。后来,听说当时北京大学和中国大学允许旁听,他俩便办理了手续到两所大学去听课。

其中,仓石武四郎的学习兴趣主要在汉语文字和音韵方面。他听说当时著名语言文字学家钱玄同(1887—1939)在北京师范大学开设"国音沿革"和"说文研究"等课程,便征得钱玄同的同意,自1929年秋季开始在尚无旁听制度的北京师范大学"偷听"钱玄同讲课,他还听过其他著名教授的"词学"、"文字形义学"等。与此同时,他还积极向一些学者请教中国历史典制和翻译之道等。仓石在中国学习汉语堪称达到出神入化的程度,据说他的中国同学与北京琉璃厂的古旧书店打电话联系购买图书,往往因为浓重的方言老板听不懂,有时候竟要由仓石以标准、清晰的普通话代替他们与老板对话。

仓石武四郎

吉川幸次郎先生则主要在北京大学听中国古典文学特别是诗词的课程。他对中国的古典文学与生活习俗极其痴迷。他既从中国古典文学中汲取中华文化营养,对北京和中国事情的熟悉程度也丝毫不亚于当地人。事过多年,竹内实还记得:"我曾向吉川先生请教过北京的北河沿在什么地方,先生在我打开的笔记本上画着示意图,一边谈着自己过去在北京的感受,一边用拼音字母写着地名。"①吉川先生在中国留学时到上海去,当地人见其谈吐与气质,竟误认为是中国人。

① 《京都和吉川幸次郎先生》,《〈吉川幸次郎全集〉第4卷月报》,1984年6月。

　　仓石武四郎和吉川幸次郎在中国留学期间，五四新文化运动还有相当大的影响。仓石到中国之前，1913年中国成立了国语统一筹备委员会，对随后的新文化运动有很大推动力。他崇拜的钱玄同主张文字改革并推行国语字音标准，堪称国语运动的主将。钱玄同关于中国语改革的见解与知识，后来成为仓石终生受用的学问与教授的内容。1939年，仓石以《段懋堂的音韵学》获得日本京都大学文学博士学位，便得益于钱玄同的传授。这使他以后成为日本汉语教学改革的领头人，为此工作终生。他晚年在担任日本战后第一所民间汉语学校——日中学院首任校长时倡导的办学宗旨就是："学好中国语，为日中友好架桥梁。"此外，仓石还是日本第一个将鲁迅的作品搬上讲堂的人。仓石的另一个与中国有关的爱好是收藏中国古代典籍，一生购买、珍藏了数量相当可观的中国书籍。这些珍藏成为其后捐赠给日本东洋文化研究所"仓石文库"的重要组成部分。

　　吉川幸次郎热衷学习的尽管主要是中国古典文学，留学中国的时代气氛也使他对新文化运动抱有深刻的理解与同情。吉川钟情中国古典诗词，但又承认其古雅的文风有一定局限性。他清醒意识到："在中国，文章即书写的语言与口头的语言很容易区别。或者说，文章与口头语言是完全不同的形式。书面语言如果没有特殊的技巧就难以成立。其结果是，不仅能做文章的只限于一定阶级的人，而且，由文章所反映的事情，由书籍所记载的事情，也受到了某种限制。从这一点可知，通过书籍的输入，并不一定能输入中国文化的全部。虽然书中所记载的是中国人生活中比较重要的部分，却不是生活的全部。"① 为此，吉川先生继承京都大学的中国学传统，主张要了解和学习包括风土人情在内的中国所有事情。对此，他回顾过："那时京都大学有这样一个学风，即去了解中国的一切。学者不可不去了解中国的一切。"②

　　不难想象，进入京都大学中国文学专业的竹内实，对如此钟情中国的仓石武四郎和吉川幸次郎两位教授怀有"他乡遇知己"的亲近感；反之，两位教授也对这位来自中国的学生竹内实另眼相看。他们之间的这种特殊师生关系，从仓石武四郎身上也不难看出。后来，他因在东京、京都两地

---

① 吉川幸次郎：《中国人的日本观和日本人的中国观》，《我的留学记》，中华书局2008年版，第186—187页。

② 吉川幸次郎：《我的留学记》，中华书局2008年版，第36页。

大学兼课不符合政府有关规定而辞去京都大学教授之职，专门去东京大学
任教，也带着从京都大学毕业的竹内
实去了那里，并推荐他进入东京大学
研究生院接读中国文学研究生课程。
后来，竹内实曾深情回忆道：

> 在日本战败前后进入大学的
> 我由于缺乏营养，精神常处于饥
> 饿状态。除了直接的指导教师如
> 青木正儿、① 仓石武四郎和吉川
> 幸次郎诸位先生以外，我也贪婪
> 地聆听着邻近学科如贝塚先
> 生、② 教授德国文学的大山定一
> 先生，③ 以及讲语言学的泉井久
> 之助先生等人的课程。说是贪
> 婪，其实也并非像可以吃到在附

吉川幸次郎

近食品街上买到的美味那样，也许只是想得到如同在远足旅行时必备
的"饭团"之类。④

　　与那些生长于"内地"的日本青年学习中国文学有所不同，竹内实
在京都大学读书四年，实际意味着将幼年时代深烙在脑海里的中国鲜活生
动的形象加以理性的升华，进而获得对中国悠久文化传统的整体与深刻的
理解。竹内实对各位教授关于中国文学作品、中国文化传统的多角度解读
和种种分析，都如饥似渴地反复咀嚼。如此，既能及时慰藉他难以排解的
中国"乡愁"，更让他对中国某些似是而非的感受豁然开朗，获得的启示
常常刻骨铭心、终生难忘。

---

① 青木正儿（1887—1964），著名中国戏剧研究家。著有《中国近世戏曲史》等。
② 贝塚茂树（1904—1987），著名中国史学家。著有《孔子》、《毛泽东》等。
③ 大山定一（1904—1974），香川县人。毕业于京都大学德文科。
④ 《悼念贝塚茂树先生》，《读卖新闻》（晚刊），1987 年 10 月 2 日。

在大学二年级的时候，我们开始正式听吉川先生的课。他讲的是中国文学史。当时，基于想证明自己有那个能力，我曾记过笔记。现在打开笔记逐页翻看，还能回想起自己那时的心境。先生在开讲时说："中国无疑创造了最早的人类文明。"事实不正是如此吗？关于《尧典》，先生讲："儒教的教诲侧重于文化。孔子后来对儒学的发展，证明以前中国文化确是那样的传统。但让人觉得，这种传统的形成，还并非有多么久远。与《春秋》相比，其开始显得较为端庄。"

关于"五经"，先生说："五经里没有真正消极的言论，也很少宗教的热情，其内容都是人的现实生活本身。而老、庄思想往往会成为文学的主题。但是，不应该认为，它们与五经截然不同。归根到底，二者是相通的。"①

在竹内实聆听过其讲课的仓石武四郎、吉川幸次郎及其他著名学者身上，体现着京都大学的中国学研究所孜孜追求的共同学术风范与传统特征。这些教授们自豪地将此种风范与传统称为"日本真正的中国学"。其核心特征之一，正像吉川先生曾概括的那样："京都的支那学是以与中国人相同的思考方法、与中国人相同的感受方式来理解中国为基本学风的。"② 要如此设身处地、感同身受地解析中国历史和中国社会，便不能不反对日本传统汉字和现代中国学或显或隐存在的"日本中心主义"，摒弃那种因自身现代化较早成功而鄙视中国的沙文主义立场，提倡或力求正视和尊重彼此的差异与不同，从看似"落后"、"软弱"的中国文化遗产中发掘那些"璞中之玉"。吉川幸次郎将这一学派的研究态度称为"亲近"与"尊敬"：

真正的了解对方是了解对方本身，并且了解对方与自己的不同之处。亲近之情产生于相同之处，但如只看相同之处，那只是朦胧的亲近之情，而不能产生真正的友情。所谓友情必须有尊敬，而尊敬正是

① 《京都和吉川幸次郎先生》，《〈吉川幸次郎全集〉第 4 卷月报》，1984 年 6 月。
② 吉川幸次郎：《我的留学记》，中华书局 2008 年版，第 4 页。

了解了对方的相异之处才能真正产生的。①

　　除此之外，竹内实在大学期间从中国学京都学派学者们教诲中领悟到的另一点，便是认真如实地对待原始资料、第一手文献，防止自以为是地解释甚至随意引申。后来，竹内实在"文化大革命"期间，有感于当时中国人对毛泽东语录支离破碎地任意引用而乱打嘴仗的恶习，曾花大气力同朋友们合作，编印了两套汇集毛泽东论著原貌的资料《毛泽东集》共20卷，博得各国毛泽东和毛泽东思想研究界的普遍赞誉。当竹内实回忆这一学术工程的成功之道时，便将其成就归于学生时代曾经受惠的京都学派。他感触深刻地说：

　　　　长期以来，已很少有人提及所谓"京都学派"了。但在我们进入大学的时候，这个学派的影响是相当普遍的。当"战后"已经过去很久，开始有人说"已不再是战后"的时候，我却突然想起了京都学派和现代中国研究之间的联系。而按照我的理解，根据文献来说话，离不开文献，便是"京都学派"。②

　　① 吉川幸次郎：《中国人的日本观和日本人的中国观》，《我的留学记》，中华书局 2008 年版，第 194 页。

　　② 《京都学派与毛泽东》，《京都大学百年》，紫翠会出版，1997 年 6 月 18 日。

第 四 章

投身中国研究

一　研究班与讲习班

1950 年春，竹内实从京都大学毕业。就在前一年秋天，新中国即中华人民共和国宣告成立了。

竹内实大学毕业后，自己在京都大学最亲近的教授仓石武四郎先生辞去了京都大学的教职，决定转到东京大学文学系任教。他理解竹内实学习中国文学意犹未尽的心情，推荐他进了东京大学研究生院续读研究生课程，并安排他在文学系给自己做助手。不久，竹内实以东京大学研究生身份，成功申请到日本教育基金会之一——育英会的助学金，有了支付学费的能力。同时，仓石先生在东京神田一带创办"中国语讲习会"教授中文，又让竹内实在讲习会初级班里讲课以补贴收入。

仓石先生和竹内实任职的东京大学文学系中文研究室，堪称日本当时、当地新中国资讯的主要来源和传播中心之一。伴随着新中国的前进步伐，中文专业的师生们如饥似渴地关注与传布关于中国大地的各种信息与动态，这给他们学习与研究中国现代文学带来了新动力。

早在日本战败后不久的 1947 年，中国共产党就曾提出"中日两国人民联合起来，反对美国长期占领日本"和"实现日本非军国主义化，实现日本民主化"的口号。[①] 这一博得了广大日本民众好感的对日立场，新中国成立后仍一以贯之，强烈吸引着日本人的目光与注意力。1949 年 10 月 10 日，日本人曾在东京的神田地区举行过集会，庆祝新中国诞生同时成立了日本中国友好协会筹备会。这个日中友好组织由鲁迅的日本朋友内山完

---

① 《中共中央为纪念抗日战争十二周年发布的口号》，新华社北平 1947 年 7 月 1 日电。

造先生带头发起，到当年年底，该协会创建和发起人已增加到 400 多人。

日中友好协会除了不断举办众多主题的报告会、展览会，向日本各界介绍新中国发展状况，还定期编印出版机关报《日本与中国》。另外，该会又通过国际邮递与中国交换资料，把收寄到的中国《人民日报》、《大公报》、《文汇报》、《文艺报》等报刊分发给有需求的大学、研究所及报社等。这些资料成为当时日本各界迅速如实了解中国信息的主要来源。

竹内实记得，当时就是在东京大学文学系里看到《人民文学》和《文艺报》等书报刊的：

> 当时，在日本读"人民文艺丛书"和《人民文学》很不容易。东京大学文学系中国文学研究室有一套，我读过它们。1949 年 3 月我从京都大学毕业，来到东京大学，从 4 月份开始我就利用那研究室的藏书。那套"人民文艺丛书"陈列到书架上，我想是在 1951 年以后的事情。当时在日本，恐怕只有这么一套。研究室是如何购置的，详情不得而知。
>
> 在读"丛书"的时候，我又购买了《人民文学》。那是在有一天，一个陌生人来到研究室，从皮包里拿出一册，说："进货了，以后可以每月来送杂志。"当时，他的皮包里只此一册。记得以后好像是把每一册或两册杂志卷成邮递件送给收件人。总之，自己是借助于一个神秘的陌生人的帮助，才读到了《人民文学》，不久以后，还读到了《文艺报》。
>
> 这种不自由状态与当时的国际关系有关。1950 年 6 月，朝鲜战争爆发，10 月，中国人民志愿军跨过鸭绿江与美军作战。当时，新中国是美国的敌人，占领日本的美军因此变得神经过敏。11 月，《人民日报》揭露了日中友好协会会员被捕的消息。1951 年 6 月停战以后，形势虽然有所缓和，但美军的检查仍是很严格的。[①]

那时，日本的左翼文化人与学生阅读这些难得见到的中国印刷品，目的既是为了接触中国新的文学作品，也是为了更多了解新中国的动态与信

---

① 《延安，也是故乡——初读"人民文艺丛书"的时候》，《延安文艺研究》，创刊号，1984 年 12 月。

息，人人难以抑制心中的热忱与向往之情。

　　除借阅之外，年轻的竹内实也洋溢着购买、收藏中国书刊的兴趣和激情。每当从育英会拿到奖学金，他便情不自禁地跑到他熟悉的几家专售中国报刊与图书的书铺去挑选，其中有大安书店等。尽管这些书刊种类不多，至多一次只能买三四册，但像《人民文学》、《文艺报》等刊物居然越积攒越多起来。四五年后他到北京访问时又去补买，这两套杂志竟成为竹内实写作 1972 年出版的研究论著《现代中国的文学》的基本参考文献。①

　　竹内实曾回忆与总结当时的学习收获说：

　　　　那时，我们主要通过"人民文艺丛书"和《人民文学》来接触作品。这些刊物、丛书的纸张比刚刚战败后的日本杂志还要粗糙，在又黑又厚的纸上印着压进很深的铅字，并渗出烟灰一样的黑色。可就是这样一行行的铅字使我明白了，以前自以为很了解中国，实际上是什么也不了解。它使我知道了在目力不及之外发生了什么样的变化；哪些东西在产生，哪些东西在泯灭。当然，作品中也反映了我们与中国之间还没有邦交这一事实，但它使我们感觉到中国就在我们身边。所以，与其说在读作品，倒不如说在读活生生的事实。作为文学具体表现形式的单行本和杂志，更使我们嗅到了同代人的生活气息。②

　　从这些杂志和丛书中，竹内实最早接触到了新中国出版的立足于新观念、洋溢着新气息的文学作品。所谓新的文学观念，主要指毛泽东《在延安文艺座谈会上的讲话》（以下简称《讲话》）中的解放区文艺理论。竹内实觉得，《讲话》谈论文学理论非常活泼有趣，其中穿插一些生动具体的事例很是亲切。这一文学方向值得日本的文艺运动遵循，虽然日本文学界也有不同意见，但它堪称推动无产阶级文艺发展的强大动力。不过，竹内实又认为，由于国情不一样，日本的所谓"大众"与《讲话》中所说的工农兵"似乎全然不同"。例如，"毛泽东的革命路线，在幅员辽阔

---

　　① 《现代中国的文学——进程与逻辑》，研究社，1972 年 2 月 29 日。
　　② 《延安，也是故乡——初读"人民文艺丛书"的时候》，《延安文艺研究》，创刊号，1984 年 12 月。

的中国是可行的，可把它硬搬到日本来则不然。中国有'三十六计走为上'的谚语，中国工农红军的游击战按这一谚语去做很容易。而日本国土狭小，电信通讯发达，要在山野僻地里辗转移动，开展军事行动，势不可能。"① 这意味着，学习与研究中国并不可以照搬或者抄袭中国的东西，硬塞进日本的社会现实。

阅读新中国的文学作品最令人兴趣盎然的，还是能够如闻其声、如见其面地感受中国革命洪流与社会大变革中人们的生活与心理变化，这让竹内实如同重逢了久违的、活生生的中国民众。比如，丁玲在小说《太阳照在桑干河上》描写农民在土地改革后分到了果园，平生第一次觉察到阳光普照之下田园之美的心境让他激动不已；赵树理在小说《李家庄的变迁》里对农民革命意识形成的入情入理描写，竟让他禁不住在书页空白处写下了"觉醒者的心理"的感言。

竹内实在东京大学中国文学研究班学习时期最为难得的机遇，是同中国现代著名女作家冰心（1900—1999）的亲密接触。

仓石武四郎先生很久以前便翻译并向日本文坛介绍过冰心的作品，如小说《寂寞》和散文《寄小读者》等。1946年11月，冰心随同身为当时中国政府代表团成员的丈夫吴文藻（1901—1985）到日本考察，住在东京。当年年底，仓石先生去东京拜访了冰心。第二年春天，冰心应仓石先生邀请，曾和丈夫、小女儿去京都游览并在京都大学做过一次演讲。当时，竹内实从在东京见过中国代表团的中国留学生那里听说，"在代表团里，数吴文藻和谢冰心先生的生活最朴素。为了偿还在战争中借贷的钱，过得很清苦。"

1948年6月，仓石先生再次邀请已经回国的冰心返回东京，先请她在日本东方学会东京支部和东京大学文学系中国文学研究室，做如何欣赏中国文学的连续讲演，后由东京大学聘请，在1949—1951年请冰心作为首位中国女教师，在该校中国文学专业讲授"中国新文学"课程。正是在那时，已经在东京大学文学系读研究生课程的竹内实，跟随仓石先生一起拜访过住在东京有栖川公园附近的冰心。当冰心在东京大学讲课时，仓石先生又指派竹内实为她担任翻译。竹内实在晚年回忆道：

① 《延安，也是故乡——初读"人民文艺丛书"的时候》，《延安文艺研究》，创刊号，1984年12月。

谢先生用中国语讲课,讲老舍的《二马》等作品,每读一段对个别有趣的地方加以解释。也有不懂中文的人来听课,虽然教室里的人不算多,实际上各位都不具备听懂中国语的能力。仓石先生曾让我担任翻译。当时,好像是在讲课之前,谢先生问过我一些问题,如皱着眉问我:"是一边打工一边读书吗?"这是最早感受到她对我的同情,我觉得谢先生的同情是真诚的,很是感动:"啊,这就是所谓人道主义吧?"后来,我还被介绍给来学习日语的代表团里的一个人,他给的报酬不少。总之,自己能够坚持大学院的学习,其中之一便得到过谢先生的关照,至今还很感激。①

冰心在东京大学讲课到 1951 年 7 月结束。当时,按她对外人的说法,是要和全家移居美国。临走前,她讲了最后一课,题目是《诗人和政治》,其中谈自己对两者关系的理解,认为:"也有人希望诗人能够远离人世,过超越政治的生活,但政治却不允许诗人那样做。诗人应该不只是关心个人,也关注政治。她以陶渊明为例,来说明这一点。"② 然而,等到暑假结束回到学校,学生们听说冰心并没有去美国,而是回到了北京,并受到盛大的欢迎。这使竹内实回想起,冰心最后的讲课其实是她决心"参与政治"的宣言,他联想到她当时曾明确表示过,反对美国占领日本。联系个人阅读的大量新中国文学作品的感受和理解,竹内实从中领悟到中国教育身教与言教相结合的传统,从冰心的身体力行中受到巨大的教益。竹内实情不自禁联想起仓石先生转交的冰心行前留下的《争取中日的永久和平——临别寄东大学生》一文,他曾将其译为日文,其中说:

> 作为一个中国人、一个教师,我希望尽快进行两国间的新文化和文化人士的交流。只有尽早彻底的交流,才是两国真正持久和平的基础。根据我在日本居留五年的经验,深感对日本人民真正的了解很少。和平条约的缔结越延期,两国人民的接触就越缺乏。隔着一条战

---

① 马场公彦:《竹内实:一身两栖于日中之间——自日本战败到文化大革命、日中恢复邦交》,《战后日本人的中国像》,新曜社 2010 年版,第 496 页。

② 《〈关于女人〉译后记》,《关于女人》,朝日新闻社 1993 年版,第 191—192 页。

争的波堤，两国人民只能远远地伸出手来，相互间不能听到和平的呼声。但我绝不悲观。两国人民的友谊，恰如连接两国的海洋的波涛一样，必将冲破一切障碍。[1]

读着这位中国著名女作家平和却又坚韧的话语，竹内实觉得肩上仿佛多了一些沉甸甸的使命感，那是一个与中国大地、中国文化有着难以割舍的情缘的日本青年无法推卸的责任，是自己责无旁贷的宿命。这段话在一定意义上，等于为竹内实指出了一条人生之路的方向："日本学生"理应也情愿同"中国老师"一样，共同为日中两国的相互了解、密切交流齐心努力，鞠躬尽瘁。

时过近半个世纪，当竹内实在年过古稀之年再次在北京拜访年过九秩的冰心，两人不约而同回忆起当年这段亲密交往与师生情谊，都难免感慨光阴之速，又为各自都矢志不渝地同中国共命运而感到快慰。竹内实记忆最深的，是当时冰心说了一句虽简洁却又意味深长的话："71岁的学生来见95岁的老师。"末了又补充评价说："难得的很。"[2]

二 译介中国现代文学

在东京大学文学系学习中国文学研究班课程的几年间，竹内实身处当时日本人急切了解新中国状况的社会气氛中，尝试翻译了一些介绍中国革命、中国社会状况与中国现代文学的书刊和文章，可以视之为投身于中国研究的开端。这种译介与其是竹内实与所学专业相关的兴趣选择或顺理成章的业余功课，毋宁更是他为求得对难以抑制的内心"乡愁"的一种寄托和慰藉。他曾自白：

在19岁之前我曾回过日本两三次，所以，还知道昭和初期日本的风俗。但19岁回到日本时，则犹如来到外国一般地难以融入。对我来说，中国是自己怀念的故乡。我曾在内心深处考虑到返回中国

① 冰心：《争取中日的永久和平——临别寄东大学生》，《东京大学学生新闻》，1951年10月4日。

② 《"爱而不恋"——记冰心先生》，《中日新闻》，1994年10月24日。

1991 年拜会的竹内实和冰心及其女儿

去，这大概也是因为母亲和弟弟还待在长春的缘故罢。

　　或许是那种对于中国的眷恋，一种望乡的情愁，牵引着我从事中国的研究。确切地说，除了研究中国，自己也别无出路。换句话说，为了填平无尽的乡愁，我渴读有关中国的书籍，撰写有关中国的论文。对我而言，历来的学说如何论述中国的种种并不重要，而自己如何看待中国，通过各种资料的描述，厘清那些模糊点并加以援引，使自己的思想得以明确下来，那才是最重要的。①

　　在战后日本，学术界由来已久的传统性中国研究即所谓"汉学"，称得上根基雄厚并承传有序。然而，与当时中国共产党革命胜利、新中国成立这一中国近现代巨大社变革在世界的影响，特别是对亚洲各国的直接震撼，以及由此引发的日本民众急于了解新中国的热切欲望相比，传统"汉学"研究无疑显现出"学院派"和"象牙塔"的纯学术与高深姿态，

---

　　① 《致中文读者——〈解剖中国的思想——传统与现代〉中文版序》，《解剖中国的思想——传统与现代》，台湾前卫出版社 1996 年版。

很难适应与满足普通日本人认识新中国的需求。也就是说，在日本战败与新中国成立后的一段时间里，关于新中国社会、文化的所谓现当代中国研究，迟迟没能成为日本众多中国研究者的主要视点，学界的心理惯性使不少日本学者面对中国，难以迅速改变"厚古薄今"的学术取向。一个显而易见的现象是：在当时日本学者群里，无论是德高望重还是精锐新晋，像竹内实那样讲一口流利中文的人寥寥无几，这无疑使舆论界、学术界对近现代中国日新月异的变革有些反应迟缓。对此，早在一般日本人还把中国轻蔑地称为"支那"的战争时代，已有人批评说：

　　尽管按照我们过去的经验，自古以来支那就是我们的邻邦，经济、政治上有过诸多联系。回顾历史，两国也曾有悠久的接触。然而无法否认的是，日本人对于现代支那却知之甚少……虽然曾经有过所谓"支那学"，但其根植于以前西欧学者那种把支那当作遥远世界的稀奇、古老社会加以概括与处理的方法。作为对象物的支那，是遥远的旧支那……以支那的古典即汉文来说，日本人从少年时代起就与之有过密切的接触。可是，我们通过汉文所想象与描绘出来的支那，与现代支那的距离之远，似乎连一点联系也没有。而最大的问题还在于，竟经常忘却了实际长达四千年的跨度与距离，把对古典支那的知识当作唯一的尺度，错误地理解现实的支那。应该说，在古典支那与现代支那之间架桥的努力，始终被忽视着。①

在古代中国与现代中国之间"架桥"工作之艰难，一方面，与当时日本社会、政治的严酷状态有关，在战败后美国军队占领时期，尤其是在1950年6月爆发朝鲜战争以后，日本政府追随美国，视新中国为敌人，对来自中国的消息非常敏感，文化与新闻检查与防范相当严密。像在1950年11月，中国《人民日报》便有过揭露日中友好协会成员被捕的报道，这意味着日本民众接触新中国的消息大都有点惴惴不安。另一方面，则是因为日本传统汉学者基于心理习惯，认为翻译和介绍新中国动态和状况称不上学问，算不得学术研究。这种"自命清高"的心态，其实反映了日本战后中国研究者对新中国现实的隔膜与无知。

_____

① 尾崎秀实：《现代支那论》，岩波书店1939年版，第2页。

　　对中国研究面临的这种窘境，日本学者不约而同地表现出多向度的反思与挣扎。日本文化评论刊物《世界》曾在 1949 年 8 月号出版了名为"怎样认识中国的现状——支那学者的回答"的特辑，征集了主要是以京都大学研究中国的教授为主的，对中国社会变革的惊异以及检讨此前研究视角的种种看法，发言者包括吉川幸次郎（文学）、平冈武夫（思想史）、贝塚茂树（古代史）、松本善海（近代史）等。与会者批评该杂志长期主要刊载日本满洲铁路调查部人员和驻中国记者的或浮光掠影或片面的报道，缺乏深度的分析和预测之类问题。他们也自责以往学术界"汉学"和现代中国研究之间长期脱节、彼此孤立的状况，剖析了"对过去中国的尊敬和对现在中国的蔑视，两种感情潜在同时存在"的实际情况。不过，主要来自日本古代中国研究群体的这种反思与努力，似乎并未获得日本现代中国研究者们的共鸣或呼应。像在第二次世界大战期间开创现代中国研究的竹内好，[1] 便对京都学派的如此变革姿态持不信任的态度。他在次年所写《新中国的精神》一文中嘲讽道："京都派的旧'支那学'学者们，以他们自己的陈旧中国观为基轴，说着一些中共革命不过易性革命变种之类的痴人梦语……我们再也无法容忍那种旧'支那学'学者们试图从侧旁阻挡国民真正开眼注视历史事件的方式了。"[2] 在竹内好等现代中国研究者看来，日本汉学者的这种变革意识，无非"从内部求得学问的独立"，对现代中国的理解仍旧基本"无力"，或者无非自身"体制内改革"。[3]

　　作为曾受教于京都学派的晚辈，竹内实的学术兴趣自然不排斥对中国传统遗产，即对中国文学艺术或思想的研究介绍，但他的关注焦点更倾向于新中国的现实动态。为此，或许他理应重视竹内好等人在战争时期开创的现代中国研究思路，延续并超越其成果与观点。但是，依竹内实的感觉，围绕在竹内好创建的中国文学研究会周围的学者们，尽管确有将中国研究重心由古代转向现代之功，可他在上大学时读竹内好 1944 年出版的名著《鲁迅》，却不太理解与认同，觉得作者有些"随己之意描述鲁迅"的偏向，将鲁迅解释得有些像日本哲学家西田几多郎的"绝对矛盾的自

---

① 竹内好（1910—1977），日本评论家、中国文学研究家。毕业于东京大学中国文学专业。著有《中国革命的思想》、《鲁迅》、《现代中国论》等。

② 《竹内好全集》，第 4 卷，筑摩书房 1980 年版，第 91 页。

③ 安藤彦太郎：《战争期间日本的中国研究》，小岛晋治、大里浩秋、并木赖寿编《20 世纪的中国研究——如何发扬它的遗产》，研文出版 2001 年版，第 160 页。

我同一"观,①而西田几多郎的这一观念出自德国古典哲学家康德。特别是竹内好在战争期间提出的"近代的超克"说,当时和后来一度被日本学术界肯定与推崇为大胆的正面创见。而在竹内实看来,所谓"近代"无非指欧美文明,竹内好当时确曾同不少日本文化人一样,或明或暗将出兵中国尤其是发动太平洋战争,视为与欧美列强争夺世界的正义之举。等到德国占领法国巴黎之后,日本文化界对欧美文明的憧憬彻底破灭,"便提出了'近代的超克'的概念。'超克'也许意在回归'日本主义',但'日本主义'的内涵本来就不清晰。"②竹内实认为,他们的这种说法与对中国传统思想观念不太沾边,将它们评为现代中国研究的创见有点像"拉郎配",属于随意引申评价,与其本意相距甚远。

在竹内实眼中,竹内好看似激情洋溢,实则对所谓"国家正义感"内涵含混不清,这与他曾是战争期间泛滥一时的日本浪漫派思潮重要代表人物有关系。③竹内实在被征兵期间承受过"临近死亡"的窒息感。他回顾说:"我们的生命已经快要接近终点了。并没有经历过死亡的我,当时的感觉好像与曾经站在即将去世的伯父的病床前差不太多。死亡的印象仿佛在很早以前就已经诱逼着自己似的。"④回顾竹内好主办的《中国文学》杂志1942年1月出版的第80号上《大东亚战争与我们的决心》宣言,不难察觉尽管该圈子里的人们因

竹内实(前)与竹内好

① 西田几多郎(1870—1945),日本现代哲学家。

② 马场公彦:《竹内实:一身两栖于日中之间——自日本战败到文化大革命、日中恢复邦交》,《战后日本人的中国像》,新曜社2010年版,第502页。

③ 以创刊于1935年的杂志《日本浪漫派》为代表的日本社会思潮,代表人物有保田与重郎、龟井胜一郎、神保光太郎等。着力介绍与提倡德国浪漫主义理论,刊登浪漫主义文学作品,强调发现并光大日本传统美感。

④ 《使命感与屈辱感——文学中民族对于战争责任的观念》,《竹内实文集》第8卷,中国文联出版社2006年版,第25页。

为热爱中国文化而对日本军队践踏中华大地痛心疾首，可在太平洋战争爆发之后，又期待"大东亚战争已经成功地缓解了支那事变，并将其在世界上得以重生"。严重暴露了近代以来日本所谓"民族使命感"似是而非的虚幻性质。他隐约感觉出，竹内好等人对中国历史、文化传统的态度，属于居高临下的"爱怜"而非平等的尊重。实际上，"中国与中国革命曾经是日本的使命感的受害者"。尤其在新中国已经成立的全新情况下，"说到民族意识的时候，固然必须考虑我们是否已经不再轻蔑中国了，但更为重要的是，在面对新中国的时候，日本人与日本民族究竟应该如何认识自己思想内在观念的变化。离开了这种变化，我们要想在思想上承担起民族责任与战争责任，是根本不可能的。"① 竹内好等人对中国这种正负参半的政治与文化立场，其实恰好反映了日本的中国研究界从传统汉学向现代中国学演进过程中难免产生的幼稚与片面性。

1961 年竹内实（右）和巴金

---

① 《使命感与屈辱感——文学中民族对于战争责任的观念》，《竹内实文集》第 8 卷，中国文联出版社 2006 年版，第 57 页。

　　实际上，竹内好的态度并非特例，基于日本学术界悠久的"师承"、"结社"之类人际关系传统，"晚辈"要进入学术领域，大都得追随一两位有名的"前辈"，还要成为某些"小圈子"的成员，非如此便难有归属，会被视为"圈外"之人。或许由于竹内实本就出身"外地"，他总觉得自己与日本学界这种不言而喻的"潜规则"有些格格不入，不情愿高攀那些"另一群体的人"，总想尝试开辟另一条关注、研究新中国的全新思路。

　　这种全新思路的起步点，不能依靠人轻言微的空口辩驳，而应尽量多向日本舆论界翻译、介绍新中国历史与现状的书刊文章，如实、迅速地转述中国民众的崭新风貌。

　　竹内实基于这样的意向翻译、介绍的中国书刊文章，自读东京大学研究班时便开始了。据他回忆：

　　　　那时，我接受友人的建议，翻译了胡华的《中国新民主主义革命史（初稿）》。其中的附录有胡乔木的《中国共产党三十年》，文中有关朝鲜战争的文字不得不删去。译本 1951 年 10 月由五月书店出版，译者署名"东京大学中国研究会"。虽然署了东京大学的名字，其实与东京大学本身并无关系。所谓"中国研究会"只是学生自发的组织。

　　　　不过，当时（日本）对文艺作品的限制却不怎么严格。丁玲的《太阳照在桑干河上》、赵树理的《李家庄的变迁》等译本相继出版了。我和朋友一起从"人民文艺丛书"中选出几篇译成了日文，书名是《游击队》，由青铜社在 1952 年 6 月出版，译者仍署名"东京大学中国研究会"。真实的译者是桧山久雄、① 宇佐美真规和竹内实三个人。

　　　　书中所收作品的作者姓名、题目与选自的书名如下：
　　　　华山《碉堡线上》（《英雄的十月》）
　　　　高朗亭《雷老婆》（《一个女人翻身的故事》）
　　　　郑笃《英雄沟》（《英雄沟》）

---

　　① 　桧山久雄（1930—），毕业于东京大学中国文学科。曾任广岛大学教授。著有《鲁迅与漱石》等。

高朗亭《怀义湾》（《一个女人翻身的故事》）

马烽《张初元的故事》（《诺尔曼·白求恩片断》）

董均伦《小小的故事》中的几篇

袁潮《李空沟反维持记》（《英雄沟》）

现在回想起来，遗憾的是，让我感受最深的报告文学和民谣并没有收录在内。我们一边翻译这些作品，一边也了解到"日本帝国"的军队，曾在中国大陆进行过怎样的侵略活动，中国的民众又对此做了怎样的抵抗。也就是说，我们学习了日本的现代史，而老师则是中国的民众，以及叙述这些民众行动的作家与收集这些作品的"人民文艺丛书"。[①]

应该说，竹内实在这一时期翻译的中国论著和文学作品，旨在面向日本民众，介绍中国革命历史和中国人的战斗生活。就理论或艺术水平而言，以上作品尚难称得上高标准。他遗憾自己"感受最深的报告文学和民谣并没有收录在内"的原因便在于此。然而，即使如此，竹内实在开始尝试翻译比较通俗易懂的中国作品时，仍旧为如何将浅白的中文恰如其分地译成日文而踌躇、犹豫与苦恼。为此，竹内实写过一篇短文，解释陪同中国作家访日时，在一次谈到对翻译叶圣陶作品的看法时曾被对方误解。他的本意是："叶圣陶先生文字平易，但要译成日文却很难。"他以叶圣陶《寒假的一天》中如"阴沉沉的发白"、"停当"之类词语为例说：

我认为，中文文章里有一批字、词，很有中国气息和中国味道。如果译成日文（故且不提日文以外的外国语），它们就消失了。

自然，当时我的中文水平比现在还低，如果现在有相当的时间，也许可以勉强译出。不过，当时我头脑里产生的上述看法，一直到如今也没有变。[②]

---

① 《延安，也是故乡——初读"人民文艺丛书"的时候》，《延安文艺研究》，创刊号，1984 年 12 月。

② 《辩解的辩解》，《读书》1983 年第 3 期。

毫无疑问，只有日中两国语文修养都达到相当高的水准，而且从事过大量翻译工作的学者，才会对译事之难有如此深刻的体验和理解。

三　在中国研究所

1953 年春天，竹内实在完成东京大学中国文学研究班的毕业论文后，进入了当时日本研究中国的唯一一所民间机构——中国研究所。

实际上，竹内实此前就读研究生课程，在仓石先生创办的中国语讲习班教授中国语，以及借助于翻译、出版中国书刊等，已经与中国研究所有了逐步密切的联系。他回忆说：

> 我涉足"中国研究"这一领域是在 1949 年 10 月，即"新中国"（中华人民共和国）成立以后，逐渐把这一"领域"作为写作的对象。特别是自 1952 年前后与"中国研究所"有了关系，开始迈入了所谓"中国研究"的领地。当时，自己属于"中国研究所"这一民间机构，追索着"新中国"（中华人民共和国）的成长发展轨迹。①

中国研究所是在"冷战"时期、与日本政府追随美国反共、反华立场相对抗的左翼文化活动日益活跃的形势下，于 1946 年 1 月成立的"面向中国"的研究机构，其宗旨是真实、全面把握中国真相，促进日中关系发展，推动日中贸易，检讨日本以往的中国研究等，带有反体制色彩。该所发起者有平野义太郎、② 岩村三千夫等人。③ 进入 20 世纪 50 年代初，执研究所牛耳的岩村三千夫提倡吸收青年人加入以扩大研究队伍。中国研究所侧重新中国现状研究的方针与竹内实的旨趣正相吻合，而且他的中国语能力、翻译中国资料的成果已经受到日本学界的关注。尽管该研究所仅支付交通费，只有写出文稿才能领取少量稿酬，竹内实仍因志同道合而情愿成为该研究所的成员。

---

① 《竹内实中文自选集·自序》，香港天地图书公司 2013 年版。
② 平野义太郎（1897—1980），毕业于东京帝国大学。日本马克思主义法学家、中国研究家。著有《现代中国辞典》、《日本资本主义社会与法律》等。
③ 岩村三千夫（1908—1977），毕业于早稻田大学。中国研究家。著有《中国现代史》、《中国革命史》、《新中国二十年史》、《毛泽东的思想》等。

竹内实在中国研究所

　　"中国研究所"这一名称看似简单明了，但当初成立时在日本的中国研究界却非同凡响。那是一群旨在开创与日本传统汉文、汉学、支那学以及东洋学等学术流派不同的研究中国新思路、新格局的学者，试图以当代中国的政治、社会、经济、人文诸问题为对象研究，筚路蓝缕地推动并形成名副其实的"现当代中国研究"。这个由肯定中国革命胜利并推崇新中国建设成就的共同政治态度凝聚起来的民间学术团体，比 1958 年成立的通产省所属亚洲经济研究所和 1960 年成立的外务省所辖国际问题研究所之类研究现代中国的日本官方机构，都要早得多。也就是说，如同后来日益活跃的日中友好运动乃至促进恢复日中邦交等，日本对华关系以及对中国研究的推进，大都沿着从民间到官方、由冷到热的路线逐渐向前推进。虽然在资料汇总和研究方法方面，无论日本民间团体还是官方机构，均重视以实证性现状为核心的调查分析，而差别在于官方机构长期同现代中国的政治倾向保持着距离，民间团体则热心与中国保持着密切的联系与来往。不过，二者均不约而同地意识到，新中国已经成为日本必须认真面对的巨大现实存在，应该尝试推动日本的中国研究转向，即"区别于仅仅以古典世界之中国为对象的汉文、汉学、传统史学、支那哲学（即东洋学），而是以人文社会诸科学为基础，以主要以同时代（contemporary）中国诸问题为对象的研究"。① 另一方面，毕竟日本的传统中国学惯用的历史研究方式和面对现代中国的同时代研究方法之间，存在着一条巨大的鸿沟。中国研究所成员们初期处在尝试和探索的阶段，不仅研究角度五花八门，彼此描述的中国形象也未必完全一致。特别是其强烈的"亲中"政治色彩，使成员们对新中国兴奋多于冷静、转述多于分析，尚无法向日本人描绘当时中国现实的全貌，也难对以往日本传统汉学研究观念或方法论进行深入的有效反思和校正。后来有日本学者对它的评价称得上公允："中国研究所跟日中友好运动相呼应，努力宣传中国的实况。这在当时起了很大的作用。他们出于无奈，只能把研究的重点置于情况介绍，而没能充分地挖出战前的中国研究中存在的主要问题。"②

除此之外，竹内实初入中国研究所时，还感受到了即使在学者中间，也有反映日本人际关系中某些莫名其妙的"潜规则"，比如看重出身之类。与竹内实同时入所的有一位叫新岛淳良的人：③

> 新岛君是从旧东京大学中途退学，在研究所二楼正式安排有他的桌子，而我却没有桌子。新岛君曾对我说："我不在的时候你可以使用它。"都是同时就职的，为什么竟会有差别（现在想来很难理解）？新岛君的父亲曾是出版《山与溪谷》杂志的出版社社长。新岛君一下子就成了仓石先生主管的中国语讲习班的讲师，在学生里声望很高。有时候，在研究所狭窄的楼梯上擦肩而过，不知道是什么原因，他竟会以可怕的眼神瞅我，至今也不明白为什么。当我在都立大学就职以后，有人曾在分手的彩色赠言纸上签名写"期待成为竞争对手"，我才开始理解有所谓的人际关系。④

---

① ［日］安藤彦太郎：《日本的中国研究及历史认识》，《传统文化与中日两国社会经济发展》，北京大学出版社 2000 年版，第 23 页。

② 同上书，第 28 页。

③ 新岛淳良（1928—2002），高中退学后，于 1953 年任中国研究所研究员。后曾任早稻田大学教授。著有《我的毛泽东》等。因中国否定"文化大革命"，转而参与空想社会主义性质的"山岸会"活动。

④ ［日］马场公彦：《竹内实：一身两栖于日中之间》，《战后日本人的中国像——自日本战败到文化大革命、日中恢复邦交》，新曜社 2010 年版，第 499—500 页。

自战败以后，日本舆论界相当关注与热衷于对中国的政治、社会变革的报道。像岩波书店在 1945 年 12 月创刊的《世界》杂志，曾连续刊登有关以毛泽东为首的中国共产党与当时的国民党政府之间关系的进展和变化的论文，撰写文章的既有岩村三千夫等研究者，又有中西功、[①] 内山完造等长期生活在中国的日本人，[②] 以及像埃德加·斯诺、[③] 艾格尼丝·史沫特莱等外国记者对中国局势的看法、[④] 展望之类。到 1950 年朝鲜战争爆发后，与中国相关的报道与评论更多了，执笔者的阵容也多姿多彩，连研究者、记者之外的普通日本人也参与进来。人们或以采访、体验，或凭资料、文章，描述各自对中国的印象和看法。内容有中国革命历史、建设成就、抗美援朝和中苏友好等动态，其中既有真正看到的中国，也有听说或想象的中国。尤其突出的是，这种关注中国的热情，实质上变成了日本民众反对美国军队占领、争取民主化政治的观念素材和情绪动力。

裹挟在日本社会热切了解中国的潮流当中，竹内实进入中国研究所后，陆续在该所出版的刊物《中国资料月报》内外发表了一系列短篇译文和评论：

《中国的土地改革和工业》（合著），《经济评论》，第 2 卷 3 号，1953年 3 月 1 日；《中国的社会保障》（无署名），《日本与中国》，1953 年 3月 21 日；《工人俱乐部今昔》（无署名），同上；《发展的电影事业》，《中国经济年报》，第 4 号，1953 年 11 月 15 日；《文艺的新任务》，《中国经济年报》，第 5 号，1953 年 12 月 15 日；《两国文化交流的成果》，《中国资料月报》，第 70 号（"新中国与苏联同盟援助"特辑），1953 年 12月 25 日；《中国的体育运动》，《日本与中国》，1954 年 1 月 21 日；《中国文化事业的成果与规划》，《亚洲经济旬报》，第 215 号，1954 年 5 月10 日；《中国的群众娱乐》，《中国资料月报》，第 76 号，1954 年 6 月

①　中西功（1910—1973），日本共产主义运动活动家，中国问题评论家。20 世纪 30 年代在中国曾为中国共产党提供情报并赴苏区考察。日本战败回国后以共产党员身份从事工人运动，同时撰写中国革命史论著。出版过《中国革命和中国共产党》等。

②　内山完造（1885—1959），日本冈山县人。长期在中国经营书店，与鲁迅、郭沫若等中国文化人有深厚友情。著有《花甲录》等。

③　埃德加·斯诺（Edgar Snow，1905—1972），美国记者。抗日战争时间访问过延安。著有《红星照耀中国》等。

④　艾格尼丝·史沫特莱（Agnes Smedley，1892—1950），美国女记者。抗日战争时期访问过延安。著有《中国的战歌》等。

15 日；《出版活动的现状》,《中国经济年报》, 第 8 号, 1954 年 10 月
25 日。

　　这些文字浅显、通俗易懂地介绍新中国各方面情况和概貌的文章, 比
较符合日本人对新中国初步了解的愿望。然而, 毕竟竹内实是学文学出
身, 基于文学一般着眼于人的内在精神的特质, 一个看似偶然的机遇, 促
使他产生了探求以往日本人究竟是如何认识中国的念头。那是在读到
1951 年 4 月出版的《人民文学》第 3 卷第 18 期上的报告文学《在日寇细
菌试验里》以后, 其中揭露的日军 "731 部队" 用中国人做细菌试验的罪
行很让竹内实感到震惊, 他为日本曾有人在中国如此残忍而深感痛苦。他
情不自禁地质疑: 对这样的 "中国", 日本人是否知道呢? "于是, 我想
做一些解释, 来校正日本人对中国的误解。为此, 我翻阅了那些描写中国
情况的文学作品, 写了《昭和文学里的中国形象》一文, 发表在中国研
究所编的《中国资料月报》1957 年 1 月号上。后来, 又收入我在春秋社
出版的著作《日本人心目里的中国形象》一书。"①

　　这篇几乎占了一期《中国资料月报》一大半字数的长文, 是竹内实
首次发表的比较正式的研究性论文, 显示了他在日本现代文学以及中国现
代历史方面的双重功力, 引起了众多关注。事后有一所大学的朋友对竹内
实说, 自己也曾有意撰写同一题材的文章, 但写了一半最终放弃了。但研
究所的负责人虽嘴上没有说, 却看得出来并不太赞成文章的观点与写法。
竹内实则坚持自己的独特视角, 因为这与写作目的密切相关, 即其 "主
要旨在考察日本人心目里的'中国形象'与实际的中国的错位, 想通过
分析这种错位, 使日本与中国之间构筑起正确的关系"。他事后回忆:

　　　　以前, 曾有过 "中国观" 的用语。而 "中国形象" 这种说法还
　　没有被使用过, 这是我创造出来的。当中国研究所发行的《中国资
　　料月报》发表我的《昭和文学作品里的中国形象》的论文时, 因为
　　校样上漏掉了 "形象" 的字样, 我曾经坚持要补上这个词。"中国"
　　和 "中国形象" 好像差不多, 但我所说的 "中国形象", 指的是日
　　本人在头脑里描绘的中国的样子, 自己想追溯考察一下它们以往的发

---

① 《可怕的沉默》,《读卖新闻》(晚刊), 1988 年 4 月 9 日。

展情况。①

　　在这篇长文里，竹内实将日本昭和时期（1926—1989）文学作品中描写的中国形象划分为三个时期：昭和初期、昭和十年前后和第二次世界大战后，循序追溯了日本文坛对中国印象的变化轨迹，分别称其为"革命的中国"、"苍白的中国"和"赎罪的中国"。大体来说，在第一阶段，作为日本文坛主流的无产阶级文学，尽力与中国高涨的革命运动契合，作品中洋溢着对中国革命的同情与共鸣，其强烈的程度至今仍能打动人心，但又流于空洞的呐喊，其中的"中国形象"热情多于写实，"马赛克式的描写"不可能反映深切的真实。到昭和十年前后的战争时期，由于无产阶级文学在日本的消退，日本文学的中国形象不仅变得"苍白"乃至"荒芜"，甚至出现了向"战争文学"的无耻"转向"。虽然间或有对中国民众同情的声音，也无非居高临下，并不是正视和尊重的姿态。直到战后，日本文学里的中国形象才有脱胎换骨的变化，呈现出难得的忏悔意识和赎罪意识，就是意识到必须改变以前那种随意拿中国来"把玩"或"揩油"的态度。不过，即使如此，"在这些作品中，看不到一个轮廓清晰并且恒稳的中国。那也许是因为，并不存在着一个轮廓清晰并恒定的日本"。"积极描绘新中国所发生的巨大变化这一面，目前还没能有所表现。"竹内实最后总结说：

　　　　如果能从这篇在资料和时间上都相当不充分的拙文得出一个什么结论的话，那么是否可以说是这样一个教训：如同"在溃堤与溃堤之间，靠不住的桥梁架设多少次都是白搭"的说法，我觉得，要是当真把这一教训变成日本人的前车之鉴，那即使是"朽落了桥梁"也意味着并非白搭。②

　　这种在中国读者看来难免有些含混、晦涩的"日本式表述"，日本人特别是日本文化人读来都能心领神会，也许还会觉得有些刺耳，因为其意在呼吁反省以往的历史迷失与罪责。事后竹内实曾揶揄道，此文在当时某

　　①　《日中关系研究·作者前言》，《竹内实文集》第 5 卷，中国文联出版社 2004 年版。
　　②　《昭和文学作品里的中国形象》，《中国资料月报》，第 106 号，1957 年 1 月 10 日。

些人的眼中可能属于"害群之马"，因为它会让那些在战争期间粗鲁地称呼"支那、支那"，甚至残杀过中国俘虏，战后却摇身一变成为日中友好协会活动分子的文化人如芒刺在背，无异于揭开他们旧日的伤疤。竹内实的宗旨是"想把中国形象作为战争责任和战争赔偿问题来对待"。①

---

① 马场公彦：《竹内实：一身两栖于日中之间》，《战后日本人的中国像——自日本战败到文化大革命、日中恢复邦交》，新曜社 2010 年版，第 501 页。

第 五 章

来往日中之间

一 日本共产党员

日本在战败以后，全国上下，特别是在文化人、学生中间，曾经洋溢着进步、左翼、激进的政治气氛。

基于第二次世界大战后苏、美对峙的"冷战"国际环境，受当时美国占领军的摆布，日本政府立足反共、反苏的政治定位，政党管制与言论监督相当严厉。另外，美国又标榜自由、民主的旗号，日本各政党的生存、发展空间比战争期间有所扩展。政府的政治控制时松时紧，政党的实际活动比战争期间显得活跃。例如，在东京大学研究班读书期间，竹内实在仓石武四郎创办的中国语讲习班兼职讲课，就受到日本警察的巡视和盘问。与此同时，像在东京大学等高等学府的教授、学生中间，左派政治立场却又成为主流，成为一种普遍的时尚。

由于战后日本政党合法化，主要左派政党如日本共产党的活动一度由秘密转为公开。1945 年 12 月，日本共产党召开第四次全国代表大会，制定了党纲和党章，选举了领导机构。在 1946 年 2 月召开的第五次全国代表大会上，提出了"和平革命"论，主张在美军占领的形势下，争取通过和平、民主的方式过渡到社会主义。在当年议会选举中，日本共产党取得了 5 个众议院席位。到 1949 年国会选举，日本共产党已增加至 30 多席。但这一态势在 1950 年初受到共产党和工人党情报局的公开批评，后来导致了日本共产党内部的意见分歧并最终分裂。尤其是 1950 年 6 月朝鲜战争爆发后，美国占领军无视共产党的内部分裂，认定日本共产党倾向社会主义阵营，将日本共产党的领导人全部剥夺公职，实行预防式逮捕。到 1952 年，又进而制定了《破坏活动防治法》，专门对付日本共产党活动。因被宣布非法，日本共产党的机关报《赤旗报》只好停刊，领导人野坂参三远走中国。[①] 到朝鲜战争停战后的 1955 年 7 月，日共分裂双方共同召开第六次全国协议会，批判了分裂时期的错误，选出了统一的中央委员会。1956 年，日本共产党表示放弃武装斗争立场，重新拥有合法地位。

日本共产党的一个重要特色，是领导阶层大都由知识精英构成。早期如河上肇、宫本显治等领袖，大都出身于东京帝国大学。即使在战争时期，他们也可以公开谈论与研究马克思主义，教授、学生群体里都以左倾、鼓吹马克思主义为时尚。这种悠久的传统，竟使东京帝国大学（后称东京大学）长期以连日本宪兵、警察都难以插进的特殊园地而著称。

另一个引人瞩目的特点是，日本共产党和中国、苏联两国共产党的关系始终非常密切。日本共产党虽然曾经接受共产国际直接领导，可日共领袖人物在延安生活过很长的时间，后来又发生过宫本显治明确拒绝支持中共与苏共的事件。[②] 后来，当中、苏两国共产党之间出现矛盾或冲突时，居中的日本共产党难免时而亲苏、时而亲中地左右摇摆，甚至因党内对苏、中两党的立场不同，分歧严重到导致多次分裂并屡屡重新组合的程度。由于这样的分裂、组合大都由领导阶层引发，很多普通党员不明真相与内情，不是左右为难地苦于无法明确"站队"，便是因为党内分裂追随部分派系或党内骨干而遭到另一派系或领导核心的处分，直至被清除出党。不过，因为始终处于在野党的地位，自愿脱离或被清除出共产党的日本人，也不至于像执政党的党员那样孤立、难堪，仍会在社会上具有较大的活动空间，也有继续施展个人才能和抱负的机会。

竹内实曾受到当时日本激进革命风潮的强烈影响。如 1952 年国际劳动节，民众在皇宫前举行游行时遭到镇压，造成"血的五月一日"惨案。竹内实自称"受劳动节气氛吸引，也开始参加游行示威。那时的刺激很

---

① 野坂参三（1892—1993），日本共产党中央委员会前名誉主席。山口县人。庆应义塾大学毕业。1922 年参加日本共产党，1940 年到延安，1946 年回到日本。1955 年当选为日共中央委员会第一书记。

② 宫本显治（1909—2007），毕业于东京帝国大学经济学系。1931 年加入日本共产党。自 1958 年 7 月日共七大被选为中央委员会总书记后，领导日本共产党长达 39 年。

强烈，非常兴奋"。① 在这样的状态下，他申请加入日本共产党是不难理解的。另外，中国共产党领导的新中国在成立初期与日共之间关系比较密切，恐怕也是吸引竹内实加入日本共产党的一个重要原因。事实是，他在发生"血的五月一日"的 1952 年，正式加入了日本共产党。

这时，竹内实还是一个学生，一个初涉中国研究领域的青年人。他在东京大学和中国研究所接触的一些日本共产党人，有些是学习和研究中国的同学或同事。后来成为东京大学教授的著名中国文学研究家丸山升，②就是他在东京大学的"后辈"同学。据竹内实说：

> 我在研究生院 2、3 年级的时候，从驹场校区升上来几名学生③……其中，丸山君可能因为支持日本共产党竞选而被捕，我参加了东京大学的救援活动。联络各支部的 T 君下令说："到拘留所去探望。"T 君很擅长指挥人，一毕业便成了《赤旗报》记者。去见了丸山君，因为警官就站在旁边，我想了用暗号的办法，用中国语和他交谈，可现在回忆起来，丸山君可能并没有听明白……
>
> 丸山升君一直对我怀有亲近感。记不很清楚了，"文化大革命"开始时，仿佛丸山君在《赤旗报》上发表过一整版批判新岛淳良的文章。忘记了为干什么，我在涩谷坐过丸山君的汽车。④ 我就是从丸山君座位下看见那份《赤旗报》的。我猜测那可能是丸山君写的文章。我曾同意那篇文章，其对日本共产党、中国共产党均持批判态度，那可能是最早从知识分子角度批评中国共产党的做法。⑤

接着，竹内实进入了中国研究所。从他翻译的一些中国书刊文章，能够隐约窥见一个青年日本共产党员对中国社会、政治状况关注的特殊视

---

① 马场公彦：《竹内实：一身两栖于日中之间》，《战后日本人的中国像——自日本战败到文化大革命、日中恢复邦交》，新曜社 2010 年版，第 501 页。

② 丸山升（1931—2006），毕业于东京大学中国文学专业。曾因参加 1953 年"血的五月一日"游行成为被告，1972 年平反后执教于东京大学。著有《鲁迅和革命文学》、《一个中国特派员：山上正义与鲁迅》等。

③ 驹场，东京市目黑区地名，东京大学本科校区所在地。

④ 涩谷，东京地名。

⑤ 马场公彦：《竹内实：一身两栖于日中之间》，《战后日本人的中国像——自日本战败到文化大革命、日中恢复邦交》，新曜社 2010 年版，第 497 页。

1986 年竹内实应邀访问中国社会科学院文学研究所

角。如：

《老陶——一个地委书记的话》（译者署名：小河良夫），徐光耀著，《日本与中国》，1954 年 12 月 15—20 日；《给毛主席做饭》（无译者名），黄成玉著，《文学之友》，5 卷 12 号，1954 年 12 月 1 日；《毛泽东主席的传说》，（无译者名），康濯著，《日本与中国》，1955 年 1 月 1 日；《把一切献给党》，吴运铎著，青木书店，1955 年 12 月 15 日；《北京的"政法座谈会"》，《现代中国学会月报》，1955 年 12 月号。

不幸的是，日本共产党与中国、苏联两国共产党均保持相当密切关系这一状况，自 20 世纪 50 年代后期，中苏两党、两国之间因国家利益、意识形态以及国际共产主义运动领导权等矛盾出现分歧乃至激烈斗争以后，在所难免地发生了根本性变化。日本共产党内长时期存在的观点对立等错综复杂的情况，又常让一些基层党员莫名其妙甚至无所适从。在竹内实看来，因"和平道路"论受到共产国际批判，野坂参三躲避到中国后，日本共产党内主流是主张接受共产国际指导的"国际派"。那时，进出东京大学中文研究室的很多学生，几乎都是该派首领宫本显治的崇拜者。竹内实的党内组织关系不在东京大学支部，被编入了所住街道的共产党支部。

在那里，他除参加党组织会议之外，只做一些张贴标语、传单之类工作，对当时的党内斗争并不是很了解。①

在这样的情况下，在党内面临尖锐的政治斗争与矛盾时，竹内实只能主要依据个人的揣摩与判断来表达意见，选择立场。当时，日本共产党不可能对所有问题均事无巨细地给予党员以明确指示，何况当时党内对重大政治问题也没有形成统一的立场。比如，1962 年初，美国的亚洲基金会和福特基金会向日本的中国研究界提供资金引发的争论，便是一例。

美国亚洲基金会和福特基金会简称"AF"。两基金会在 1961 年底发布公报，决定自 1962 年起的 5 年间，向日本、台湾和美国高校、研究机构等提供 140 万美元研究经费，资助"中国研究"项目。其中日本研究机构东洋文库的中国研究计划将获得福特基金会 17 万多美元（约 6200 万日元），京都大学东亚研究所的东南亚研究也可获得资助。为此，日本一些中国研究者担心，接受美国基金会资助会影响自身学术研究的独立性，便在 1962 年 1—7 月期间，连续发表声明并发表一系列文章，反对日本学界接受这些基金，因此引起了激烈的论争。② 当时，竹内实还没有资格以知名学者身份参与讨论，但也表示了个人的态度：

起初，我觉得同意拒绝研究资助的提案会显得唐突，并不赞成，便用明信片回信给号召抵制赞助的研究会，质疑学术研究团体为何要涉及那样的政治问题。不寄出那张明信片也许更明智，它引起了人们的厌恶。在东京大学某位先生的研究室，本来与我坐在一起的反对资助的提案人离开了我又坐下，我听到他故意大声说些风凉话。而随着运动的开展，我更坚持自己的看法，仍旧像以前那样接受《现代之眼》之约写文章。我并非火上浇油的角色。当时，所说的"中国包围网"，无非是千篇一律的批判。③

① 马场公彦：《竹内实：一身两栖于日中之间》，《战后日本人的中国像——自日本战败到文化大革命、日中恢复邦交》，新曜社 2010 年版，第 501 页。
② 邵轩磊：《"西方"如何影响日本的"中国研究"——以日本福特基金会论争为例》，台湾《中国大陆研究》，第 52 卷第 3 期，2009 年 9 月。
③ 马场公彦：《竹内实：一身两栖于日中之间》，《战后日本人的中国像——自日本战败到文化大革命、日中恢复邦交》，新曜社 2010 年版，第 505 页。

　　所谓"中国包围网"，是指当时日本的中国研究界洋溢着事事都持反对与批判态度、否定一切的火药味甚浓的"革命"气氛。对这样的时尚，青年竹内实很不愿意"火上浇油"或随声附和，试图保持个人的独立姿态。后来，在中国"文化大革命"期间，他与几个年轻学生合编 10 卷本《毛泽东集》时，也曾利用过东洋文库的资料。他觉得其尽管接受过 AF 财团的研究资助，并看不出完全被美国政治左右的迹象。

　　也许正是这种坚持自由的个性立场，又因对党内斗争的详情不甚了然等多种原因，使竹内实在接到一位日本艺术评论家朋友的电话后，于 1961 年同意在作家安部公房主持起草的批评日本共产党中央政策的《告全党书》上签了字，① 并与其他 21 人一起被当时的日本共产党中央委员会开除了党籍。

　　据竹内实说，自己关注并结识安部公房，始于最初在 1956 年 11 月号《中央公论》杂志发表研究文章《中国的政治现实主义与文学现实主义——关于萧军批判》一文。他说："我从萧军身上仿佛看到了安部公房的影子。安部先生组织过'现在之会'，我曾加入过那个组织。我觉得，安部先生所说'野兽向往故乡'与萧军的《三人行》正好吻合。"② 后来，竹内实还在新日本文学会机关刊物《新日本文学》上刊登过不少文章，③ 与安部公房的关系更加密切。

　　安部公房的经历与竹内实确有相近之处，也是在"满洲国"度过小学、中学时期，战后回到了日本。他在 1948 年自东京大学毕业后从事文学创作。青少年时代曲折、痛苦的生活体验，让安部内心充满苍凉的虚无感，促使其创作出像《野兽向往故乡》之类作品，逐步被日本文坛视为超现实主义作家，成为日本"战后派"文学的重要代表人物之一。获得诺贝尔文学奖的日本作家大江健三郎甚至说过，如果安部公房健在的话，获得该奖的应该是安部而非自己。

---

　　①　安部公房（1924—1993），日本作家。作品有创意与深意，曾被提名为诺尔贝文学奖候选人。著有《墙》、《幽灵在这里》等。

　　②　马场公彦：《竹内实：一身两栖于日中之间》，《战后日本人的中国像——自日本战败到文化大革命、日中恢复邦交》，新曜社 2010 年版，第 499 页。

　　③　新日本文学会是成立于 1946 年，曾经与日本共产党关系密切的文学组织。该组织后来发生过多次分化、组合。1965 年会内的日本共产党员作家宣布退出，另组成民主主义文学同盟。新日本文学会曾长期发行《新日本文学》杂志。

安部在 20 世纪 50 年代加入日本共产党，一边从事政治活动一边发表文学作品，因创作成就卓著成为新日本文学会的代表作家之一。1961 年，因不同意当时日本共产党对苏共、中共的立场，他与野间宏等人撰写《为真理与革命迈出重新建党第一步》的公开信，并征得新日本文学会中 28 名日本共产党员签名，公开发表。公开信中说：

> 当今党的危机，是执中央委员会干部会牛耳的宫本、袴田、松岛等人将党私有化的结果。我们列举出他们的宗派领导机构的指导错误，以及独裁式领导、蹂躏纪律和破坏党组织的事实，并进行言辞激烈的批判。

竹内实是在这份声明上的签名者之一。从 1957 年起，竹内实担任东京都立大学文学部的教职，他的共产党组织关系随之由家庭所在街道支部转到该校支部。到 1962 年 2 月，日共中央决定将在"公开信"上签字的 28 人从党内除名。东京都立大学党支部虽然知道竹内实被除名的处分决定，但日本共产党本部不是通过东京都立大学支部，而是将除名通知直接寄到了竹内实家里。从此，竹内实与日本共产党正式脱离了关系。

二 来往日中之间

在 20 世纪五六十年代，竹内实凭借熟练、流利的中国语能力，多次担任日本访华团体的翻译而问中国，频繁往来于日中之间。

竹内实自 1942 年离开中国回到日本后，再次踏上时时魂牵梦绕的中国土地，是在时隔 11 年后的 1953 年夏天。当时，日本政府租用轮船"黑潮丸"号，归还在日本的中国死难劳工即所谓"中国殉难者"的遗骨，竹内实作为船上的口头翻译，随之在天津港登陆。

日本政府同意送还"中国殉难者"遗骨，是在日本民间中日友好运动的推动下，对中国 1953 年 3 月开始送还在华日本侨民归国善意的回应。那次日本从中国撤侨，是由 3 个民间团体牵线与中方达成协议，约定在两年期间分批将 32000 名日本侨民接回日本。首次，日本政府派出船只"白龙丸"接日侨从天津到达日本舞鹤港。中国官民的这一善意在日本引起巨大反响，朝野无不热烈欢迎。通过媒体报道，日本民众也借此机会了解到新中国的许多新景象、新面貌，导致日本出现了空前的"中国热"。

此后，以参议院议员、京都东本愿寺住持和尚为首的日本友人提出建议，应该利用接日侨归国的船只，将他们收存的 3000 具"中国殉难者"遗骨，分批运还给中国。这些"中国殉难者"都是根据 1942 年日本内阁为弥补战时劳动力短缺，决定自 1943 年 4 月至 1945 年 5 月间，主要在华北地区抓捕并押运到日本的中国人。他们分为 169 批共约 4 万人，被强制到 135 个日本企业中劳动。到日本战败时，其中约有 7000 名中国劳工被虐待致死或惨遭杀害。1953 年 2 月 17 日，日中友好协会与总评议会、佛教界等同红十字会合作，组成"中国俘虏殉难者慰灵实行委员会"，一方面追究政府的责任，阻止日本军国主义重新复活；另一方面依靠民间力量，在全日本的 135 个企业进行调查，特别详细了解秋田县花冈矿山的中国人暴动以及大屠杀事件等有关中国人的事件，发掘牺牲者的遗骨，举行悼念活动。借日侨归国的契机，该委员会又呼吁把这些遗骨分批送回中国。[①]

能够随"黑潮号"轮船送中国劳工遗骨到中国，对竹内实来说无疑是求之不得的机遇，"心中主要还是为能够回到分别 11 年后的'家'，以及可以首次看到'新中国'而觉得兴奋"。因此，整个行程给他的印象特别深刻和难忘：

> 记得当时黑潮丸没有立即驶进天津港，在大沽停了一夜。次日早晨的太阳很晃眼，依旧如昨天一样明亮。那里一定是渤海湾中很浅的地方，海水的颜色与深海不大一样。以常见的比喻说，就像是镜子那样平。但有一点小小的波浪，如同有无数的小动物在一呼一吸。朝阳将阳光洒在上面，洒下后的光线又被反射开来，充满了天空和海洋。尽管是朝阳，光线照在脸上却火辣辣的热。那是久违了的中国北方的太阳。
>
> 在前一天晚上已来船上警戒的人民解放军战士，因为要吃早饭，向我要点"水"。我理解他们说的"水"是指茶，便从厨房弄到给他们送去了。这些士兵四五个人一伙，以细红的"香肠"当菜，吃起

---

① 日本中国友好协会（正统）中央本部编：《日中友好运动史》，商务印书馆 1978 年版，第 33 页。

了"馒头",作为早餐。对我来说,这是时隔 11 年后第一次见到中国人。当我从远处望去,端详着他们吃饭的样子,其中还有一个士兵拎着"香肠"对我说:"请吃一个罢。"①

这些似曾相识的景象,加上在天津港海员俱乐部的活动以及在街头漫步,都让竹内实的内心起伏难平。当他听到廖承志代表中国政府在迎接遗骨时发表的演讲,竟激动得流下了眼泪。② 也正是这次去中国的因缘,促使他在 20 多年以后,亲自去日本秋田县的花冈矿山,调查当年中国劳工在那里被强迫劳动以及反抗斗争的事实,并瞻仰"中国殉难烈士慰灵之碑"。

竹内实第二次来中国是 1955 年 10 月,担任由日中友好协会东京都联合会组织的"六大城市议员代表团"翻译。那是一个有 47 人的大型访华团,先后到过北京、上海、重庆和沈阳等地。回国以后,竹内实在发表的旅行观感中,对比了在途经香港时目睹的"繁华"与新中国"清新"气象之间的强烈反差,隐约让他联想起与当年"满洲国"类似的印象,对比强烈地更加认同与依恋中国:

> 香港虽然与中国的土地相连,可还是英国的殖民地。那里中国人的国籍,据说既非中华人民共和国也不是大英帝国。香港岛那些美丽的别墅,都是百年来殖民地经营的结果。从国际环境上说,香港确实可以标榜是"自由"的。可当这么想的时候,也会觉得那些海报似乎并不怎么真实。实际上,在形成这种感觉之前,我们在香港这个处处残留着旧中国痕迹的大都市里,已经觉察出了它的虚幻。身穿着据说是今年很流行的高高的领子、开衩直到大腿的旗袍的女性走在大街上。她们的化妆已经很美国式了。美不美且不说,给人的感觉像是无根的浮草似的。路边有卖香蕉的露天店铺,店铺的入口处还有卖刺绣品的老太太。整个城市五光十色,喧嚣嘈杂,令人眼花缭乱。处在这样的环境里,那些在新中国的见闻便显得如同清水一样透彻。那些见

---

① 《花冈纪行》,《传统与现代》,第 37 期,1976 年 1 月 1 日。

② 马场公彦:《竹内实:一身两栖于日中之间》,《战后日本人的中国像——自日本战败到文化大革命、日中恢复邦交》,新曜社 2010 年版,第 503 页。

闻对自己来说，其实绝不再只是见闻，它们对自己感性与理性的影响，已经到了使自己身在香港时，竟产生了想毫不犹豫地离开当地的念头。①

他第三次到中国，则是在 1958 年发生"中国国旗事件"后的当年 9 月。

自 1957 年初上台的新一届日本内阁，推行有损于日中关系的政策，如不承认日中两国民间贸易谈判成果，阻挠中国向日本派驻商务代表机构以及反对该机构悬挂中国国旗等。1957 年 4 月 3 日，中国邮票剪纸展览会在日本长崎市开幕，会场上悬挂起中国国旗。为此，台湾驻长崎领事向日本外务省提出抗议。日本外务省转告展览会主办团体日中友好协会长崎支部降下中国国旗。5 月初的一天下午，两个暴徒闯进会场并扯下悬挂着的五星红旗。会场主持人当即将两名肇事者扭送长崎警察局，警方简单询问后却将他们释放。中国政府曾就此事向日本政府提出严正抗议。竹内实就是在这样的背景之下跟随日本代表团访问中国的。

1958 年竹内实在山东泰安火车站

那年发生了长崎国旗事件，好像是悬挂在长崎的展览会之类地方

---

① 《新中国之旅归来》，《北斗》，第 2 卷 2 号，1956 年 3 月 10 日。

的中国国旗被一个"右翼"男子拉下来扯碎了。为此,中国立即中断了一切交流。在日中友好协会任职的原上海或大连满铁调查部部长伊藤武雄、① 日本共产党元老细川嘉六,② 此外还有什么人,都就国旗事件呼吁反省。意思是说,对应中国推进友好运动的善意,我们必须就长崎的国旗之类事件进行反省。中国接受这样的态度,便接待了他们。为此,伊藤先生提议必须有口译员,我就参加了。9月24日,日中恢复邦交国民议会代表团出发(团长风见章)。③ 在北京会见之后,去成都、重庆、武汉,出三峡,经郑州回到北京。当时,正在搞大跃进、土法炼钢和人民公社。东京农工大学的 O 先生也同行,他肯定深耕和密植。我把它们作为专家的意见来倾听。④

竹内实曾经痛感,"以前去中国访问的人回国后,并没有都进行很好的报告"。这次返回日本后,他立即在报刊上撰文介绍个人对中国的观感。首先,他的亲身感受是:尽管发生了"中国国旗事件",但"中国人民对日本人民的友好态度没有变"。其次,他也能够感受到日中两国之间还存在着"深刻的战争伤痕"。他对此的思考是:"中国人民从这种战争体验中吸取了正确的教训,建立了否定战争的社会主义制度并使之不断健全。那么,我们日本人应该怎么办呢?"他的建议是,日本人必须进行充分、深刻的"反省",并举例说:"我在去中国前才知道,风见章、细川嘉六、伊藤武雄、中岛健藏四位,⑤ 共同写了一份《呼吁反省》。在这份《呼吁》中,尽管没有明说反省以后该怎么做,但我对其中所说的参与活动的人对日本的战争责任,在'战后'也负有政治和道德方面的责任的看法很有共鸣。这种责任,与曾是军国主义者以及目前的统治者所负的责任,本质上并不相同。这意味着,一直觉得活动领导者对于战争并'无

---

① 伊藤武雄(1895—1984),1920 年东京大学毕业后赴满铁调查科工作。曾任中国研究所所长。著有《现代支那社会研究》等。

② 细川嘉六(1888—1962),东京大学教授。著有《日本社会主义文献解说》等。

③ 风见章(1886—1961),日本政治家。毕业于早稻田大学。曾任《朝日新闻》记者,恢复日中邦交国民会议首任会长。

④ 马场公彦:《竹内实:一身两栖于日中之间》,《战后日本人的中国像——自日本战败到文化大革命、日中恢复邦交》,新曜社 2010 年版,第 504 页。

⑤ 中岛健藏(1903—1979)日本社会活动家。毕业于东京帝国大学。曾任新日本文学会主席、日中文化交流协会理事长。

责任’的日中友好运动，从此也许可以走上新的路子。"① 类似的看法以前竹内实已提出过，即认为战后参加日中友好运动的一些人，也曾有意无意推动过当年的侵华战争，为了日中友好运动的健康发展，同样应该思考"战争责任"的问题。以后，他一直坚持这样的看法。

1960 年夏天，竹内实作为日本文学代表团成员，第四次访问中国。他回忆说："我曾在 1953、1955、1958、1960 年 4 次访问中国。不过，前 3 次是被雇用的（做翻译），给钱的不是中国，而是轮船公司或当时的访华代表团。而 1960 年托日中文化交流协会的福，让我参加了以野间宏为团长的日本文学代表团。"②

当时，日本政府首相岸信介（1896—1987）执行亲美外交政策，强调日美同盟关系以对抗共产党国家阵营。1959 年初，岸信介去华盛顿代表日本政府在新《日美安全保障条约》上签字，归国后引发几十万人在国会议事堂前举行示威抗议。到 1960 年 5 月 20 日，日本国会又强行通过批准了新条约。如此倒行逆施激怒了广大日本民众，以左翼学生为中心的示威队伍包围首相官邸达一个月之久。后来，学生闯进国会时与防暴警察发生冲突，女学生桦美智子死于非命。到 6 月 15 日，据说全国抗议的人数已达 560 万。到新条约通过生效的 6 月 18 日，有 33 万人包围国会，被称为日本历史上最大规模的示威。当时，竹内实正在为抗争丧命的女学生求学的东京都立大学教书，又与反对新日美安保条约的民众立场一致，对此非常同情并参加了此次示威活动。正是在这样的政治背景下，中国有关机构在 1960 年 6 月中下旬邀请以野间宏（1915—1991）为首的日本文学代表团访问中国近半个月，主旨是加强两国文学界的交流并支持当时日本民众反对美日同盟的政治斗争。

野间宏是日本战后著名小说家，属于信奉马克思主义的日本左翼。他的作品具有鲜明的反战立场，在揭露日本战后黑暗方面相当有力度。由于同是共产党人，并都出身于京都大学，野间创办《文学之友》杂志时曾善意向竹内实约稿，对他很有好感。据竹内实后来推测，自己成为访华的

---

① 《日中友好运动的新阶段——中国之旅归来》，《亚洲经济旬报》，第 380 号，1958 年 12 月 10 日。

② 《中野重治与中国》，《新日本文学》，第 34 卷 12 号，1979 年 12 月 1 日。

日本文学代表团成员之一，可能是野间先生推荐的，[①] 同时自己也承担了访华期间的部分口译工作。

竹内实（右）和野间宏座谈

　　如今，回放当时中国拍摄的近半小时的关于此次访问的新闻纪录片，给人印象最深刻的是中国当局对日本文学代表团的接待既周到又隆重，客人们处处受到中国官员和民众的热烈欢迎。由于前几年经济政策方面的失误和自然灾害，竹内实隐约觉察出，当时中国民众的生活有些拮据。比如，中方人员每当他们吃饭时总是借故离开，很少陪同他们进餐。然而，中国为代表团安排的活动仍然很丰富，他们参加了盛大欢迎大会，参观过工厂、农村，并同中国文学界甚至工农文学爱好者见面，进行文学交流。最后，毛泽东在上海亲自接见了他们，可见中国方面对该代表团的重视以及规格之高。竹内实意识到了中国此次接待外交宗旨与政治内涵："我觉得，它表明了对于我们，也是对在日本参加反对安保条约斗争的全体人们的高度友善与信赖。"[②] 基于对这种友善与信赖的实际深切感受，竹内实

　　① 马场公彦：《竹内实：一身两栖于日中之间》，《战后日本人的中国像——自日本战败到文化大革命、日中恢复邦交》，新曜社 2010 年版，第 504 页。

　　② 《在中国的感受》，《文学》，第 28 卷 8 号，1960 年 8 月 10 日。

在访华期间，先后在 6 月 11 日《大公报》和 6 月 17 日《中国青年报》发表过《必须狠打落水狗》与《愿中日两国青年的斗争友谊永远发展》两篇文章。他在后一文中写道：

> 在日本，青年一直站在反对新日美"安全条约"斗争的最前线。日本学生现在正面对着美帝国主义，同它进行斗争。
>
> 在全国统一行动中，青年工人用政治罢工进行斗争。这不是一种为提高工资、反对解雇等那样的经济性罢工，而完全是提出明确的政治性要求的罢工。这在日本工运史上是应该大书特书的。它清楚地表明工人的政治觉悟有了空前的提高。

三 日中关系研究

竹内实和代表团在访华期间，听到东京都立大学女学生桦美智子在反对新日美安全保障条约斗争中死于非命的消息。毛泽东在接见代表团成员时，曾几次说桦美智子是日本的"民族英雄"。他在回国谈到访华观感时特别提及此事。除了他曾关注和参与这次政治斗争外，还因为他自己是东京都立大学的教师。

竹内实是从 1957 年起在东京都立大学文学系担任中国语教师的。此前，竹内实在仓石武四郎创办的中国语讲习班讲过课，其因流利、纯正的中国语逐渐广为人知。后来，经人介绍，他到了东京都立大学教授中国语。

东京都立大学是在 1949 年日本学制改革时，由原东京府立高等学校和其他几所学校合并建成的大学。竹内实在该校教授中国语，也主要因为出生在中国和曾受中国文化的熏陶，其后十几年在东京都立大学工作期间，每当在教学中，特别是在感受到社会、政治波动甚至冲击的时候，他就会情不自禁地联想起中国文化传统及与其有关的思想与观念。日本社会现实时时成为竹内实重温中国传统文化观念的契机，有时两者如出一辙地吻合，有时则正相抵触，任何状况都会引发竹内实的思考。中国丰厚的文物积累、深刻的人生智慧、独特的思考路径与方式等，都曾给身陷社会旋涡和个人甘苦的竹内实以莫大的精神慰藉。他从学术界感受到，研究日中两国关系的日本学者们，此前很少有人有意识、有目的地借鉴中国式的分析视角与认识深度，自己若将这类感悟与思考诉诸文字，可以填补与充实日中关系研究中的诸如此类的欠缺。

比如，竹内实曾坦陈，有一篇介绍中国青铜器的短文《饕餮》，便反映了岸信介虽然被迫辞职，但《新日美安全保障条约》最终仍被日本国会批准时自己的"一种失败的噩梦感"。① 看此文中的一些话，不难看出作者借中国文化"酒杯"浇个人块垒之用意，同时也含有作者校正包括汉学者在内的日本人对中国文化理念肤浅了解的深切用心："尤其是那些莫名其妙的纹饰，足以通过现代人无法知晓的语言，在我们心中呼唤出种种感受。就像哑巴即使能够说话，恐怕也已经忘记了语言生成以前的世界一样，我们除了以保持沉默来面对它们之外，几乎没有别的办法。""在那种时候，与当时闪现着耀眼光辉的祭器一起，还会排列着表面绘有饕餮纹饰的假面具。由于权力与鬼神合而为一，会显得非常强大。而其主要的象征，便是所谓'饕餮'。"②

日本与中国历来息息相关，古代主要是日本汲取中国文化并接受其滋养，近代以来风向反转，中国开始通过日本学习西方文化潮流。对于两国之间如此密切的交往，日本认真思考与探讨的学者为数众多，积淀至今既有真知灼见，也难免偏激与肤浅。竹内实作为出生在中国并对之充满依恋之情的日本人，对日中关系怀有与生俱来的强烈兴趣甚至使命感。特别是自他出生及涉世以来，日中两国关系处于空前的非正常状态，从两国长期在社会与文化发展上互相取长补短，恶化为妄自尊大、弱肉强食。竹内实凭借亲身的深切感受，一直苦苦思索与探究的是：日中两国关系何以从来很少彼此平等、均衡过，即很少有所谓"中立"或"超脱"，而总是那么"复杂"？关于这种困惑，他在晚年有过言简意赅的回顾与总结：

> 所谓"关系"，应该指连接在假定的 A 与 B 两个点之间的一条线。这条线是独立的，既不属于 A，也不属于 B。我们要注意、分析并搞清楚的，正是这条"线"。
>
> 关于日中关系也是如此。如果 A 指日本，B 是中国，那么也应该

---

① 《中国历史与社会评论·作者前言》，《竹内实文集》第 9 卷，中国文联出版社 2006 年版。

② 《饕餮》，《现代艺术》，第 2 卷 1 号，1961 年 1 月 1 日。

有连接 A 与 B 之间的"关系"这样一条"线"。它是中立的或者说应是超脱的性质。

　　然而，从历史上看，中立、超脱的"关系"其实从来就没有过。尽管名为"关系"，但从实质上说，不是偏于日本，就是倾向于中国，二者必居其一。它们并非那么简单，而是相当复杂的。①

　竹内实关于日中关系的专注与探讨，始自 1957 年在中国研究所时发表的长文《昭和文学作品里的中国形象》。当时，他坚持在文章校样上增写题目中曾被编辑删掉的"形象"二字，自认"中国形象"的说法是自己的一个"创造"，不太喜欢以前日本学界常见的"中国观"一词。因为他注意回顾的以往日本人对中国的看法，不是那种抽象的概念，而"指的是日本人在头脑里描绘的中国的样子"，尤其是"旨在考察日本人心目里的'中国形象'与实际中国的错位，想通过这种分析错位，使日本与中国之间能够构筑起正确的关系"。竹内实很是自信："那是自己发现的独特研究领域，探讨起来很有意思。通过不断努力，最后一直涉及日本近代史和日本现代史。只要有这一领域的资料便收集起来，研究也日益深入。"② 经过近十年的积累，1966 年他在春秋社出版了《日本人心目里的中国形象》一书，此书在 1992 年又由岩波书店推出增补本。

　据竹内实自述，撰写这一系列文章，主旨是想梳理近代以来妨碍日本人树立"新中国"观念的那些"旧中国"意识。他不像以往日本历史学家和国际关系研究者那样，反复引用日本军人或政治家关于旧中国的种种论著，而侧重回顾与解析一些虽然对中国的看法未必清晰、决断，却蕴含着对中国的真实体验或反映中国鲜活现实的文字，其中如关注过中国的作家夏目漱石、③ 支持辛亥革命的宫崎滔天等，④ 都堪称典型的例证。

　竹内实重视与选择夏目漱石谈论日本人心目里的中国形象，是因为他觉得日本文坛对夏目 1909 年到中国东北即"满洲"和朝鲜归国后所写游

①　《日中关系研究·作者前言》，《竹内实文集》第 5 卷，中国文联出版社 2004 年版。

②　同上。

③　夏目漱石（1867—1916），日本著名作家。曾任东京大学教授。著有《我是猫》、《哥儿》等。

④　宫崎滔天（1870—1922），日本志士，曾结识孙中山并支持中国革命。著有《三十三年落花梦》等。

记《满韩处处》一书的评价似是而非。比如，日本共产党主办的《赤旗报》曾载文批评该文"染上了帝国主义与殖民主义色彩"，评价其"未必有多么重要"。而在竹内实看来，恰恰由于有过如此评价，应该"重新再读一读"这本书，以便搞明白为什么连当时称得上眼光最敏锐的日本作家，在观察中国时也难免戴上"有色眼镜"。若非如此，便很难挖掘出该书作者那些真正对后来的日本人有启示与借鉴价值的对华观念。

1961 年竹内实（右二）和川端康成、杨朔

竹内实不否认，夏目在《满韩处处》里确曾颇为"欣赏"地描述过邀请他去中国东北旅行的满洲铁路株式会社，在 1904—1905 年日俄战争后究竟在那里"做什么"。比如书中说："此次旅行的最大感触，是日本人富于进取的精神，无论是多么贫瘠的地方都敢去发展的现象，以及与之相伴的经营勇气。"与之相对比，书里也有对中国悲惨与阴暗现状的正视和反映。然而，借助认真的自觉"写实"态度，毕竟夏目在书里并不限于记述那些表层的风土人情，也觉察和描绘了当时所见的中国人"忧郁"的脸与神情。竹内实觉得，"以今天的眼光来看，漱石也是试图再深入一步，与现实形成全新的关系"。竹内实引用了大段文字，介绍夏目在大连

一座榨油厂目睹工人劳动的场景，竟"不由得浮想联翩"，感受到如古代中国"楚汉相争"似的精神力量。对此，竹内实的读后感是："漱石在某种程度上已经预感到，这一工业的黎明时期，即榨油厂与大陆内地的特产相结合，以苦力们的'沉默'、'有规则的动作'、'忍耐'和'精力'为基础而异常飞速发展的时代即将到来。""着眼于漱石以现实主义目光在工人劳动的现场捕捉到的东西，我不能不高度评价他的这篇作品。"①

竹内实探讨宫崎滔天心目里的中国形象特征，旨在认清中国革命与改造日本之间的"对应"关系。宫崎曾对辛亥革命怀有强烈的同情心与共鸣感，但到头来在《三十三年落花梦》等著作里却总结说："回顾半生，皆为失败之梦迹。"作为近代日中关系的典型人物，宫崎的生活经历启示后人，无论通过中国革命来推动日本改造，还是以日本现代化为榜样促使中国变革，如果缺乏对各自国家情况的深入了解与脚踏实地的实践，只能归于空想。竹内实的结论是："我们从宫崎滔天那三十三年的梦境中不难意识到一个教训，即一个不致力于本国改革的组织，无论与外国有怎样密切的联系，都只不过是在空中架起一座理想的'桥梁'罢了。"特别是，"实际上，像宫崎滔天那样的人并不少，日本人大都如此。在战后日本，大多数人也是借助于日中之间的这种亲近感来致力于两国联系的。他们从来没有考虑过，如果基于日中两国间那些并不友好的历史，也许会比幻想中的虚假关系更为扎实一些"。②

竹内实以这些典型人物的典型经历为例，分析了日本人心目里中国形象的复杂性和多样性。这固然因为类似的历史经验教训确有值得挖掘或辨析的深层内涵，也是因为竹内实确实有感、有识而发。也就是说，他思考、阐述对日中关系的一些看法，是针对当时日本社会对二者关系的浅薄理解甚至误解，这种浅薄理解与误解即使在热心强化两国关系的日中友好运动中也在所难免。竹内实凭借自己对这方面的亲身感受，觉得唯其如此，更应该也必须对其认真厘清与深化，才可能对日中两国之间的深入发展真正有所裨益。为此，竹内实以回顾历史案例为基础，提出了校正与升华日中关系两个必须严肃对待的问题：一是日本必须明确承担战争罪责，

---

① 《夏目漱石的〈满韩处处〉》，《北斗》，第 4 卷 2 号，1959 年 4 月 10 日。

② 《对所谓"桥梁"关系的思考——谈日中关系的基础》，《中央公论》，第 75 卷 6 号，1960 年 6 月 1 日。

二是慎用"日中友好"的说法。

关于第一个问题，竹内实以亲历过战争年代的过来人身份认为："所谓'战争责任'，不能说仅是具体局限于那些犯过罪行的人，而一般人却都沉默着。我们应该通过各种各样的资料和历史研究的方法，去挖掘那些沉默的人们内心的痛苦感受以及他们所犯的罪行。应该真正弄清楚，事实到底是什么样子？"①

当时，竹内实鉴于某些日本人"精细有余而难积大体"的心理习惯，有意无意借广岛、长崎遭受原子弹轰炸之重来抵消日本军队屠杀中国民众的罪行之重，针锋相对地指出："杀人终究不对。作为日本人，显然都应该反省日本军队的残暴行为。这种反省不能只斤斤于残暴程度的大小。我认为，我们必须深刻挖掘这种肆虐的实质，弄明白如此肆虐源于何处，以及人们为什么会如此肆虐？"② 能否真正弄明白这一点，其实与日本人对中国的传统认识缠绕于一体。竹内实认为，由于根深蒂固的"天皇至上"教育，很多日本人将非天皇制的中国视为"非正常"国家，看中国人似低贱之人，去那里草菅人命便不怎么心慈手软。而所谓日本的"战争责任"，其中不应抹杀数额巨大的战争损失。如竹内实当时测算，即使中国放弃赔偿的要求，日本也该支付 52 兆日元。③ 除此之外，他更主张："日中问题固然是政治问题，但对我们普通人来说又是情感问题。"④ 竹内实所说的"情感问题"，就是指应启发并促使日本人在心灵深处真正搞清楚，诸如，日本对中国进行侵略的起因是什么，以及是如何侵略的问题。"应该让'历史事实'在日本民众的心里扎下根，并把这作为日本民众对中国民众的一种赔偿。"⑤

为了让日本读者了解、认识日中两国历史上侵犯与被侵犯的非正常关系，竹内实陆续发表了一些揭示日本侵华史实的文章。比如，评论战争纪实性著作《野战邮政旗（续集）解说》，回顾中国被抓劳工反抗斗争的《花冈纪行》等，并以日中正常交往的例证进行反衬，发表了《远自秦始

---

① 《关于"战争责任"——在早稻田大学纪念"七·七事变"31 周年集会上的讲演》，《红河》，1968 年 7 月 5 日。

② 同上。

③ 《关于战争责任》，《世界》，第 324 号，1972 年 11 月 1 日。

④ 《日中问题是情感问题》，《产经新闻》，1971 年 9 月 23 日。

⑤ 《关于战争责任》，《世界》，第 324 号，1972 年 11 月 1 日。

皇——关于徐福的传说》、《寻访三十三之梦——宫崎三兄弟与孙文》、
《清末以后影响日本人的中国著作》等正面考辨与回顾的文章。这些资料
正反配合，有助于日本读者理解如何确立日中关系正常交流与非正常状态
的标准，超越了当时某些标榜马克思主义立场的学者概念化的"政治正
确"姿态，资料丰富而富于情趣，改变了以往日中关系研究中多偏于抽
象道理的枯燥风格。

关于日中关系要慎唱"友好"高调的看法，是竹内实在进入 20 世纪
70 年代后，日中邦交正常化呼声日渐高涨的情势下的冷静思考，充分体
现了其"反潮流"的勇气与胆识。他曾指出："日本与中国目前还没有缔
结和平条约，这意味着上次那场战争并没有真正结束。虽然在 24 年前，
日本已经正式承认战败并投降，但那并不等于战争已经完全终结。"所
以，其后 24 年来的"日中和平"无非一种虚构。至于这种现象究竟意味
着什么，竹内实预测，从 1970 年开始人们也许能切身感觉到，并说"至
少我已经开始觉察到了这一点"。①

具体而言，竹内实根据自身多年积累的经验，认为日本对中国所欠的
历史之"债"不会轻易自行被免除，"恐怕历史上是不会有那种便宜事
的"，其"债"拖延越久，"那必须付出更加高昂的代价。而这便是所谓
历史"。

他提醒日本人，不能以为日本政府已与台湾签订了"日本与中华民
国和平条约"，日本对中国的战争责任便"完事大吉"了。除了日本政府
对中国进行经济赔偿之外，还有"必要尽量把每一个（日本）民众心中
对战争，也就是对中国的体验，全都挖掘出来"。实际上，这意味着提出
了整体日本民族应对侵略战争"忏悔"的严峻课题。

竹内实屡屡以中国社会与历史的真实内情诫告日本政府和日本民众，
中华民族对近代历史刻骨铭心的"耻辱"感，是包括日本在内的外国人
很难体验与理解的。"不必说日本政府事先对此心理准备不足，就连各政
党也难说已经积累了多少研究。"而"日本民众其实对中国并非多么感兴
趣，毋宁说态度倒有些冷淡。这就是事实"。因此，竹内实主张："对今
后的日中关系，不应该将其描绘成玫瑰色的梦。"也即不必急于高喊"友
好"的口号。他提出，为真正实现"日中友好"的目标，必须循序渐进

---

① 《虚构的日中和平》，《潮》，第 15 号，1969 年 10 月 15 日。

地迈出扎实的步伐，而且防范盲目乐观的情绪：

> 比如我觉得，一开始应该先有日本协会；接着应该是日中理解协
> 会；最后才应该成立日中友好协会。日中协会的会员可以多一些，而
> 日中友好协会的会员少一点则无妨。至于"友好"是否会世世代代
> 传下去，那是很难回答的。①

---

① 《今后的日中关系——应该慎用"友好"二字》，《公明新闻》，1972 年 9 月 30 日。

第 六 章

毛泽东研究

一 从听说到会见毛泽东

日本民众开始普遍知道毛泽东、研究毛泽东逐渐成为中国研究领域的重要课题，大约始自20世纪40年代。当时，日本新闻界在有关中国共产党动向的报道中曾涉及毛泽东，美国记者爱德迦·斯诺的《红星照耀中国》等著作也陆续译介到日本。这一时期，已回到日本读书的竹内实对这些信息时有所闻。但据他自述：

> 我知道毛泽东的名字是在新中国成立以前，在从商业学校毕业进入东京的专科学校的第二年，有一位也是以东京的学校为奋斗目标，在商业学校时的同班同学来访。他说，在约一年时间里，当时称作"满洲国"的东北人心不稳。在中国人中反抗的空气高涨，而且风传毛泽东和朱德就要来了。
>
> 我记得，当时没有问毛泽东和朱德是谁，因为这两个人的名字在那以前已经知道了。
>
> 日本战败一年半后，生活在长春的母亲和弟弟回国了。母亲讲，战败前中国人就说毛泽东好，她还模仿中国人竖起大大拇指说"好"。①

母亲还曾压低了声音说道："中国人说，以后是毛泽东的天下了。"再"过了两年，在中国诞生了新的国家——中华人民共和国。说得直白

---

① 《毛泽东的诗与人生·作者前言》，《竹内实文集》第3卷，中国文联出版社2002年版。

些，也就是那里当真成了毛泽东的天下"。① 这既让竹内实感慨万分，也激发了他对毛泽东的浓厚兴趣。

竹内实和母亲在东京住宅前

自此，竹内实日益密切关注和搜集关于毛泽东的资料。到 20 世纪 50 年代初，当《毛泽东选集》开始出版时，竹内实因为从一家经常光顾的私人小书店接连买到 1—4 卷而兴奋不已。他记忆说：

> 记得价格并不太贵，可是纸张质量好，印刷也精美。包装并不是用马粪纸，尽管是一种平装书，却加了彩色印刷的外套。那在当时中国的出版物里是最高的水平。至今我还记得，当时能够买到那样像模像样的书，心里是多么狂喜，因为那是我虽然并非与活的毛泽东，毕竟也是与书本上的毛泽东的最早接触。②

在这一时期，日本一些学者开始专门从事毛泽东及其思想的研究并形成了战后第一个高潮。如在 1954 年，松村一人的《辩证法的发展》一书，③ 对毛泽东的《矛盾论》和《实践论》进行过比较深入的分析。贝塚茂树则在 1956 年出版了日本第一本毛泽东传记《毛泽东传》。④ 与此同时，刚刚涉足中国研究的青年竹内实，也在尝试译介的中国文学和中国社会、政治动态的文章里，多次接触对毛泽东的描述。其中，在题目中提及毛泽东的就有如下数篇：

① 《〈毛泽东的生涯——调动八亿人民的魅力的源泉〉前言》，光文社，1972 年 6 月 25 日。
② 《K 君的旧皮包》，《每日新闻》，1972 年 8 月 21 日。
③ 松村一人（1905—1977），日本哲学家。法政大学教授。著有《黑格尔逻辑学》、《论毛泽东哲学的意义》。
④ 贝塚茂树（1904—1987），中国研究家。京都大学教授。著有《中国古代史学的发展》、《殷周古代史的再构成》等。

《毛主席的卫兵》，译文，黄成玉著，《日本与中国》，1954 年 1 月 11 日；《给毛主席送饭》，译文，黄成玉著，《文学之友》，5 卷 12 号，1954 年 12 月 1 日；《毛泽东主席的传说》，译文，康濯著，《日本与中国》，1955 年 1 月 1 日；《毛泽东的"词"》，《产经时事》，1957 年 2 月 14 日；《毛泽东的诗〈黄鹤楼〉》，《赤旗报》，1957 年 3 月 11 日；《毛泽东的〈文艺讲话〉、〈实践论〉、〈矛盾论〉》，《文库》，第 68 号，1957 年 5 月 1 日；《毛泽东演说的反响》，《图书新闻》，第 405 号，1957 年 6 月 29 日；《毛泽东的诗〈蝶恋花〉》，《读书人周刊》，1958 年 7 月 14 日。

另外，竹内实还参与了毛泽东《实践论》、《矛盾论》日文版的翻译，该书于 1957 年 5 月 8 日由岩波书店出版。他在其他文章里，也有不少文字谈到毛泽东。

回顾竹内实最初这些涉及毛泽东的文章内容，也许还谈不上有系统、成规模的毛泽东研究，仅属于初步、零星的译介。不过，竹内实看重、观察与思考毛泽东，自始便有两种明显的倾向：

首先，他从未把毛泽东视为孤立的人物，而将他看作曾对中国现代史和中华人民共和国有过重大影响的领袖，即将其成败得失与周围的中国社会、历史环境与条件结合起来分析。如竹内实自白：

> 当然不好说，中国就是毛泽东的中国，可要是不听到一般民众对毛泽东的评价，自己恐怕也不会对他那样关注。
>
> 孔子曾说：事看两面。如果没有普通的中国民众做基础，毛泽东现在不会被全世界知道；而没有毛泽东，中国民众也不可能有今天这样的生活。[①]

其次，竹内实对毛泽东无论是印象还是剖析，均融合着感性与理性等多种向度，兼顾血肉和思想各个侧面，涉及军事艺术、文学创作、感情生活等，并非像一般日本学者那样仅从政治成败得失的单向度进行枯燥的是非判断。竹内实的毛泽东研究的这两种倾向，都为他后来写作研究毛泽东诗词的专著以及出版的多部毛泽东传记所验证，它们均显示出竹内实研究毛泽东的特色。

[①] 《〈毛泽东的生涯——调动八亿人民的魅力的源泉〉前言》，光文社，1972 年 6 月 25 日。

　　竹内实对毛泽东的理解与研究能够感性、理性俱备，血肉、思想兼顾，无疑缘于他对毛泽东投身的中国革命历史以及中国社会现实，远比一般日本学者感同身受。后来机缘难得，他还有机会直接见过毛泽东等中国领导人。那是他作为以野间宏为首的日本文学家代表团成员，在1960年访华日程中喜出望外的收获。

　　毛泽东是1960年6月21日在上海接见包括竹内实在内的日本文学家代表团的。第二天上海《解放日报》刊登接见时的合影。除毛泽东之外，当时在座的中国领导人还有周恩来、柯庆施等。多年以后，竹内实对接见时的细节仍记忆犹新。

1960 年 6 月 21 日会见毛泽东

　　我们几个人隔着桌子，面对毛泽东并排坐着。他没有同我们一一说话，只是注视着他与我们之间的空间，讲着话。

　　谈话的内容是中国近代简史，与此同时回顾自己的经历。也就是一边追忆过去，一边娓娓道来。这样的说话方式，把视线放在空间是很自然的吧。我想，伟大人物的目光一般不注视下面的百姓，而且也不愿意让人看见自己的面孔。但是我还是热心地盯着他的表情。现在回想起来，真是太失礼了，很惭愧。

正如想亲耳聆听他讲的汉语一样，我还很想把他的表情深刻地印在脑海里。

他给我留下深刻印象的一句话，是说他本来想做一名小学教师，不是想成为革命家，而是不得已才走上了革命的道路。当时，日本关于他的真正研究尚未进行，我只知道他毕业于长沙师范学校。这句话真是刻骨铭心。

上面说过，他和我握手的那只手（手掌），柔软得令人吃惊。而刚进入房子的大门，立即就能看到站在大厅里的毛泽东的身影，简直就像一座山似地耸立在那里。因为是在夜里，由于从天花板上照明的缘故，他就好像置身于剧场舞台的中央。用汉语的"巍然屹立"来形容，是再确切不过了。

立刻，我就注意到他浑身上下充满了沉静的氛围。那种沉静的氛围很感染人，好像人被吸进去了似的。据说宇宙有"黑洞"，而毛泽东具有的沉静的氛围就像黑洞一样——巨大的、深不可测的空洞。

我觉得，可能在刚刚不久之前，他还坐在那所房子深处的某间书房里，沉浸于读书之中。我从自己的印象中得出的结论是：毛泽东"与其说是革命家，毋宁更是一个诗人"。①

竹内实非常珍视与毛泽东的会见，回国后立即接连发表了三篇文章，回忆与介绍这次会面的细节与感受：

《听毛主席评价"安保斗争"》，《朝日杂志》，第 2 卷 30 号，1960 年 7 月 24 日；《受到毛泽东称赞》，《日本读书新闻》，1960 年 7 月 25 日；《和毛泽东的一个半小时》，《新日本文学》，第 15 卷 9 号，1960 年 9 月 1 日。

毫无疑问，见过毛泽东的日本人不算少，毛泽东对某些日本人的印象也许更较深一些。当时，他显然不会特别注意，这次会见的日本文学家代表团中一位最年轻的成员，竟是一位能说流利中国话的年轻学者而非文学作家。这位年轻人对自己的兴趣远过于其他成员，回国后对自己的感受描述和对自己讲话的报道，也并非一时的即兴文字，而成了后来终生关注与研究自己的人生经历以及思想发展的难得契机。这位年轻人在几年以后，

① 《我与毛泽东》，《我与毛泽东的交往》，山西人民出版社 1993 年版，第 278—279 页。

写出了研究毛泽东诗词创作特色的国外最早也是仅有的一部论著，而且接二连三出版过多种关于毛泽东生平的传记。不仅如此，到后来的"文化大革命"期间，这位日本学者又自始至终近乎本能地反感，甚至直言不讳地指责这场中国史无前例的政治运动，同毛泽东的观念、布置与政策唱反调，在当时众人追随"文化大革命"的日本社会特别是文化群体中显得鹤立鸡群，不同凡响。如同毛泽东对众多志同道合的中国各界人士曾经提倡与期盼的"知己"尤其是"诤友"一样，竹内实堪称毛泽东的国外忘年"诤友"之一，尽管从身份上说，竹内实并非日本显赫的政治活动家或大名鼎鼎的学界名人，而是一位出生在中国、曾被视为"外地人"，而他对中国的感受与理解远比众多研究中国的日本人要深刻得多。

二　《毛泽东的诗与人生》

日本的中国研究界对毛泽东诗词的介绍早于欧美各国。在 1957 年中国报刊集中发表毛泽东诗词作品之前，日本具有社会主义倾向的《改造》杂志就在 1953 年出版的第 34 卷第 7 期上，刊登过日本共产党人福本和夫的《诗人毛泽东》一文，① 长约 5000 多字。新中国成立后，福本曾热心于中日友好运动。他在一家名为日本出版协同的机构出版过传记著作《人间毛泽东》，而《诗人毛泽东》一文似乎是该书的副产品。文章以通俗、轻松的笔调介绍说，毛泽东不仅是中国共产党的领袖，还是一位喜作旧体诗词的诗人。文中提到当时已在传抄的诗词如《西江月·井冈山》、《清平乐·六盘山》、《七律·长征》和《沁园春·雪》等，并首次尝试将《清平乐·六盘山》和《七律·长征》两首诗词，加上"训读"符号试译成日本语。所谓"训读"的"训"有"研习"的意思，那是一种以日本语中汉字的发音来标注和认读中文作品的学习方法。该文主要强调："我们从中学到高等学校（旧制）所学的是中国文章。"他提倡日本民众应该了解毛泽东的诗词，并说："直接从原文体味并加以介绍，也是我们学过古汉文的上年纪的人的义务。"这反映出，由于日本曾受到中国古典文化的影响，人们对毛泽东诗词的兴趣要比欧美国家更为浓厚，也更容易

---

① 福本和夫（1894—1983），毕业于东京大学。曾在日本共产党内推行极左的"福本主义"。

接受与理解。这是日本的毛泽东研究者与其他国家同行相比，所具有的得天独厚的条件，理应获得更为丰硕的研究成果。

1957 年 1 月，中国的《诗刊》创刊号正式发表毛泽东的 18 首诗词，毛泽东的诗人身份与形象在日本引起了广泛、强烈的关注。竹内实很快在 1957 年 3 月和 1958 年，连续撰写、刊登了讲解《菩萨蛮·黄鹤楼》和《蝶恋花·答李淑一》两首词的文章。与此同时，中国文学研究家冈崎俊夫也在 1958 年出版的《东京支那学报》第 4 号发表过《毛泽东与词》一文。[①] 冈崎的文章概括介绍、评价了毛泽东正式发表的 18 首诗词，并联系毛泽东的文艺思想来理解这些诗作。文中说："他喜欢词，自己也创作，从中可以感受到他对文艺的根本态度，而这仅仅阅读'文艺讲话'是难以了解的。"不过，冈崎又从日本文人比较普遍的"孤独"心态解释毛泽东的词作，结论是："只有触及那孤独的深处，才会开始生发出真正的人民之爱。"这显然与毛泽东诗词中所蕴含的中国情感方式有些隔阂。

到 1963 年 12 月，在毛泽东 70 周岁诞辰前夕，分别由中国的人民文学出版社和文物出版社出版的《毛泽东诗词三十七首》排印本与集字本同时问世。新的版本汇集的毛泽东诗词比 1957 年初次发表时多出 19 首，不仅数量空前之多，而且经过毛泽东的亲自修改与审订，被看作"文化大革命"前毛泽东诗词最权威的版本，一时间在国内外引起极大的关注。而在长期具有阅读与创作由中国古典诗词演变的汉诗传统的日本，很快由出版社推出了《毛泽东诗集》日文版译本。

在这样的时代背景下，日本著名出版商文艺春秋社决意物色作者，计划出版一本既便于以日语朗读，又能帮助日本人理解毛泽东诗词的内容并欣赏其艺术特色的论著。大约因为此前竹内实讲解毛泽东诗词的几篇文章颇有影响并获得好评，文艺春秋社便派人找到竹内实。

　　青木功一先生（当时是文艺春秋的新编辑）出身于都立大学，对只有都立大学才聘用的我感到很亲切。他可能才看到远东书店之类出版的毛泽东诗集，便说："请您译为日文。"由于当时的社长池岛信平不太喜欢左派，青木先生改请我与武田泰淳先生合著，武田先生

---

① 冈崎俊夫（1909—1959），毕业于东京大学文学系中国哲学科。曾以记者身份在北京生活。参与翻译过《老残游记》。

同意了。青木先生也出任编辑，为此事很卖力气。

我对这些并不知情。工作开始后，首先将诗译为日文。当时，"汉文"很流行，即中国古文首先都附有"训读"。而"训读"是日本语的古文，这意味着二次翻译才能译为通俗日语。所谓"二次"，也就是翻译起来很费力。不过，我觉得应该保留毛泽东诗词的诗句，将引用的诗句的意思翻译明白，译诗可以带点日本语古文的韵味，又是自由体译文。例如，毛泽东原诗"望断"一语，译为"凝视（空中的飞雁）直到看不见了"。当时，毛泽东公开发表的诗词有37首，首先全部译为日文，由青木君送给武田先生看过，而武田先生通过青木君给我回信，说"这样很好"。我喜欢永井荷风和上田敏翻译的法国诗歌，① 才会有那样的文风。武田先生对译诗和本文解说一个字也没有改动，只对两处历史表述提出过改订意见。不久，因武田先生到中国去，我请他买回了回忆录丛书《星火燎原》、抗日战争和国共内战时期的地图等。武田先生是在北京的军事博物馆买的。据说，中国人对武田先生买这些资料心里很不理解。我原想采访红军战士了解革命战争的经过，而回忆录《星火燎原》中写了非常多。②

实际上，文艺春秋社建议竹内实与之合著的武田泰淳，③ 之前与他已有过交往。竹内实早在中国研究所的时候，武田泰淳先生曾希望当时的所长野原四郎为自己推荐一位写作助手，④ 野原则提议过由竹内实承担这一任务。尽管后来此事未成，但竹内实还曾帮助武田泰淳搜集过关于宋庆龄的资料，整理好文稿后武田还付给过竹内实报酬，对他已有了印象。

武田泰淳是当时日本文坛对中国比较熟悉的作家之一，创作过一些中国题材的小说，并很引人瞩目。竹内实评论说："武田泰淳是作为侵华战争中的士兵首次踏上中国土地的。退伍后他在日本短暂就职，又去上海的

---

① 永井荷风（1879—1959），日本唯美派作家。著有《断肠亭杂稿》、《荷风随笔》等；上田敏（1874—1916），日本诗人、评论家。著有译诗集《牧羊神》等。

② 马场公彦：《竹内实：一身两栖于日中之间》，《战后日本人的中国像——自日本战败到文化大革命、日中恢复邦交》，新曜社2010年版，第499页。

③ 武田泰淳（1912—1976），日本作家。东京大学中国文学科肄业。著有《武田泰淳中国小说集》、《司马迁——史记的世界》等。

④ 野原四郎（1903—1981），毕业于东京大学东洋史学科，中国历史研究家。

文化团体工作，[①] 一直到日本战败。"武田的小说中最值得重视的是其所写在中国的实地体验，"因为这种体验是相当深刻的，通过它们有助于了解中国"。[②] 就此而言，竹内实与武田泰淳合作，无疑可以相得益彰。尽管武田曾如实告白："书稿是由竹内实先生一人写成的，我连一个字也没有写。我只是把两次访问新中国时得到的资料提供给竹内实先生，而且在几次商谈会上提出了些意见。"[③] 而竹内实的感受则是："合著者武田泰淳先生是个热心肠。因为合著有机会经常去他家拜访，请教了很多东西。"[④] 能够得到熟悉中国社会和历史的学者前辈的指点与支持，对初次写作阐释毛泽东诗词专著的竹内实来说，意味着难得的自信与鼓舞。

如实说来，竹内实作为日本文人体味和研究毛泽东的诗词，与欧美人相比有得天独厚的优势。这主要因为，日本自古与中国交往频繁，尤其是以前的日本人大都接受过中国古文即日本所谓"汉文"的教育与训练，不仅能以独特的日本方式朗读中国古典原文，而且容易领悟中国古典文献涉及的历史背景、典章制度和风土人情等。与此相比，欧美学者从思想、社会等角度研究毛泽东也许比较擅长，而理解特别是研究毛泽东诗词必备的中国古典文化修养方面显然稍逊一筹。尤其像竹内实这样出生于中国，并对中国社会和历史怀有强烈的依恋之情，又自幼比一般日本人受到更多中国文化的熏陶，堪称日本学术界研究毛泽东诗词最合适的人选之一。难怪在出版社约请竹内实撰写世界首部研究毛泽东诗词的书稿时，他并未感到心虚或惶恐，甚至开始便觉如鱼得水。对竹内实来说，接受这一写作选题，很像一句与其名字含义近似的中国成语，即所谓"胸有成竹"。

尽管如此，竹内实要向日本读者介绍与解释毛泽东诗词，毕竟需要跨越两国间巨大的历史与文化隔阂。撰写这部既要有学术质量又要通俗易懂的著作，首先面临的困难，是如何将毛泽东诗词翻译为日本人不觉生硬并朗朗上口的日语。这意味着既要继承日本传统的汉诗翻译方法，又必须敢

---

① 武田泰淳 1944 年 6 月到上海，在中日文化协会出版机构东方编译馆担任将日语著作译为中文的工作。1946 年 6 月回到日本。

② 《武田泰淳的中国体验》，《日本文学解释与教材研究》，第 25 卷 6 号，1980 年 6 月 20 日。

③ 《毛泽东的诗与人生·后记（其一）》，《竹内实文集》，中国文联出版社 2002 年版，第 325 页。

④ 《毛泽东的诗与人生·作者前言》，《竹内实文集》，中国文联出版社 2002 年版。

于创新。

　　日本传统的所谓"训读"方法，是指以日本汉字的日本语读音阅读中国古典诗文，必须时还要按照日本习惯颠倒中文词序。然而，翻译像诗词这样简练的文体，也要常常穿插"音读"方法，也就是尽量保留原诗中的汉字并以与汉语近似的发音朗读。这是用日文翻译毛泽东诗词的难点。竹内实曾自白："诗的翻译是很难的。日语不像汉语有四声，也不押韵。中国诗中使用的文字发音，在日本称为汉字音，任何字都可以用汉字音来读，但那不是日语。需要用日语的主流——日本固有的语言来翻译，我努力把它翻译成只用耳朵听就能明白的译文。"① 比如，毛泽东诗词《沁园春·长沙》中"漫江碧透"一句，按日本传统汉诗译法可采用"音读"，直接借用"漫江"一词，而竹内实却以"训读"方法，将形容词"漫"和名词"江"二字分别译为地道的日语读音，使日本读者能够同时体味到形象性与可读性。再如，《采桑子·重阳》中的"岁岁重阳"一句，按日本的习惯译法也是照录中文原词。而竹内实在翻译时，则变成了

《诗人毛泽东》
（《毛泽东的诗与人生》中译本封面）

日语"重阳每年都重来"的意思。这样便于真正把握诗句的本义，也使译文显得通俗上口并富于时代气息，引导读者以当今的全新眼光看待与理解毛泽东诗词。在当时竹内实翻译的37首毛泽东诗词中，类似这样经反复斟酌与大胆创新的译句还有不少，既表现出竹内实扎实的中文功力，又显示出这位日本青年学者清新、灵动的文风，有些像他年轻时代喜爱与追求如永井荷风、上田敏翻译的法国现代诗歌的气质。正像中国一位精通日语的著名人士评论的那样："竹内先生在毛主席诗词的翻译上有大胆的创新和独到之处，使人读了有耳目一新

　　① 《毛泽东的诗与人生·后记（其一）》，《竹内实文集》，中国文联出版社2002年版，第325页。

的感觉。"

　　　　从竹内先生的精彩翻译，我们可以看出他既尊重原诗的意境，保持了铿锵的语调，又有很大的灵活性。因此，他的译文不仅易懂，而且有动人的艺术意境和审美效果。中国旧体诗的传统日译方法，往往失去了原诗所具有的音乐美而显得"生硬"，但竹内实先生的译法突出了音色，又有诗意和文学味，在很大程度上避免了日本传统译法的那种"生硬"。①

　　竹内实将毛泽东诗词译为日语，能够达到如此传统与创新稳妥结合的效果，与他对毛泽东诗词艺术境界的领悟与评价分不开。在竹内实看来，毛泽东一生的革命生涯显示出强烈的诗人气质。"把中国革命作为直接的土壤，把独特的人格形成作为核心或中心，从丰富的古典宝库中吸取营养的毛泽东的诗的世界，为中国的文学所包含，同时又以独特的创造补充了一种新的作品世界。"② 而竹内实翻译的成功，固然依靠将中国古典诗词译为外文必不可少的文字技巧，更得益于他能够从整体性艺术成就的角度去把握毛泽东的诗词创作。竹内实的毛泽东诗词翻译在日本几乎成了一种标杆，后来再少见更出色的日语译文。

　　竹内实坦率承认，自己对毛泽东诗词历史背景的了解，确实从武田泰淳购自中国的多册革命历史回忆录《星火燎原》中受益匪浅。他还提及，在对诗词内容的讲解方面，曾参考中国学者如臧克家、周振甫和郭沫若等人的研究成果与看法。以此为基础，竹内实在书稿中最着力分析、阐释的重点是：

　　　　毛泽东的一生与中国革命的发展相互重叠，因此他吐露的诗情既是他的内心世界对革命的憧憬，同时也是中国革命在精神侧面的表现。探求作者个人的诗情是读诗的乐趣，这本诗集也不例外；但另一方面，它与历史和社会有着广泛的密切联系。诗（不限于诗，还包括文学和艺术）成为现实的图解是没有价值的，可脱离现实生活去

_____

① 刘德有：《竹内实的毛泽东诗词翻译》，《蔚蓝》复刊号，2006 年 11 月。

② 《毛泽东的诗与人生》，《竹内实文集》，中国文联出版社 2002 年版，第 8 页。

诵读与现实相联系的诗也将引起误解。人们不得不从不同于纯个人诗集的角度去把握毛泽东的诗集，这是由于诗本身和作者本人的社会性决定的。①

　　这部书稿最终由两位作者协商，定名为《毛泽东的诗与人生》，原因也在于此。其中，所谓"人生"，既指毛泽东个人命运的起伏，也蕴含有与中国革命的腥风血雨和新中国的曲折成长历程融为一体的中国民众的苦乐悲欢。全书最令读者印象深刻的，是其中结合战争硝烟和外交风云对毛泽东诗词中的事与情相结合的讲解方式。前者以 1928 年秋创作的《西江月·井冈山》词为例，竹内实概括评价为："实际上，这场战斗不是作者亲眼所见。前半阕描述井冈山留守部队沉着地等待敌人的情景。由于使用的是纯朴的赞颂手法，所以直截了当地传达了作者的乐天感情，苦心经营的根据地和红军已经成长起来了。"而在解释词中"众志成城"的成语时，他认为"这是毛泽东的基本思想之一"，并引用毛泽东于 1934 年在江西省瑞金召开的第二次全国工农代表大会上的演讲中所说的那段话，"真正的铜墙铁壁是什么？是群众，是千百万真心实意地拥护革命的群众"加以佐证。② 后者则以对毛泽东在 1959 年庐山会议前后创作的《到韶山》和《登庐山》两首七律的内在意味的揣摩与大胆判断最有代表性。

　　　　（庐山）八中全会通过《关于开展增产节约运动的决议》，恐怕是因为彭德怀提出的"资产浪费"也是其他人看到的现象的缘故吧。也有人说彭德怀提出的意见书是张闻天执笔的，不过我看不出彭德怀想让毛泽东下台自己取而代之的意图。如果说这次完全是"突发性"的话，应该说庐山会议前毛泽东在作第 30 首《七律》（《登庐山》）和去庐山途中回故乡的第 29 首《七律》（《回韶山》）的时候，并没有预感到暴风雨即将来临。然而，他在第 29 首诗中使用"咒"，第 30 首中使用"冷眼"和"热风"这种对仗法，不禁令人打起寒战（请参看卷末补写 2）。③

---

① 《毛泽东的诗与人生》，《竹内实文集》，中国文联出版社 2002 年版，第 7 页。
② 同上书，第 71—72、73 页。
③ 同上书，第 264 页。

所谓"卷末补写 2",指竹内实在 1974 年 7 月 4 日《毛泽东的诗与人生》再版印刷时加注的文字,其中引用 1959 年 9 月 1 日毛泽东在发表这两首诗时所写信中的话,并解释道:"毛泽东信中讲的意思,如果看看两首诗中的内容便可以得出解释:第 30 首讲陶渊明实际上是讽刺因下台而去农村人民公社的彭德怀。但写这两首诗的日期是在庐山会议之前。诗中的用词是后来事件的前兆,这叫'诗谶'。也许这也是一个'诗谶'的事例吧。"[①]

竹内实推测诗中的"陶渊明"暗指彭德怀,也许中国研究界会有不同的意见,但他以"咒"、"冷眼"和"热风"等词语为例的"诗谶"之说,确实是当时中国解释这两首毛泽东七律的学者们均未涉及的。而只有结合中国政治风波的大背景,才有可能这样深入挖掘此诗的意蕴。如今看来,这样的推测堪称大胆而非臆断,显示出竹内实具有中国学者难得的学术勇气及锐利的眼光。

三 毛泽东生平与思想研究

竹内实从"人生"的视角阐释毛泽东诗词的研究思路,后来启示与推动他接续撰写了三部评述毛泽东革命人生轨迹的论著:《毛泽东传》、《毛泽东的生涯》和《毛泽东》。这三部毛泽东传记一部比一部篇幅更宏大,描述与探求也逐步细致与深入。与此同时,他对毛泽东思想的一些研究与分析也别开生面,见解独到。

在战败以前,日本就有介绍毛泽东的文字。最初是记者报道的形式,如 1937 年由信正社出版的《支那全貌》一书,其中第三部分是波多野乾一所著《共产党论》,[②] 有一些内容涉及毛泽东。1941 年大阪每日新闻社出版的绪方升著《支那采访》,收录有《赤色支那帝王——毛泽东》一文。1942 年亚东书院出版松本玲吉著《支那问题解剖》,书中含有毛泽东小传《毛泽东——支那赤化的巨魁》等。到日本投降、社会环境变得相对自由以后,左翼政治与文化力量重新活跃,连带也促使民众的革命与革

① 《毛泽东的诗与人生》,《竹内实文集》,中国文联出版社 2002 年版,第 335 页。

② 波多野乾一(1890—1963),中国研究家。曾任《大阪朝日新闻》、《时事新报》驻北京记者。

新意识空前强烈起来。尤其是新中国的成立，引发了日本民众对中国及其领导人的关注，毛泽东的传记也随之接连出版。1949年就至少出了两种，一是新中国研究会撰写的《毛泽东传》，由日新书院出版；一是福地书店出版了波多野乾一著《毛泽东》。到1952年，美国记者斯诺的《红星照耀中国》完整日译本也面世了。此后，还有岩村三千夫的《毛泽东》，在1955年由河出书房出版。第二年，岩波书店又推出了贝塚茂树的《毛泽东传》等。

竹内实撰写首部毛泽东传记，是应河出书房之约，作为1966年出版的《毛主席语录》日译本《毛泽东语录》的附录。如竹内实回忆："在这本语录开始被介绍到日本的时候，曾出版过几种版本，后来又有河出书房和北京外文出版社的日本文译本。"① 1971年角川书店出版的《毛泽东语录》，则是竹内实的译本。

各种日文版《毛泽东语录》问世是在中国"文化大革命"开始以后，日本报刊不断把中国人郑重其事齐声朗读《毛主席语录》作为一种新时尚加以报道，由此引发了日本文化人特别是青年学生对"小红书"的好奇。按竹内实幼年在中国的体验，当时人们朗诵毛主席语录，与旧时中国学校里"大声念书"的风气有些相似，《语录》的体裁与作用，也大体等同于古代儒家经典《论语》。"语录"的好处是选取哪一段读都可以，"因为从哪里读起都没有关系，于是对某些部分、某些话，就可以根据个人在某一环境里的心情去加以体味"。② 不过，竹内实从中国当时的政治气氛里觉察到，"从'文化大革命'是提倡学习的毛思想，某些部分砍掉了他原来思想中魅力洋溢的调和式的内容，从相反的角度做了解释。从中国报纸上便可以看到对他的赞颂之词迅速膨胀"。③ 为此，竹内实接受河出书房的设想，为其《毛泽东语录》日译本附写了一篇简短的文字，如实概述自己眼中的毛泽东真实形象与人生道路。

这篇《毛泽东传》除文风言简意赅之外，最突出的特点是在已经问世的多种日文版毛泽东传记的基础上，有意并尽力将毛泽东解释成一位由农民的儿子逐渐发展成革命领袖的人生历程，既入情入理又波澜起伏。竹

---

① 《〈毛泽东语录〉译后记》，角川书店1971年10月25日。

② 同上。

③ 《毛泽东传记三种》，《竹内实文集》第4卷，中国文联出版社2002年版，第31页。

内实没有开始就把毛泽东想象为天生具有"龙种"的革命家，首先看重的是他那朴素的农民品德类型："尽管他憎恶父亲，但父亲惹起全家人反感的严厉、节俭、勤奋、实干、执着的上进心和对空洞理论的不关心，与从母亲那里继承来的宽大胸怀、对穷人的同情心一起，好像被毛泽东继承下来许多。"① 自然，毛泽东这样的思想意识根基，并非仅具有个人价值，关键在于他与中国和世界大势融为一体：

> 毛泽东的这种思想经历，在瞬息万变上正好与他上第一师范以前的状态十分相似。即使粗略地列举，那也有过自由主义—无政府主义—资产阶级民主主义—马克思主义。如果上第一师范以前的摸索有辛亥（中华民国成立）的影响，那么后来的摸索也并非不能说受到了第一次世界大战和俄国革命的影响。以前的动摇，国内事件是其原因，而后来是世界史转折时期的动摇。国际上的思想变动也波及到渺小的中国湖南省的一个青年。这同时说明中国已被纳入世界史中，中国并非与人类命运无关，而是站在必须与其他民族和个人承担共同责任的位置上。青年毛泽东经过各种探索，最后抓住了马克思主义，或者被马克思主义抓住。不久，通过中国的变革和动向对世界政治产生了作用。②

这样梳理的大体线索也许有些粗略，却与作者撰写传记时确定的不应因抽读《毛泽东语录》中的只言片语而忽视毛泽东人生道路的连贯性与完整性的初衷相吻合。另外，这样的写作意图也在有意抵消《语录》的说教性质，突出毛泽东是活生生的血肉而非枯燥教条的训诫者的形象。后来，竹内实又接连出版了两种毛泽东传记，其中都坚持了这种写作宗旨与文风。

竹内实或许觉得，附《毛泽东语录》后的那篇毛泽东传过于简略与概括，他在 1972 年又由光文社出版了叙述详尽、篇幅也增加较多的毛泽东传记，书名是《毛泽东的生涯——调动八亿人民的魅力的源泉》。

从书名不难看出，此书由于增加了字数，对毛泽东的一生经历描述得

---

① 《毛泽东传记三种》，《竹内实文集》第 4 卷，中国文联出版社 2002 年版，第 6 页。

② 同上书，第 16 页。

更为具体和细微,最重要的是他增加的部分重点描述的是毛泽东成长的群体环境以及伴随他走过曲折、漫长革命道路的人们。书中以生动传神的笔触,刻画了毛泽东周围的许多情景、人与事,读起来令人觉得形神并茂,便于读者多侧面、生动地认识毛泽东的生平经历。正像作者在该书《前言》中所交代的:"毛泽东是一位政治家、思想家、战略家、文学家和教育家等多方面的巨人。要理解他,当然要综合性地深入思考这些方面。在这本书里,尽管涉及了这些方面,但主要是对活生生的人物,即毛泽东是怎样走过他的人生历程的尽可能地追寻探索。"

针对国外有些人以简单化、绝对化的眼光看待毛泽东的种种猜测,竹内实从中国的家庭传统和所谓"人之常情"的角度加以校正:

> 因此,听说在台湾的研究家中,有人以毛泽东自己的话为证据,认为这种"对父母不孝者"以成为山贼和叛逆者度过一生。还有,听说在欧洲出版的毛泽东传记中有分析认为,由于少年时期毛泽东受到父亲严厉的惩罚,所以形成后来的叛逆性格。

> 然而,在中国人的家庭生活里,孩子挨父亲打,同时又得到母亲安慰,因此不会走向反面。在毛泽东对斯诺的回忆中,显露出他充满幽默的怀念。就是说,毛泽东按照当时中国人的一般观念,接受了极普通的抚养方式。如果说是由于受到父亲的这种管教使他成为革命家,那么大多数中国人都曾度过与毛泽东同样的人生。①

与这种从否定性论说毛泽东与一般中国人并无截然不同的写法相补充,书中以较多篇幅和细腻的笔触,甚至以作者在日本当兵的体验,去理解并解释毛泽东在革命过程中的某些细节。比如,据竹内实估测,像红军时代树立的"三大纪律,八项注意"之类军规,毛泽东有可能运用了在长沙第一师范时开办夜校,教授没有文化的工人时的经验。而要达到这些看似平凡的道德要求,也必须坚持天长日久的严格检查才能形成习惯。这些普通工人、农民逐步具备的遵照革命纪律行事的基本素质,便是他们的革命"魅力源泉"。这种精神力量,使革命队伍变成了足以惊世骇俗的"强人"群体,才能够最终以少胜多、以弱胜强,取得艰苦卓绝的武装斗

---

① 《毛泽东传记三种》,《竹内实文集》第 4 卷,中国文联出版社 2002 年版,第 52—53 页。

争的伟大胜利。

　　大约因为与以前日本面世的同类传记相比，竹内实这部毛泽东传以普通、平凡的眼光与笔调看待和描述伟人的特色而别具一格，令读者避免了被某些论著张扬的毛泽东的"革命领袖"光辉搞得头晕目眩。这部传记同《毛泽东的诗与人生》一起，被视为竹内实解析毛泽东的两大力作，奠定了他在日本毛泽东研究界的重要地位。

　　到 1989 年秋，日本著名出版商岩波书店在"岩波新书"系列中又推出竹内实撰写的传记《毛泽东》。所谓"新书"，是日本各出版社自成体系的一种袖珍经典，内容大都专题性很强并已得到社会公认的论著。由出版社策划选题约请名家写作，靠多年连续积累书目以形成规模。"岩波新书"选中竹内实撰写《毛泽东》，无疑是看重他的众多毛泽东研究成果已在国内外颇有影响。而竹内实也着意以有限的篇幅写出一生研究毛泽东的特有观点，独辟蹊径地从精神与人格层面，内在与纵深追寻传主领导中国革命成功的基本原因，写出与以往同类著作不同的新意。

　　在此书写法上，竹内实强调："我考虑再三，还是确定依据极为平凡的事实来把握这个人物。"

　　　　所谓平凡的事实，是说他是湖南省的农民之子。其次，他是一位学者。首先把这两条放在心上，来探究他的人生业绩。①

　　关于毛泽东根本上属于"农民之子"，竹内实主要依据参观毛泽东出身的"原点"湖南省韶山时获得的两个深刻印象：一是那里竟存留着三四座祠堂，不难觉察到那儿曾是一个很"封建"的地方，"封建势力"根深蒂固。他推测，毛泽东坚持阶级斗争观念，是以破除宗族束缚为前提的。二是曾经忌讳毛泽东的家庭成分应为"富农"，实际上，这使毛泽东不会像地主那样极端蔑视农民，又不至于如贫雇农一样执着于对地主的憎恶，却无法从总体上把握中国农村的总体状态。相比之下，像刘少奇、周恩来等中共领导人都缺少类似的经历和体验。

　　在这本传记中，竹内实将毛泽东的性格总结为"同心圆的扩大"。这一概括的意思是说：毛泽东的一生宛如用圆规不断地画着圆圈，新的圆周

————————

①　《毛泽东传记三种·作者前言》，《竹内实文集》，中国文联出版社 2002 年版。

渐比旧的圆周外扩，但中心点并没有变。借用作者的话说叫"本源"，即毛泽东始终把"阶级斗争"置于圆心上。他认为："毛泽东有原理、原则。最高原理是阶级斗争。"

　　毛泽东的不动不变的"本源"在实践的世界中不断扩大，而支持产生这种扩大的是他那不愿休息的性格。他在写文章时不写完不会睡觉，好像进入一种兴奋状态而一发不可收拾一样。①

应该说，这样的观察与概括颇有见地。虽然未必赢得所有读者赞同，但确实有助于理解毛泽东一生革命道路成败得失的思想根源。

与日本众多毛泽东研究者比较，竹内实对毛泽东思想的论述称不上宏观或者全面，可他对毛泽东思想某些特征的提示与分析独树一帜，并在日后多次谈论中，将对这些特征的理解逐步深入。

随着新中国成立后《毛泽东选集》陆续问世，日本左翼文化人结合中国革命与社会主义建设事业的成就，阐述毛泽东思想的论著日益增多。这些论著大都追求硕大框架和宏观视野，热衷概括毛泽东思想的几大组成部分，还有的细心梳理毛泽东思想的发展演变阶段等。竹内实讲毛泽东思想，一着手便尝试提炼其主要的、最引人瞩目特色。他早在 1968 年为河出书房版《毛泽东语录》附写言简意赅的《毛泽东传》时，依据毛泽东年青时代所著《体育之研究》和已佚失的《心之力》等文章，已提出"在毛泽东的思想中，'自觉的能动性'的概念被放在中心位置上"的看法。② 到 1971 年亲自翻译《毛泽东语录》后，特意撰写了《谈毛泽东思想》一文作为该书附录。该文开宗明义地指出："毛泽东的思想的基础或者核心，可以归结为'自觉的能动性'（也可称之为'主观能动性'）的观念，或者具有'自觉的能动性'的特征。"这就是"指其所具有的个人特色，即当他接触某种思想体系并展示其创造性的时候，与其说是思想方法，毋宁更是与其个人特点密切相关的观念与信条"。③ 到 1972 年为光文社撰写《毛泽东的生涯——调动八亿人民的魅力的源泉》一书，竹内实

---

① 《毛泽东传记三种·作者前言》，《竹内实文集》，中国文联出版社 2002 年版，第 305 页。
② 同上书，第 10 页。
③ 《谈毛泽东思想》，《竹内实文集》第 10 卷，中国文联出版社 2006 年版，第 78 页。

解析《体育之研究》等文章曾受到杨昌济伦理学的影响。杨的"动其主观"、"内断"、"自振"、"自动"等词语，"到后来用毛泽东的说法，就是被称为'自觉的能动性'、'主观能动性'。用日语简而言之就是'有干劲'、'无干劲'的'干劲'。"① 竹内实认为，对毛泽东所说"人总是要有一点精神的"话，不可以轻描淡写地一说了之。

那么，毛泽东的自觉或主观能动性观念与马克思主义辩证唯物主义和历史唯物主义原理是什么关系呢？按竹内实的解释，毛泽东在《论持久战》一书中最早正式阐述"自觉的能动性"时，可以视为"马克思主义者以前的毛泽东向马克思主义突进的一个关键点。在思想史上，似乎可以看作是他所做出的一个具体贡献"。② 竹内实还就这一判断做过补充注释：所谓"马克思主义者以前"，并非意味着一定比"马克思主义者"水平低，这样说便于描述毛泽东思想发展的阶段性。与中国传统的"自强不息"精神具有内在联系的"自觉的能动性"概念，无论有意或无意，分别同恩格斯讲的"追求某种目的"的"激情"，以及列宁所说"革命的毅力、创造力、首创精神"等相吻合，这是毛泽东对马克思主义思想的一种具有中国特色的丰富与发展。竹内实概括的结论如下：

那就是：1. 如果强调实践的特点，毛泽东的"自觉的能动性"观念是与马克思主义一致的；2. 不过，这种观念却来自与作为学说体系的马克思主义并无关联的源流。③

---

① 《毛泽东传记三种·作者前言》，《竹内实文集》，中国文联出版社 2002 年版，第 84 页。
② 《谈毛泽东思想》，《竹内实文集》第 10 卷，中国文联出版社 2006 年版，第 85 页。
③ 同上书，第 93—94 页。

第 七 章

在"文化大革命"风浪中

一 预感"思想斗争"

在中国"文化大革命"10 年间,竹内实是日本的中国研究界里始终鹤立鸡群地表示质疑并持反对态度的少数学者之一。这种态度曾使竹内实长期陷于孤立无援的落寞境地,也因为与以前赞颂毛泽东革命业绩及其思想的态度形成显而易见的矛盾,承受着巨大的精神痛苦与折磨。难能可贵的是,竹内实在这样的困境中自信、执着地未改初衷,激发了他对中国文化传统以及现实道路复杂性、曲折性的更为辩证与深入的思考。历史证明,竹内实当时这种勇于反潮流的清醒态度和学术立场,是对中国民众及其生存之道负责任的表现,不愧为中国社会和中国共产党的国际诤友。

实际上,竹内实对中国"文化大革命"的反感并非一时心血来潮,这可从他最初关注延安整风运动的得失以及新中国成立后日益频繁的思想斗争说起。

关于延安整风运动,至今中国无论政治文件还是理论与学术研究,都是一边倒地正面评价甚至无限褒奖,直至将其界定为中国共产党的一份宝贵历史遗产,很少见到揭示其局限性或潜在的负面倾向的看法。而竹内实却在"文化大革命"开始后的 1968 年,为日文版《毛泽东语录》首次撰写《毛泽东传》时,却在不长的篇幅中以真诚、直率的态度,在总体肯定延安整风运动积极意义的同时,简略地表露过自己的内心疑虑,大胆地指出整风运动也难免"缺欠"。他把这种"缺欠"归结为:

> 把党内斗争作为道德问题来解决的整风方法,模糊了政治与伦理的界线。在党内允许人格主义式的领导,说得不好听是允许家长式的

领导，带来了削弱党内民主的倾向。作为运动，一定的伦理由上面强制贯彻，有时会流于形式，滋生伪善。整风运动自延安以后反复开展过几次，但主要以知识分子、艺术家、文学家为对象，他们被定为"反党"。引起了他们的反抗，恐怕也不能说全都是他们个人的责任。①

　　竹内实的这一质疑并非空穴来风。他在此前目睹中国共产党习惯于频繁的文化、思想界"斗争"，曾经情不自禁地反思与追索过新中国屡屡大搞政治运动甚至造成人身伤害的根源，并进而上溯到延安整风运动的经验教训，才尝试表白了如此坦率的判断。这些感受和思考，最初源自1949年对萧军的批判、② 1954年关于《红楼梦》研究的争论、1956年批判胡风和1957年反"右派"运动中批判丁玲等一系列政治斗争。③

　　在中国展开这些文化与思想斗争前后，竹内实都曾同步撰文向日本介绍过，如：

　　《关于〈红楼梦〉的再评价》，《日本文学》，第4卷4号，1955年4月1日；《〈红楼梦〉论争及其后》，《图书新闻》，1955年4月2日；《胡风批判的意味》，《亚洲经济旬报》，第257号，1955年7月10日；《中国的思想斗争》，《新读书》，1955年7月30日；《中国的思想斗争》（合著），《中国资料月报》，第90号，1955年8月20日；《关于萧军》，《日本文艺》，第4卷5号，1956年7月1日；《鲁迅和他的弟子们》，《新日本文学》，第11卷10号，1956年10月1日；《中国的政治现实主义与文学现实主义——关于批判萧军》，《中央公论》，第71卷12号，1956年12月；《丁玲问题的意味》，《东京新闻》（晚刊），1957年8月22日；《丁玲批判的一种结局》，《亚洲经济旬报》，第344号，1957年12月10日；《感情的逻辑、组织的逻辑——介绍丁玲批判及其感想》，《日本读书新闻》，1958年1月20日；《丁玲评价的变迁》，《文学界》，第13卷7

---

① 《毛泽东传记三种》，《竹内实文集》第4卷，中国文联出版社2002年版，第22页。

② 萧军（1907—1988），中国现代作家。著有《八月的乡村》等。在新中国解放前夕受到左翼文化阵营批判。

③ 胡风（1902—1985），中国著作文艺批评家。1955年受到错误批判并被判刑，后平反。著有《论现实主义道路》。丁玲（1904—1986），中国现代作家。曾获得斯大林文学奖。著有《太阳照在桑干河上》等。

号，1959 年 7 月 1 日；《关于萧军这位作家》，《创立 10 周年纪念论文集》，东京都立大学，1960 年 3 月 31 日；《关于丁玲批判》，《东洋文化研究所纪要》，第 25 号，1961 年 11 月 26 日。

自 20 世纪 50 年代后期开始，中国文坛一反此前竹内实曾正面肯定与报道的新文化积极建设的基调，让人开始嗅到始料未及的火药味。这一态势的转变，促使竹内实不得不思考并探寻这些文坛波澜的起因与内在意味。在连续撰写的多篇文章中，作者从不同的分析角度披露了个人对中国文化"斗争"的印象与评价。例如，胡风和萧军受到批判，让竹内实联想到他们都曾与鲁迅有过比较密切的关系，而鲁迅一直被毛泽东看作中国革命文化的旗帜。竹内实感到，如果辨识清楚他们与鲁迅的异同，或许有助于理解他们陷于厄运的原因即其必然性与片面性。他在《鲁迅和他的弟子们》一文中写道：

> 当认为文学从属于政治时，机械主义的理解会把文学视为政治的奴仆，使其为政治问题做注解。而如果是这样，也就无法对胡风和萧军进行正当的评价。因为胡风和萧军大体上是主张文学对于政治的优先与独立地位。在坚守作家对政治的独立发言权的立场这一点上，他们确实称得上是鲁迅的弟子。不过，在他们简单反对甚至蔑视政治的时候，又不太像鲁迅的弟子了。鲁迅曾参加抗日统一战线，而且由于他的加入，使统一战线得到了充实，这可以看作其对政治的积极姿态。而胡风与萧军二人却没以同样的方式表现出他们对政治的这种态度。①

当时，新中国文坛对胡、萧二人的批判正处在如火如荼的高潮，而日本舆论界很少有人及时了解中国这一文化动态，仅有如冈崎俊夫在《世界》杂志 1955 年 8 月号上发表过《关于胡风事件》之类文字，报道中国文坛对胡、萧异口同声的讨伐。竹内实的一系列文章，无疑是对中国这类文化批判运动最及时的介绍与最密集的评论。难能可贵的是，竹内实在文章中没有丝毫添油加醋或火上浇油等媒体报道的通病，观察角度显示出专业的眼光，评论态度也相当冷静与公允。

---

① 《中国现代文学评说》，《竹内实文集》第 2 卷，中国文联出版社 2002 年版，第 24 页。

事过 20 多年以后，中国官方终于承认当初对胡、萧等人的批判存在失当之处，纠正了对他们的错误处分。如实来说，胡、萧的艺术信念与中国共产党和毛泽东坚持的政治第一、艺术第二的文艺政策确实有差异，而他们与鲁迅对革命政治的热情又有不同，如此难以获得执政党的认可就在情理之中。然而，这种文艺观念方面的差异以及政治立场的错位，都不应该成为治他们以"反党"或"反革命"之罪的借口或理由。主要的教训是将"你死我活"的严酷政治斗争，毫无节制地延伸到了文艺领域，尽管这种斗争是打着整风运动中形成的"批评与自我批评"的旗号与规则。竹内实早在这些批判伊始，便指出此类文艺与思想斗争极易导致的偏差：

> 我认为，不应该让批评和自我批评来承担政治功能以外的作用，使其约束人们的能动性。因此，批评和自我批评主要可运用于与社会有关的道德领域以及社会斗争。就像萧也牧所说的那样，[①] 这种批判运动除有好作用之外，也会使空气沉闷。这样一来，批评的轻与重，便并非仅仅是批评者所机械理解的文学与政治的关系那样的问题，它往往会使批判运动发生偏差。[②]

另外值得注意的是，竹内实既清醒地看待与冷静分析中国文坛的政治波澜，又不顾忌新中国文学一度偏颇的评价标准，一如既往地热情向日本文坛介绍中国当代优秀作家及其代表性作品，显现出不随波逐流的慧眼与"反潮流"的胆量。如他先后介绍过：

《关于"赵树理"型小说》，《世界文学》，第 9 号，1956 年 6 月 30 日；《批判党的文学》，《产经时事》，1957 年 1 月 16 日；《周作人的〈钟馗送妹〉》，[③]《产经时事》，1957 年 7 月 16 日；《批判党的文学·其后》，《中国语》，1957 年 9 月 19 日；《愤怒的老舍》，《产经时事》，1957 年 10 月 15 日；《萧军〈过去的年代〉》，《北斗》，第 3 卷 2 号，1957 年 12 月

---

① 萧也牧（1918—1970），中国现代作家。抗日战争中参加革命，新中国成立后在出版界工作。因创作小说《我们夫妇之间》被错划为"反党反社会主义分子"。1970 年被迫害致死。

② 《中国的政治现实主义与文学现实主义——关于批判萧军》，《中央公论》，第 71 卷 12 号，1956 年 12 月 1 日。

③ 周作人（1885—1967），中国现代作家。鲁迅之弟。曾因在日伪政府任职被判刑。著有《木片集》、《鲁迅的故家》、《知堂回想录》等。

25 日；《芦笛与太阳——被批判的诗人艾青》，《现代诗》，第 5 卷 6 号，1958 年 6 月 1 日；《赵树理的通俗新作·关注亚非文学》，《产经时事》，1958 年 9 月 16 日；《赵树理近作》，《文学界》，第 13 卷 8 号，1959 年 8 月 1 日；《赵树理回农村》，《日本读书新闻》，1959 年 11 月 2 日；《被埋没的作家》，《文学界》，第 14 卷 5 号，1960 年 5 月 1 日。

在这些及时介绍中，所说周作人的《钟馗送妹》一文，发表于 1957 年 5 月 27 日《人民日报》副刊，当时被当作贯彻"百花齐放，百家争鸣"方针，解禁某些地方剧目的迹象之一。所谓"被埋没的作家"则指李劼人。① 李劼人曾被视为非"社会主义文学主流"而受到忽视，竹内实则较早客观、公正地向日本文坛介绍过他的长篇小说《死水微澜》：

> 据说，其曾被人说成中国版的《包法利夫人》。具有女主角色彩的人物洋溢着泼妇味道，其成了成都附近一个镇上杂货铺的女老板。后来，通过她的"通奸"事件，读者会随着其与自称为基督教徒和帮会（秘密结社）之流的冲突，无可奈何地陷入中国近代无法避免的混乱。女主角开始与丈夫的堂兄弟、一个帮会头目交好，可那头目因被怀疑是一起捣毁教会事件的犯人逃跑了。她为了救出因与那头目有牵连而受到拷问的丈夫，决定和握有特权的基督教徒地主结婚，但条件是今后仍可同丈夫交往。那个地主是在偶尔从乡下到镇上来时，被帮会头目"假傻子"卷走了钱财，因当时纠纷怀有怨气加入了基督教。他借着教会后面的外国人势力，最终报复了帮会。

引人瞩目的是，竹内实还多次撰文推荐的赵树理及其作品，② 当时赵树理由于受到提出所谓"中间人物论"的邵荃麟的肯定，③ 也遭到过贬斥，只是严峻的程度稍逊于胡风、萧军和丁玲罢了。尽管如此，竹内实始终对赵树理的创作风格情有独钟，没有因为中国文坛对赵树理的种种非议便放弃个人的立场。

---

① 李劼人（1891—1962），中国现代小说家。著有《死水微澜》、《暴风雨前》、《大波》。
② 赵树理（1906—1970），中国现代作家。其作品富于乡土气息。著有《小二黑结婚》、《李有才板话》等。
③ 邵荃麟（1906—1971），中国现代文学评论家。著有《邵荃麟评论文集》。

另外，竹内实对新中国出现的一些夹杂着枯燥、空洞政治说教的文学作品感到很失望。他觉得，被邵荃麟作为所谓"中间人物论"认可的赵树理的一些作品，其重要性在于"它们刷新了以前的形式主义文风"。他既不同意否定赵树理的作品，也不赞同批判邵荃麟的理论。这些看法，可视为后来竹内实对中国"文化大革命"保持质疑甚至反感态度的观念基础：

> 例如，当"中间人物论"在《文艺报》等披露的时候，我曾经站在赞成的立场上加以介绍。自己并不知道这一事件的来龙去脉，但我的看法是：文学领域大都首肯，小说是可以描写中间人物的，而且在现实生活中，也并非只有英雄人物。
>
> 因此，我没有立足于拥护"文化大革命"的观点去批判邵荃麟和赵树理。当然，我也并非站在拥护"文化大革命"的立场的对立面，而且我与邵或赵也没有什么个人私谊。我决心即使彼此没有什么私交，而且他俩并不知道我的所作所为，我也绝不背叛他们。[①]

这种一以贯之的文学信念与坚持个人意见的独立精神，使竹内实在中国接二连三的思想批判运动之后，与毛泽东的某些政治、文化观念逐渐拉大了距离。加上日本的中国研究界不少人对中国的政治态势不理智地亦步亦趋，反复无常的态度并无任何信义或操守可言。竹内实则坚持相反的态度："1960 年我访问中国时，曾会见过赵树理和老舍。听说这些人在中国受到了批判，我觉得这种批判与人的信义是相悖的。而在日本研究中国的学者当中，却有人在以前被其赞扬的刘少奇受到批判时，竟也反过来恶意地漫骂他。"[②] 这种人的反复无常令竹内实感到羞与为伍。到"文化大革命"开始后，竹内实对"文化大革命"的看法逐渐变为强烈的质疑甚至反对态度，他冒着与中国当时政治潮流逆向而动的风险，无所顾忌地在10 多年间孤军奋战，顽强坚持到中国正式纠正"文化大革命"历史错误的一天。

---

① 《文化大革命观察·作者前言》，《竹内实文集》第 6 卷，中国文联出版社 2005 年版。
② 《文化大革命和我》，《产经新闻》，1999 年 7 月 28 日。

二　质疑"文化大革命"

竹内实对中国"文化大革命"的质疑与抵制立场，至今在日本学术界已广为人知。历时"十年浩劫"的最终结局证明，竹内实既富于勇气又眼光锐利。其实，竹内实反对"文化大革命"的态度是逐渐清晰起来的，他坦诚地说："现在回想起来，我对当时日本报纸上报道的北京的剧变，确实难以理解。"① 他承认："我对'文化大革命'的评价有所变化。我觉得自己的过程是：曾经想理解'文化大革命'并尽力而为去进行理解，但最终并没有能够理解。"② 这并非意味着他故作"难得糊涂"之态或者自谦，而是真诚表明，自己并没有什么先见之明，认识过程相当曲折，而且有时很被动。因为当时日本报刊频频报道与评论"文化大革命"，竹内实也经常被约写稿。据统计，被他拒绝过的报刊约稿竟达40多次，可见当时日本研究中国的学者，几乎无法拒绝对"文化大革命"表达看法与立场。

如今回看竹内实在"文化大革命"初期的文字，内容主要是翻译和解说有助于日本人了解"文化大革命"实情的中国文章，虽然时而流露出个人的疑惑，却并未急切表示明确对立的态度。像1966年7月1日发表在第7卷6号《现代之眼》杂志上的《中国的文化革命意味着什么?》一文，是翻译郭沫若自我批判的发言以及彭真在京剧现代戏汇演时的讲话并附以个人感想。文中虽然觉察出中国"对著名文化人的批判和文化革命已经进入了新的阶段"，"这次的事态也有可能是非同寻常的"，但对这场运动的荒诞性质与惨烈程度毕竟估计不足。此时，竹内实读到中国关于红卫兵"除四旧"之类的报道，甚至唤起过某种"亲切感受"，使他怀有轻松旁观的心情，写出像《我心目中的红卫兵》那样深情而诙谐的文字。其中写到在作者的出生地山东省小镇张店，中日关系紧张时孩子们曾向自己扔过土块，自己则在自家大门缝里燃放鞭炮来驱散围观的人群，以及作者无意向空中扔石头竟打破了中国人的脑袋，诸如此类彼此未必有意伤害

---

① 《文化大革命观察·作者前言》，《竹内实文集》第6卷，中国文联出版社2005年版。

② 《对"关于'文化大革命'评价的征询信"的答复》，《中国研究季刊》，第6号，1987年3月1日。

的冲突事例:

> 我是超越善恶的标准来回顾中国的事情的。从作为群众的红卫兵的形象上,可以看出以往中国人那超越善恶的形象。他们就是中国人。
>
> 正如过去那样,现在的中国人仍然在以中国为舞台,在他们自己的"戏剧"里扮演着主角,也在扮演着观众。
>
> 这确实让人觉得备感亲切。①

然而,在随后陆续撰写的两篇文章《关于〈燕山夜话〉——文化大革命的虚无主义》和《中国——文艺界陷于混乱与虚无》中,竹内实已经尝试以"虚无"的概念来揭示"文化大革命"否定一切、打倒一切的性质。其中谈到的"虚无"分别指:

> 所谓"文化大革命",可以称得上怀有强烈的否定一切的情绪的人们的一种游戏。而批判《燕山夜话》与这种否定一切的思潮内在地联系在一起,同样也不过是一种儿戏罢了。②

> 毛泽东思想的功能绝非为了推动"文化大革命"。如果把毛泽东思想绝对化视为"文化大革命"的目的,那么这种"革命"的结果,将是不会再出现具有特色的文学与艺术作品。作家与诗人的沉默不是没有道理的。③

中国"文化大革命"风暴的凶猛来势,迫使日本文化人尤其是中国研究界人士的立场和观点急剧分化与重组。以《世界》杂志1966年第11号的"中国文化大革命与日中问题"特辑为例,该刊共344页中竟以250页刊登日本的中国研究家对"文化大革命"的评论以及照片、报道等。

---

① 《我心目中的红卫兵》,《新日本文学》,第21卷11号,1966年11月1日。

② 《关于〈燕山夜话〉——文化大革命的虚无主义》,《日本读书新闻》,1966年10月10日。

③ 《中国——文艺界陷于混乱与虚无》,《群像》,第23卷1号,1968年1月1日。

评论人有中国近代史、哲学、东方史和中国政治思想史等诸多专业的著名学者，其中不乏冷静的观察和深刻的思考。然而，这些人的基本态度，被后来学术史著作归结为"礼赞文化大革命"态度的集中表现，认为这些言论代表着"60—70年代的进步文化人们崇拜礼赞的对象，逐渐由衰落的偶像苏联转向文化大革命的共产主义中国。1949年10月中共开始统治中国大陆，毫无疑问，这让进步的文化人们欣喜若狂；而且，毫无疑问，这不断增加着文化人对共产主义势力征服世界以及日本共产主义化的期待，或者说内心的恐怖"。① 自然，也有一贯对中国谈论较多甚至被视为"迷恋中国"的日本学者，竟出人意料地对中国"文化大革命"的新态势无奈地承认"不理解"，情愿保持"不可知"的立场，难免令人惋惜与失望。竹内好便是其代表人物之一。② 日本战败后，竹内好曾持续以中国现代史和中国思想为理论资源，犀利批评日本社会现实和文化惰性，在日本论坛产生过巨大的影响。但到了"文化大革命"时期，尽管不好说他对中国连片言只语也没有，可热衷的焦点已逐渐由社会评论转向了历史小品文。他甚至坦率承认，对中国当时的现实"不理解"，在1968年所写的《"不理解"的意味》一文，无异于向日本论坛表示对中国关注的"撒手"与"放弃"。

当然，日本文化界公开持反对"文化大革命"立场的也非个别人。在运动初期，已有诺贝尔文学奖得主川端康成以及安部公房等多位作家、艺术家联名发表《反对文化大革命》宣言，批评红卫兵肆无忌惮地破坏历代文物，呼吁中国当局保护民众人身安全与自由。在左翼文化圈内，也有学者试图从理论上解析"文化大革命"的逻辑混乱和偏激的左、右倾向。如当时的东京大学教授、日本共产党员丸山升，③ 曾经论述鲁迅与周扬等人的关系，作为反对批判"党内走资派"的理论依据等。但由于中日两国共产党关系破裂，使丸山升遭到来自政治与学术的双层精神压力，与之熟稔的竹内实对他的恶劣处境感同身受。竹内实后来回忆过：

---

① 稻垣武：《"驱逐恶魔"的战后史·后记》，文艺春秋社1994年版，第286页。

② 竹内好（1908—1977），著名日本评论家、中国研究家。毕业于东京大学中国文学科。著有《鲁迅》、《竹内好全集》17卷。

③ 丸山升（1931—2006），中国文学研究家。毕业于东京大学中国文学科。著有《鲁迅和革命文学》、《"文化大革命"踪迹与中国研究》。

在"文化大革命"期间，自己所写的东西不能说很少，但若与某些人所写的有关著作比较起来，又无法称得上多。总的来说，在那些著作中赞扬"文化大革命"的占绝大多数。而那些众多写过称赞"文化大革命"的著作的人们的共同特点，就是以莫名其妙的眼光来看待那些并不称赞"文化大革命"的人，并且公然加以指责。也就是觉得，所谓"不革命"便是"反革命"。①

日本文化界这种空前严重的分裂，固然是某些人暴露其出尔反尔嘴脸的机会，也让竹内实与丸山升等"文化大革命反对派"受到孤立甚至围攻。最令这些人心灰意冷的是，中国当局也难以理解他们的良苦用心和真诚，将他们划归对华"不友好"人士而对之疏远，好在尚未将他们定性为"反华"立场。在竹内实的记忆中：

> 1960 年以后没有再去中国，下一次去是在 1979 年，有 19 年差不多 20 年与中国没有联系。"文化大革命"开始时，1966 年《朝日新闻》搞过"文化大革命"考察团，组织武田泰淳、高桥和巳，② 菊地昌典等有名人物，③ 派出了考察团。当时，从中国发来了邀请函，都快出发了。报社原说中国通知中有我的名字，但邀请信上却没有。④

无论有关传闻是否确切，毋庸置疑的是，在当时驻日本的中国记者眼中，由于竹内实对"文化大革命"的微词乃至批评，与他在感情上确实变得疏远了。⑤ 实际上，在"十年浩劫"期间，日本反对"文化大革命"的文章屡有出现，但有不少文章的作者被看作研究中国的"门外汉"而被忽视或原谅，竹内实则没有如此幸运。他因出生在中国并对中国社会和文化有亲身感受与深刻理解而逐渐被日本读者认同，连学术界都有人怀疑

---

① 《批林批孔与传统思想》，《春秋》，第 160 号，1974 年 12 月 1 日。

② 高桥和巳（1931—1971），日本作家。毕业于京都大学文学系中国文学科。著有《悲器》等。

③ 菊地昌典（1930—1997），东京大学教授，苏联研究家。

④ 马场公彦：《竹内实：一身两栖于日中之间》，《战后日本人的中国像——自日本战败到文化大革命、日中恢复邦交》，新曜社 2010 年版，第 507 页。

⑤ 刘德有：《竹内实的毛泽东诗词翻译》，《蔚蓝》，复刊号，2006 年 11 月。

他的父母是否是日本人。为此，竹内实评论"文化大革命"的文字既多又格外被重视，招致的反驳与批判也特别强烈，甚至有人在公共场合当面栽赃，如把林彪不满"五七干校"的话说成是"竹内实说……"之类。竹内实当然没有怕这些，他秉承的宗旨是基于公心，力求真正理解中国事情的实质，进而探求"文化大革命"深层的原因并将它们揭示给日本读者，他认为这是负责任的研究者不可推卸的责任。竹内实最终能在"文化大革命"期间以丰硕的论著负起这一责任，并没有什么诀窍，他自认为是靠所谓的"笨功夫"："我便预定了公式化的《人民日报》和《光明日报》，每天琢磨其中的文章。随着时间的流逝，也逐渐看出了一些门道，有时候能够从堂皇说词里发现原本的实情。自己有意按照尊重文献、研读文献这一京都学派的特色，用心揣摩各种文字。当时所读的剪报资料装订起来共有100多册，至今仍摆在京都大学人文科学研究所东洋学文献中心的书架上面。"①

　　如果按篇数或字数统计日本学术界、舆论界评论和研究中国"文化大革命"的文字，也许竹内实堪称首屈一指。他在"文化大革命"10年间，始终跟踪观察、分析着中国的发展态势，力争同步解释其变化的内在线索。把这些文字连贯起来阅读，仿佛是一位目光如炬、手法娴熟的医生，对当时中国社会病态从容不迫且由表及里的连篇病理描述，将其称为"文化大革命"的诊断记录并不算过誉。

　　在竹内实这一时期的大量评论中，最大胆直率又鞭辟入里的可以《质问毛泽东——关于"牛鬼蛇神"及其他》一文为例。这篇长文除了显示竹内实所说的"抱着如同从清水寺的舞台上跳下去的胆量"，② 更含有将中国现实分析与历史传统紧密结合的学术功力，其旁征博引和语重心长在日本读者中引起了巨大反响。在文章开首，作者转述意大利作家莫拉维亚在一篇报道中记载的与中国工人胡万春之间的一场"毛泽东语录仗"。③

---

　　① 《文化大革命和我》，《产经新闻》，1999年7月28日。竹内实于1973年春转入京都大学人文科学研究所工作。

　　② 《〈毛泽东谈文化大革命〉编者后记》，《毛泽东谈文化大革命》，现代评论社，1974年12月5日。清水寺是日本京都著名寺院，其大殿前的舞台高耸悬空，从上面跳下意味着自杀。

　　③ 胡万春（1929—1998），中国现代作家。工人出身。著有《战地青春》等。莫拉维亚（Alberto Moravia，1907—1990），意大利作家。在第二次世界大战期间坚持反法西斯立场。其作品多以中产阶级生活为背景。著有《罗马的女人》等。

在描述过当时这种司空见惯又荒唐可笑的场景之后，竹内实又回顾了巴金、傅雷、红线女、谢冰心等文艺界人士遭受的迫害，进而详细回顾了当时由毛泽东引用并在"文化大革命"中疯狂流行，指称所谓"地、富、反、坏、右"等所有"敌人"的"牛鬼蛇神"一词的来龙去脉，由浅入深地揭示了其挑动仇视心理的恶劣作用。尤其重要的是，竹内实并未将这种恶性膨胀的恶果归咎毛泽东个人，而是将其视为中国历史弊端的一种遗传与再现：

> 在"文化大革命"中，"牛鬼蛇神"一词的功用，如同古代中国的"逆"、"匪"、"犯"，或者是模仿"狗"、"猪"。不知是不是如法炮制，日本人在占领中国东北（"满洲"），"讨伐"抵抗的抗日游击队时也称其为"匪徒"。法国在阿尔及利亚实施种族歧视与屠杀，把对象叫做"鼠"是同样的意思。当然，将为纯洁社会主义而发起的改革运动中严肃的意识形态概念，同日本与法国殖民主义曾经使用的"词汇"相提并论也许有点不对头，但就无视正常的语言规范，而仰仗暴力和权力这一点来看，二者不是如出一辙吗？在这种异常的严酷状态中，使用如此偏见和武断的"称呼"，只会使异常的严酷状态进一步恶化。就"牛鬼蛇神"这一名词而言，其自身的民族色彩地道地暴露了中国的"历史"和"传统"的一个侧面。[1]

另一方面，竹内实并未只从中国历史和传统的沉疴里寻找"文化大革命"失误的渊源。他认为，毛泽东的个人品格也负有不可推卸的责任。早在撰写 1966 年底附于《毛泽东语录》的《毛泽东传》时，竹内实已触及这一点：

> 在我的印象中，他是一个让传统的中国知识分子类型的自我发展扩大到最大极限的人。想象他深夜闷坐在摆放着中国直线式家具的书斋里，独自一人孤独地冥想思索的情景，觉得好像与他最相称。诚然，他干过革命，打过仗，但是，中国的知识分子本来就并非与政治斗争和革命无缘，他之所以屡次批判知识分子，恐怕正是因为他本身

---

[1] 《质问毛泽东——关于"牛鬼蛇神"及其他》，《群像》，第 23 卷 8 号，1968 年 8 月 1 日。

就是知识分子，对容易犯的弊病和隐蔽的抵抗很敏感的缘故。难道他不会让自己在老庄式超越的世界游学吗？虽然在他的诗词里可以窥视到那种心境的端倪，可他始终不想打乱实践者的姿态。那里有他的乐天主义。①

值得注意的是，与竹内实对毛泽东思想及其个性如此深刻的认识相表里，他也很反感当时大露峥嵘的林彪和江青等风云人物。当有出版社着眼于日本的读者市场，建议竹内实撰写林彪传记时，他断然回答道："我不喜欢林彪。"而林彪的专机在蒙古境内坠落以后，他却很快在《中央公论》杂志1973年2月号发表了《林彪事件的真相》一文。至于江青，给他留下深刻印象的，则是与之合作署名《毛泽东的诗与人生》的武田泰淳先生，曾厌恶之情溢于言表地嘟囔过："江青在中国，不再去了。"② 这启示竹内实在1968年撰写过解析中国古今"泼妇"型女性文学形象的《阿金考》一文。据作者回忆，引发构思此文的经过是："1966年，在新日本文学会的一个讲座上，（我）曾以《阿金考》为题，把鲁迅描述过的阿金与毛泽东的夫人（没有直接点名）相提并论（后收入劲草书房出版的《鲁迅与现代》一书）。为了杂文，江青应该还活着。"③ 到"四人帮"被逮捕以后，竹内实难以抑制兴奋之情，在1976年10月29日出版的《朝日周刊》第82卷47号发表了《江青的走红与垮台》一文，反应堪称迅速。

与之相比，竹内实对因"文化大革命"中陷于厄运的刘少奇、邓小平等人，始终怀有同情和期待之心。有中国学者认定："日本学术界研究邓小平是从1977年开始的。此前并未发现研究邓小平的专著和论文面世。1977年邓小平复出后提出了许多不同的方针、政策，而中国各方面也处在变化之中。这引起了日本学术界的注意。从此，日本一些学者开始邓小平的研究，一批有水平的研究专著和论文相继问世。"④ 应该对这样的判断加以修正的是，早在1973年邓小平重新工作时，竹内实便及时在和日

---

① 《毛泽东传记三种》，《竹内实文集》第4卷，中国文联出版社2002年版，第30—31页。
② 《武田泰淳的中国体验》，《日本文学解释与教材研究》，第25卷6号，1980年6月20日。
③ 《关于杂文的复兴》，《文艺》，第18卷10号，1979年11月1日。
④ 陈立旭：《邓小平研究在日本》，《中日关系史研究》1994年第4期。

本学者的对谈中，提出"邓小平复活是摆脱'文化大革命'的迹象"的估价，并在当年4月将此观点同时刊登于《朝日杂志》和《东洋经济》两种杂志上。到1976年"四五运动"邓小平再次被解除职务时，4月20日发行的《朝日周刊》第81卷第18号迅即刊登了竹内实与另一人关于这一话题的长篇对谈《中国民众的演变与邓小平卸任》。到第二年邓小平重新工作后，竹内实又连续发文表示喜悦并畅谈其积极的象征意义。竹内实曾形象地描述邓小平的革命生涯"三起三落"，是"不死鸟"，十分钦佩他的"韧性"。可以说，竹内实是日本邓小平研究的最早开拓者之一。

三　《毛泽东集》及《补卷》

同《质问毛泽东——"牛鬼蛇神"与其他》中一文列举的胡万春和意大利作家莫拉维亚之间的"语录仗"现象类似，"文化大革命"开始后，竹内实痛感红卫兵等"造反派"对毛泽东著作断章取义的实用主义学风。他除撰写量多质高的书稿之外，在"文化大革命"早期还集合东京都立大学几位志同道合的青年人，耗数年之功成就了一桩至今仍不易被人超越、有功于毛泽东及其思想研究的重要业绩，即汇总、校正、出版了《毛泽东集》和《毛泽东集补卷》两套共20卷中文版资料，空前齐全地收录了1949年以前发表的毛泽东论著初始原文。

在"文化大革命"期间，红卫兵和不少"革命造反"组织，名为宣传毛泽东思想，实质借助搜集、印刷毛泽东著作以表"忠诚"，在政治风浪中为本组织支撑门面甚至"拉大旗作虎皮"。他们套用林彪策划的《毛主席语录》体例，将毛泽东著作肢解得支离破碎，并惯于随意解释或者引申、影射，把毛泽东指示作为"尚方宝剑"，去批驳和栽赃"政敌"，以求用无可替代的巨大政治杀伤力置人于死地。竹内实作为"文化大革命"的国外观察者，对这种混乱、恶劣的政界、学界风气非常反感。他的这种感受，在当时任教的东京都立大学中获得了一些学生的共鸣。其中有的青年教师如市川宏、藤本幸三等提出建议，能否将所有毛泽东著作按本真面目译为日文以正视听。竹内实觉得，翻译全部毛泽东著作的难度与数量都太大，凭几人的力量实难胜任，而可行的办法是尝试编印尽可能齐全的毛泽东著作中文版。这样便形成了大家合作着手搜集、汇总并出版一套毛泽东著作集的共识，进而成立了名为"毛泽东文献资料研究会"的团体从事这项规模不小的工程。竹内实后来回忆说："在追踪其动向的过程中，我觉得其现实与外界的评说似乎并不一致。于是，想调查一下过去的主要文献，即毛泽东的文章在最初发表时到底是个什么样子。"①

竹内实和五六位，有时还要多几倍的年轻人，聚集在东京某地铁站附近一所二层旧楼房的一个房间里，像群集的蜜蜂一样旷日持久地在那里编排、校正着从各处复印、抄写来的毛泽东著作原文，直到最终印刷出大型套书。

第一手文献是过去的杂志以及小册子之类。它们是在国共内战时期由国民党军队押送到台北的，后又转卖到了美国，再由东京的东洋文库买来了微缩胶卷收藏着。它们可以任意阅览。S. 施拉姆和杰罗姆·陈写过调查这些第一手资料的论文。② 我们以此为线索，在微缩胶卷中寻找那些杂志和小册子，一个字一个字地抄写。这些工作都是由东京都立大学的学生们主动去做的。

不过，誊写版印刷的杂志和小册子字迹模糊，很难看得清楚。辨别的工作主要由我来承担。我记得，有时候在脑海里会浮现出已抄过（或印刷过）的文章，一看到那黑色的文字便会读出句子来。这是我以前朗读毛泽东论文的体验起了作用。他的文章有一种格调，形成了独特的文体。虽说都是马克思主义者，可他的文风与日本的讲座派、③ 工农派诸先生不同，④ 与苏联学者也不太一样。当然，其中也有错乱不清的地方。

通过调查，我发现已收入《毛泽东选集》中的文章经过了不少修改和订补。注意那些修改与订补的地方，可以看到它原来的思想。于是，在重新刊行这些文章时，我在那些修改、订补的地方都加了标注。

感到失礼的是，重新刊印毛泽东的这些文章，没能征求原作者的

---

① 《京都学派与毛泽东》，《京都大学百年》，紫翠会出版社 1997 年版。

② 两人分别是美国和加拿大的中国研究者。

③ 日本马克思主义流派之一。该派以学者野吕荣太郎在 1932 年前后出版的《日本资本主义发展史讲座》为标志。与所谓"工农派"不同，该派强调日本社会还有封建主义残余。

④ 日本马克思主义流派之一。由围绕着 1927 年创刊的《工农》杂志的社会活动家、学者与作家组成，他们认为日本是典型的资本主义社会。

意见。不过，我们觉得他的著作已属于公共财产。不必说政治言论，即使文学作品也难说只归作者个人私有。此外，我们并非想编得像《选集》一样，而是试图通过自己的搜寻和解读，编出另外一套书来。况且，按最初的动机，编印这套书只是为了提供给搞研究的学者们。

等这套书出版后，产生了意外的反响。尤其是国内的定数多于国外，真是超出所料。这使人觉得，中国语已经成了国际性语言似的。后来，又经过修订，工作才告一段落，开始由北望社（已解散），再由苍苍社出版。书名为《毛泽东集》，共有 20 册。

实际上，这套出版物是犯忌的。此事在当时的中国属于禁区。我（我们）显然迈入了禁止涉足的领域。那时还健在的周恩来总理曾经提到某位学者的评论以及出版《毛泽东集》的事，将它们看作在日本不好倾向的例子。在周总理接见的代表团中有认识我的人，他回国后立即来找我，劝告我停止出版。这劝告当然是出于好意，但我反复思考，并没有停下来。这是在快要发行第一册时候的事情。①

事后回顾起来，当时周恩来不同意日本书业界编排与出版《毛泽东集》，显然是因为中共中央已决定有组织地整理、修订、陆续出版毛泽东的著作。鉴于毛泽东思想是中国共产党和新中国主流意识形态的根基和旗帜，坚持如此慎重的态度完全可以理解。竹内实了解中国对此问题的态度，却没有让这项毛泽东研究的重要资料工程半途而废。其对此书著作权的看法是否妥当另当别论，而其坚持出版的理由按说符合各国学术界的通例，即在国内外依据并引用毛泽东的观点，应以中国当局版《毛泽东选集》为准，同时学术研究也需要以毛泽东著作的原文初貌作为参照系。这样便于学者比较，容易理解毛泽东思想的发展演进过程，不至于奉其为先天正确无疑的金科玉律。这称得上严肃、科学的学术态度。

正因为如此，当北望社在 1970 年 7 月 31 日至 1972 年 7 月 15 日推出首版 10 卷《毛泽东集》后，很快销售一空。市场的热烈反响坚定了主编竹内实的信心，也促使他们又在 1983 年 12 月 26 日至 1985 年 8 月 26 日整理、编排了 9 卷本《毛泽东集补卷》由苍苍社出版，最后在 1986 年 3

---

① 《京都学派与毛泽东》，《京都大学百年》，紫翠会出版社 1997 年版。

《毛泽东集》书样

月 26 日，还由苍苍社出版了 1 册《毛泽东著作年表》，作为《补卷》的
"别册"。至此，两套书全部出齐。

　　当时，这两套毛泽东著作集堪称 1949 年 10 月 1 日前毛泽东文稿最集
全的汇总。有美国学者认为，它是"已经出版的毛泽东著作中内容最全
面而且最为精致的"。[①]　还有的论著这样评价：

　　　　虽然在"文化大革命"初期，有大量以前未曾出版的文献被披
　　露出来，但直至今日，关于 1949 年后毛泽东的著作材料，中国始终
　　未能出版一部如同日本人编纂的有关 1949 年前著述的 20 卷合集那样
　　的大型选本。[②]

　　美国学术界这一评价，既是对《毛泽东集》整套资料的肯定，也意

　　①　周一平：《日版〈毛泽东集〉、〈毛泽东集补卷〉校勘与研究》，中国国际文化出版社
2013 年 6 月，第 28 页。

　　②　《剑桥中华人民共和国史》（1966—1982），海南出版社 1992 年版，第 940 页。

在催促借鉴竹内实等人的努力和成果，再接再厉地尽早编排新中国成立后的毛泽东著作原文汇编，以满足中外学术界的研究需要。

中国的学术机构先后购入过《毛泽东集》和《毛泽东集补卷》。也许正是它们，让中国人最早知道了主编竹内实的名字。这两套书对中国有关机构编印毛泽东著作正式版本曾有所助益，后来则有越来越多的中国学者在研究毛泽东思想的历史发展时，把这套书作为重要、可信的资料加以引证。不过，中国的毛泽东研究界很久以来对这两套书的存在及其价值讳莫如深，很少谈论它们。直到 2003 年中国人民大学出版社编译的《国外毛泽东研究丛书》陆续面世，丛书的主编之一才大胆提及它们，比较具体解释和称赞了这两套书在搜集、编印毛泽东著作中的精到功夫。

> 这里需要提及的是竹内实主编的《毛泽东集》和《毛泽东集补卷》。全书洋洋 20 卷，不仅篇幅浩大，而且特别对每一篇毛泽东的文稿做了详细注疏。特别标出毛泽东著作的第一版本与正式编订的《毛泽东选集》之间的修改和区别。使读者对毛泽东著作的版本变化一目了然，给研究工作带来了很大方便。①

实际上，这套资料集编排、修订得如此精心、周到，与竹内实自觉继承在大学期间耳濡目染的所谓"京都学派"研究传统密不可分。竹内实在母校百年校庆时，曾把这套获得好评的资料归功于"京都学派"熏陶的结果。他言简意赅地概括了这一学派的特色是"根据文献来说话，离不开文献，便是'京都学派'"，②而且强调指出，在现代中国研究中仍旧需要重视和发扬这样的扎实学风。

自改革开放以来，随着中国理论界的思想观念逐步开明与解放，中国研究者对《毛泽东集》、《毛泽东集补卷》越来越重视，评价也越来越高。因为即便毛泽东的著作在中国出版逐渐齐全，这套《毛泽东集》仍具有无法替代的历史价值，如收文之多、之完整等长处。③ 越来越多的研究者

---

① 萧延中：《国外毛泽东研究的类型、概念与意义——为〈国外毛泽东研究译丛〉出版而作》，《教学与研究》2003 年第 12 期。

② 《京都学派与毛泽东》，《京都大学百年》，紫翠会出版社 1997 年版。

③ 周一平：《日版〈毛泽东集〉、〈毛泽东集补卷〉校勘与研究》，中国国际文化出版社 2013 年 6 月，第 125 页。

渴望能够在毛泽东研究中利用这套资料，却又为多方难求而苦恼，屡屡呼吁将它们重印。这种呼声其实并非仅仅涉及中国能否重印这套研究资料的出版管制问题，更重要的是启示人们，必须反思以往毛泽东思想研究领域的神秘色彩，引导中国学术界思考如何推进、扩大社会与人文研究学科的透明度与开放性。

第 八 章

·

辞退教职与自由撰稿

一　激流勇退

20 世纪六七十年代之交，日本社会呈现出极度动荡的局面。这种局面在一定程度上也影响着大学以及学术研究领域。

在整个 20 世纪 60 年代，日本民众反对美日安全保障条约的斗争从未止息，曾迫使当时的日本首相岸信介辞职，但该条约最终仍得以续签，使不少人感到愤懑。到 1970 年，这一条约又自动延长有效期，加上美国侵略越南，令日本民众的反美情绪火上浇油。另一方面，由于受中国"文化大革命"风暴的影响，同西方掀起的学生运动遥相呼应，日本大学里的造反情绪空前高涨，酿成了极度骚动、激愤的态势。

1968 年 3 月，以东京大学医学部反对学校当局新医师制度的"东大纷争"为起点，大学生们逐渐发展到集体罢课直至占领"安田讲堂"，并因与防暴警察对峙导致日本政府插手的大规模政治斗争。学生和支持者以"造反有理"为斗争口号，甚至出现了人员伤亡。1968 年年底，各学校联合组织了"全学共斗会议"（简称"全共斗"）统一指挥斗争。几乎将所有教职工和学生都不同程度裹挟到运动中。到 1969 年初，日本政府开始动用警察，以推土机、喷水车、催泪弹等武力驱散占据学校的学生和教师，而且逮捕了一些人。尽管斗争势头被暂时镇压下去，可各学校的正常秩序并没有很快恢复。在同一时期，日本共产党、日本社会党等原有的左翼党派也在不断分化和重组，难再成为领导群众斗争的核心，整个政治运动呈现出既松散又联合的自发与无政府状态，各种政治势力与群众团体此消彼长，快速合并、分裂或自生自灭。严峻、激化的形势催化着大学教师群体出现矛盾与分裂，当时的日本教育界给人以前景迷茫，很难恢复秩序和元气的印象。

面对如此纷乱不安的境况，竹内实当时有格格不入之感。其原因之一，无疑因为他在中国"文化大革命"开始不久便形成的质疑与反对的立场。日本教育界的政治动荡与中国"文化大革命"有千丝万缕的联系和异曲同工之处，不可能获得竹内实的认同。在竹内实眼中，当时的政治斗争潮流虽然声势浩大却缺乏明确的宗旨和方向，只有破坏的疯狂而没有正面的主张，搞得校园一片狼藉，处处充斥着敌意，但又不知何时才能回归正常。他曾坦陈当时自己的感觉说：

> 到去年下半年，大学里骚动的气氛已经相当普遍了。每当我走在那些被打碎的门窗玻璃上，总能够听到被踩得吱嘎吱嘎的声音，仿佛从脚底沿着脚背一直传上来。当时那种奇怪的感受，很像被大学的人们越积越多的某种"敌意"包围着。如同为了在大学校园里行走就必须不管那种奇怪的感觉而去踩那些玻璃碎片一样，要到大学去办事情，总得面对着这种浓厚的"敌意"。每当在脚上有那种吱嘎吱嘎地踩着碎玻璃片的感觉，我总禁不住多次质疑：自己是否也是某种"敌人"？……
>
> 大学被视为学问的圣地（该领域里只有学问），因为它不可能像政治领域那样，只是将其作为单纯的政治问题来处理。基于此，前者和后者在某些方面有明显的不同。比如，后者应该明确地把"敌人"看成必须打倒的对象，而在前者，事情却总有若干交叉，或者轮廓未必那么清晰。也就是说，在政治上，对"敌人"必须打倒。如果不是这样，则自己就会被打倒。不过，尽管在政治领域"敌人"概念的内涵的界定相当明确，可说不定到什么时候，其对象又会很快变化了。处于这种情况之下，人们实在应该质疑一下："敌人"到底是什么？[①]

竹内实把当时日本校园里的这种气氛与中国"文化大革命"运动联系起来，觉得都有人为刻意设计出"敌人"、肆意渲染"敌意"的嫌疑。为此，竹内实特意将这篇夹叙夹议的文章命名为《"敌人"是什么？》。这

---

① 《"敌人"是什么？》，《群像》，第 25 卷 5 号，1970 年 5 月 1 日。

并非一篇纯粹说理的论文，而带有凝重的情绪与锋利的嘲讽语调，使作者觉得属于鲁迅擅长的"杂文"的同类。① 竹内实最终的结论是：真正的"敌人"应该是指这样一种态度，即对并非势不两立的对象无端怀有莫名其妙的"敌意"，更危险的则是还担心这种"敌意"有些暧昧、不够凶狠之类。

在当时的东京都立大学，竹内实这种独立思考的态度无疑显得形单影只、落落寡合，与多数教师投身激烈、火热政治斗争的亢奋精神无法相容，处于孤立无援的境地。竹内实发现，即使那些平日很熟悉、要好的教师或同事，后来在路上见面时也有的故意将脸扭向一边，仿佛以自己激进的政治姿态，蔑视竹内实淡漠与疏远"革命运动"的怯弱或蠢笨，不屑与之为伍，这样的人事环境让竹内实觉得很难容身，一时间感到困惑、彷徨，不知该如何是好。这让他领悟到，在日本的大学里，教授如何对待学生运动，不仅是相当微妙的心理问题，还会涉及能否在学校留职、执教的生计问题。用后来竹内实的话说，当时走投无路的困境差点将自己逼疯：

> 回顾这一两年来的时局以及近一两周的新闻报道，恐怕人们都不愿重演类似于箕子和王子比干那样的悲剧。我甚至也联想到了自己应该怎么办，即究竟要站在哪一边的问题。我似乎也要半"疯"了。②

这是竹内实当时在东京一家晚报上刊登的短文中披露的心境，并无夸张或顾影自怜的矫饰。他在文中列举中国历史上"佯狂"即装疯的商代比干、③ 箕子、④ 宋代杨亿、明代徐文长以及日本的彦市故事等，⑤ 解读他们的疯或狂归根到底是无权的弱势者自保的无奈行为，与其嘲笑他们的变

---

① 《中国历史与社会评论·作者前言》，《竹内实文集》第 9 卷，中国文联出版社 2006 年版。

② 《疯狂、政治与人》，《东京新闻》（晚刊），1971 年 6 月 16 日。

③ 比干（前 1125—前 1063），商纣王叔父。因忠君敢谏而被杀。

④ 箕子，商纣王亲属。在商周之际因避政治迫害远走朝鲜。

⑤ 杨亿（974—1020），北宋文学家。主张抗金廉政。曾参与主修《册府元龟》。徐文长（1521—1593），本名渭，明代文人。传说性格怪异，有奇才。著有《徐文长文集》。彦市，日本古代肥后地方的城市。当地流行的民间笑话很著名。

态，毋宁更应归咎于强势和权力者的嚣张并逼人于死地。那些被迫装疯卖傻的可笑行为，其中透露的是悲壮求生的欲望。"也许正是那些来自政治方面的反复摧残，为深受其害的人们的脆弱和悲哀提供了心理支撑，使得原本消极被动的生活有可能变得积极主动起来。显而易见，这种处处充斥着无可奈何的情绪，反过来也会使我们在日常生活中的软弱与悲观心态得以回光返照。"①

　　说到日本大学中强势群体对弱势者的压力和排挤，非身处其境者很难理解。在一般人看来，日本的教育系统不归属于政府，教师能够保持自由之身，而实情却非如此。在日本，无论是由中央政府提供经费的"国立"、地方政府出资的"公立"，还是私人创办的"私立"等各类大学，大都由"教授会"管理校务。从形式上看这属于民主治校，实际上却有令人难以想象的"非民主"内幕。这主要因为日本历史上源远流长的派系、集团等小圈子式社会关系与人际传统，一直或轻或重地左右、影响着学校"教授会"的运作。每所大学的教授会都俨然由某一校、某一系的"同窗"或小圈子成员把持着，派系和圈子外的人很难获得教授会通过进入该校或该系任职，即使个别人得以进入学校，也常有难以合群的孤立感。每当立场或利益冲突尖锐的关键时刻，教授会连带学校中各种派系之斗更毫不掩饰，甚至会出现种种与教育的圣洁园地难以合拍的不公正、不文明行径，让少数核心派系之外的教师有理难辩、有苦难言。像在东京都立大学，同东京周围关东地区所有学校一样，习惯上毫无例外地由东京大学毕业的教授们把持着学校的人事、经费等实权。竹内实虽然最终从东京大学文学部研究班毕业，但大学本科是在京都大学，这种一人兼二校的身份，毕竟不如自本科到研究生均出身于东京大学那样属于地道的"东大派"。众所周知，东京大学无论教师还是学生，历来都以强烈的政治色彩著称，1968 年的日本学生运动始自东京地区的大学绝非偶然。位于关西地区的京都大学，则历来较多深厚的研究性、学术性传统。这两所日本大学重镇及其毕业生之间的如此差异，可视为竹内实后来从东京都立大学辞职并转入京都大学人文科学研究所的深层原因。

---

　　①　《疯狂、政治与人》，《东京新闻》（晚刊），1971 年 6 月 16 日。

1970 年 3 月，竹内实向东京都立大学提出了辞呈。据他后来追述：

> "文化大革命"时我在东京，1973 年去了京都。1970 年 3 月提出辞职，不再在都立大学任教后失业。由于失业，才想到京都大学去"就职"。我和京都大学进行协商，并非和从都立大学辞职有什么关系。自己很感谢推荐我的各位，至今对积极荐举我的人心存谢意。自己认为个人对中国革命并没有什么贡献。我没有参与"文化大革命"，与"文化大革命"的联系无非是批判过"文化大革命"。有人送给过我批判宫本显治的传单，[①] 但我没有追随过宫本显治。后来，从 1968 年开始出现学校斗争，我同学生也保持着距离。有人说我写过反对防暴警察的声明，其实没有写过。[②]

自 1957 年起在东京都立大学担任中国语教师，竹内实在 10 多年的教学与研究中颇有心得，但也逐渐觉察出一些难与外人道的遗憾。教师职位有长期稳定的收入，这使在 1967 年与裕子女士结婚、安家并接连生儿育女的竹内实，能够享受到相对安稳与无衣食之忧的家庭生活。与此同时，在学校同青年学生、弟子们的亲密接触，也激发着他的思想活力，不断给他的研究中国的撰述以启发和推动。特别是像《毛泽东集》等大型资料书，如果没有学生们的积极建议和齐心合作，根本不可能完成。后来，每当有关于重印这套书的动议，竹内实总是征询与尊重参与编排的学

竹内实在书房

---

① 宫本显治（1909—2007），日本共产党主要领导人。毕业于东京大学。

② 马场公彦：《竹内实：一身两栖于日中之间》，《战后日本人的中国像——自日本战败到文化大革命、日中恢复邦交》，新曜社 2010 年版，第 507 页。

生们的意见，从不自以为是。但另一方面，回顾10多年来兼顾教学与研究二者的甘苦与利弊得失，竹内实觉得自己最享受也最钟情的还是撰写研究文章。正像他晚年曾向友人倾诉的那样，也许与个人偏于学术性心理素质有关，内心深处的理想并非当好一个"教书匠"，最憧憬的是成为一位有个人见解的思想者。[①] 因此，当他意识到东京的大学环境、气氛已不太适合自己继续留任执教后，便在1970年3月辞去教职，改为在家中独立从事研究性写作。当然，这种专心从事研究性写作的愿望也并非突如其来，那是伴随着周围环境与心境的变迁逐渐强烈起来的。像竹内实后来回顾的那样：

> 在"文化大革命"开始前几年，我已经与日本的日中友好运动疏远。我遵循着自己确定的三个"原则"来进行思考。所谓"三原则"是指：
> 1. 进行书桌上的研究。2. 以自己心目里的中国为对象。3. 有中国人的地方才有中国。[②]

其中，所谓"进行书桌上的研究"，意味着不充当与中国相关的政治活动家，安心专做研究中国的学者；而研究"以自己心目里的中国为对象"，指立足于个人生平与经历，以自己的血肉和情感为研究动力；至于研究中国的重心，则区别于日本的中国研究界流行的评价中国的制度得失或变革成败，偏重中国人及其文化传统。竹内实在人过中年时为自身研究之路确定的这三个"路标"，既是根据此前生活、职业经历的得失对后来研究方向的校正，也是直至生命终结秉承不移的事业信条，引导着并决定了其后半生研究中国的宗旨与特色。

二　沉浸于中国和日中交流史

从1970年自东京都立大学辞职到1973年应聘京都大学人文科学研究所这3年间，由于没有教职的稳定工资，专靠撰写文章与论著稿酬维持全

---

① 此为本书作者听京都友人余项科转述竹内实在20世纪末与其谈话的内容。
② 《文化大革命和我》，《产经新闻》，1999年7月28日。

家生计的竹内实，确实时刻感受到经济的压力。不过，专注于关于中国事情的撰述本是长久以来的愿望，如鱼得水、得心应手、心无旁骛的写作生活令他能够沉浸并陶醉在中国文化的题材与氛围中。竹内实晚年在《竹内实文集》的中国历史与社会评论卷的《前言》中回忆那几年的情景，感到心满意足。

　　　　当时，我在心中决定，还是应该就自己原来关注的中国文化的目标投入时间和精力。

　　　　至今，我仍认为那时的决定是正确的。

　　　　为了研究中国必须了解中国会向哪里去，但中国的前进方向却经常看不清楚。

　　　　因此，自己便决定向自己心目里的"中国"请教。所谓请教自己的心里，就是想抓住心中那些令人怀念的童年时代的回忆。

　　　　不过，只是沉湎于回忆也写不下去。我扩展读书的范围，围绕着各种各样的想法，写了汇聚在本卷书中的这些文章。

　　　　写作是令人愉悦的。[1]

　　竹内实之所以心情"愉悦"，是因为有充分的时间可以做自己一直想做却一直无暇去做的事，既可尽情又可尽兴。在这短短 3 年中，竹内实厚积薄发，撰写、出版了好几本质量高、影响大的代表性论著，进一步巩固了他在日本的中国研究界奠定的学术地位，博得了专职中国研究家的声望。几年间，竹内实先后有如下主要著作问世：

《中国的思想》，东京学习出版社，1971 年 1 月 15 日；《毛泽东笔记》，新泉社，1971 年 12 月 1 日；《现代中国文学：进程与逻辑》，研究社，1972 年 2 月 29 日；《毛泽东和中国共产党》，中央公论社，1972 年 4 月 25 日；《毛泽东的生涯——调动八亿人民的魅力的源泉》，光文社，1972 年 6 月 25 日。

---

　　[1]　《中国历史与社会评论·作者前言》，《竹内实文集》第 9 卷，中国文联出版社 2006 年版。

这意味着，竹内实除在报刊上发表数量可观的单篇文章之外，平均每年都有两三部大型书稿面世。这些著作基本形成了竹内实的个人研究与写作风格，开始在日本的中国研究界独树一帜。这些论著后来被看作竹内实的代表性成果，出版发行数量也逐步增多，有些还成了书店里的畅销书或常销书。

以这些论著为根基树立起来的竹内实独特学术风格，最主要的特色，是一反日本的中国研究界习以为常且作为样板的学院派传统，尝试改换为雅俗共赏的定位，推动研究成果向普及化、大众化的方向转变。例如，早在 1967 年 4 月由日本广播出版协会出版的《中国的思想——传统与现代》一书，是竹内实为在 NHK（日本广播电视系统）举办的中国语讲座准备的教材，后来收入"NHK 丛书"时写成了普及读物的样子。他尝试的这种改变，显然并非意味着改繁为简或由难变易。正像竹内实在该书的后记中告白的那样："'中国的思想'是什么，其实说到底自己也没搞清楚。我在这样反复自问自答的过程中，写完了最后一节。"竹内实说"自己也没搞清楚"什么是"中国的思想"，原因之一是以往日本教授们介绍的中国思想，大都采用"历史＋个人"的叙述方式，基本按照时间顺序来阐释中国历代思想家的观点。而竹内实依据在中国的生活经历与感受，觉得浸润自己身心并感同身受的，还是那些被普通中国人有意无意奉行的行为准则，也就是潜移默化地支配着中国民众的世俗观念。为此，他认为要让日本人理解"中国的思想"究竟是什么：

> ……首先应该说清楚中国民众的"思想"。而在孔子那样的大思想家的教诲中，也有民众容易接受的内容。这种容易接受的东西，大体说来，就是所谓"一般的思想"。
>
> 其实，这些民众的思想，也未必都被民众当作"思想"。它们并没有被写出来，也没有被分门别类地加以整理。
>
> 而要懂得这些，必须借助于知识人的手。只有通过知识人的系统整理，才能明白民众的以及代表整体中国的思想。①

这种着眼于普遍、一般的"中国的思想"的通俗文字，与以往日本

---

① 《提纲挈领的〈中国的思想〉》，《东书高校通讯》，第 71 号，1969 年 10 月 1 日。

《中国的思想》一书和中译本

学者分析中国思想史和思想家的高头讲章式学术论著相比别开生面。它适
合广大日本读者的阅读水平，同他们的理解能力相对应。此书一问世便销
量可观，到重印第 11 版时，出版社认为作者在后记中表示"没搞清楚什
么是中国的思想"的谦虚已无必要，逼其改写为："在本书多次改版的过
程中，日中两国邦交实现了正常化，正在逐渐接近'理想的关系'。自己
希望读者能够从关于中国的读物里，得到更多的启发。"到 1999 年，日本
广播出版协会又出版了该书的修订新版。

　　在这一时期写作的有关中国研究的作品中，竹内实大都坚持这种通
俗、简洁的文风。他从大学辞职以后，很快应《中国语》杂志之约，在
其中开设了《茶馆》的对话专栏，通俗易懂、兴趣盎然地向中国语学习
者介绍中国的风土人情。这个专栏偶有间断，但不久又继续刊登，到
1977 年共连载约 100 期。每期专栏的文字虽不算长，但内容轻松活泼，
结合简单的中国语，多角度描述了中国的山川、气候、民族、生产与生活
特点，称得上与学习中国语相配合的中国历史、社会百科常识汇编。在

1974 年 7 月，日本的大修馆汇总对话的部分内容，出版了以《茶馆——中国风土与世界形象》为名的小册子。此书与《中国的思想——传统与现代》后来均被译成中文，在汉语地区发行并受到好评。前者中译文以《中国社会史话》之名在 1978 年出版于香港，后书中文译本由台湾前卫出版社在 1996 年推出。中文学术界对前一书评论说：

> 由于竹内实先生生长于中国，不但能操流利的中国话，并且能写流畅的中国文，爱吃中国菜，了解和爱中国，喜与中国人为友，他实在是半个中国人。正因为这样，他所见到的中国，与一般日本人大异其趣。笔者在《中国的心与貌——评〈茶馆〉》一文中曾有过如左一段话："作者是脚踏实地，同情了解中国的日本人。这里没有廉价的同文同种的友善表示（日本右派人士惯常态度），也没有马列主义的偏见和曲解（日本左派人士常见立场），更没有明治维新以来狭隘民族主义者一贯对中国人的轻蔑。表面看来只是客观求解的学术态度，但在活泼风趣的对谈之间，笔和纸之外，在沉默的执笔者的内心，则充满亲切的同情和友谊，以及知见的喜悦。"①

关于中国研究，包括日本在内的国外学术界，最难理解也最吸引人的非中国共产党莫属。虽然有关的论著数量众多，但以对中国共产党历史和形象有身临其境感受的中国人眼光看，这类著作总有隔靴搔痒般的浮浅。这类论著的作者当然有对中国共产党的功过是非褒贬不一的权利，但大都没能真正探究、说清这一政党的内部的组织结构和运作模式，不是将其比附苏联共产党，便以对日本共产党的印象去揣测或类推中国共产党。竹内实与中国的情感联系和对中国国情的熟悉程度，比某些以研究中国共产党为专业的日本学者更为深入。他在 1972 年 4 月出版的"中公新书"（即中央公论社新书）之一《毛泽东和中国共产党》一书中，将毛泽东与中国共产党二位一体加以描述，尤其对中国共产党的组织结构和干部机制解释得空前清晰，比板起面孔评判是非功过的学术论著真实、深入得多。尽管竹内实自始至终不赞同"文化大革命"，但他却不讳言毛泽东发动这场空前"革命"的主因之一，旨在改造中国共产党已有僵硬的官僚迹象的

---

① 司马长风：《中国社会史话·本书作者竹内实》，文艺书屋，1978 年 6 月。

干部体制。但他又认为，"而目前能够说的是，'造反'之火并没有烧毁中国共产党的'干部'或'官僚制度'。确实应该检讨一下，像红卫兵这样的运动形式为什么并不足以切实否定'官僚制度'（至于个别人沾染上官僚主义作风则另当别论）？虽然人们未必情愿，可是我想，要想清除'官僚主义'，最终恐怕只能走那种使'官僚制度'逐步完善的路子。"①如此的真知灼见，使这本薄薄的小册子比那些厚重的同类学术大书更受读者青睐，该书到1992年6月已发行了第11版。

竹内实在这一时期撰写的中国现当代文学论著更属本业。"文化大革命"开始后，中国文学创作萧条，昔日文学作品大都变为"毒草"。而竹内实不甘心新中国十七八年的文学成就就此被湮没，着手将新中国文学写成一本类似"墓志铭"的书。"这样做，一来是为了坟墓里的东西，即已被判了'死刑'的中国现代文学；二来也是为了自己。"②他说："为自己，一是并不掩饰在辞职后要靠卖文维持生活的意图，更重要的还是想为表达自己对中国现代文学的由衷之言，不吐不快。"竹内实的首部中国文学研究专著《现代中国文学：进程与逻辑》，由在大学的讲稿编排、提炼而成。他为此书全身心投入，竟梦见过书中论述的一些中国作家如茅盾等人。他自白："仔细想来，大概是写作中始终怀有一种急切的心理，使我变相做了那种梦。读者当中是不会有这种事情的。而在我的论著里，就像某些书评或通信之类读后感所说的那样，自己经常力求对对象的理解要比对自己的认识更深刻一些。可能是自己不甘心对中国的隔膜，怕文章有偏差而过于全神贯注，于是竟做出了那样的梦。"③如此呕心沥血的论著，在读者手中、眼中特别是心中，自然不会有僵硬或者枯燥之感。后来，竹内实一直为此书能直抒己见而深感欣慰：一是书中提出了"胡风无罪"的看法，二是对刘宾雁、王蒙等人的作品做了很高评价。

在辞去教职成为自由撰稿人的3年间，没有了定期授课的负担，也使竹内实得以有充分的时间了结另一夙愿，就是集中时间和精力调查在日本各地与中国有关的历史遗迹、资料，写出系列文章。在竹内实心里，这是

---

① 《文化大革命观察》，《竹内实文集》第6卷，中国文联出版社2005年版，第151页。

② 《也谈杂志和民主》，香港《争鸣》，第31号，1980年5月1日。

③ 《梦之语——〈现代中国文学：进程与逻辑〉书后》，《书商》，第78号，1972年4月1日。

一个出生于中国的日本人责无旁贷的使命。在这段时间里，他分别在
《新日本文学》和《传统与现代》杂志连载了两组关于日中交流史的文
章：一是对日本侵华战争时期"大东亚共荣圈"的实证分析，还有一组
则是副题为"中国小路"的回顾日中交流历史的采访报道性文章。第一
组共四篇：

《啊，大东亚共荣圈——难民的思想》，《新日本文学》，第 25 卷 11
号，1970 年 10 月 1 日；《啊，大东亚共荣圈——建国的思想》，《新日本
文学》，第 26 卷 11 号，1971 年 11 月 1 日；《啊，大东亚共荣圈——宣抚
的思想（上）》，《新日本文学》，第 27 卷 10 号，1972 年 10 月 1 日；《啊，
大东亚共荣圈——宣抚的思想（下）》，《新日本文学》，第 27 卷 11 号，
1972 年 11 月 1 日。

第二组的副题"中国小路"，日文原为"细道中国"。"细道"一词
似乎借自日本古代"俳谐"即诙谐短诗名家松尾芭蕉的名著《奥之细
道》，① 可译为《深处的小路》，是芭蕉在日本东北地区游历半年的旅行
记。而竹内实所谓的"中国小路"，则指对日本与中国有关联的地方进行
访迹寻踪，尽可能详细描述令人回味的复杂、多彩的历史实情，以启示读
者深入思考今后的日中两国关系。此组文章共有：

《远自秦始皇（中国小路之一）》，《传统与现代》，第 14 号，1972 年
3 月 1 日；《桃源的竹雨（中国小路之二）》，《传统与现代》，第 15 号，
1972 年 5 月 1 日；《复辟之梦——国士与女间谍（中国小路之三）》，《传
统与现代》，第 16 号，1972 年 7 月 1 日；《澳门、海、云（中国小路之
四）》，《传统与现代》，第 17 号，1972 年 9 月 1 日；《亚洲一体（中国小
路之五）》，《传统与现代》，第 18 号，1972 年 11 月 1 日；《鲁迅、仙台、
短刀（中国小路之六）》，《传统与现代》，第 19 号，1973 年 1 月 1 日；
《开拓大陆疆土之梦（中国小路之七）》，《传统与现代》，第 20 号，1973
年 3 月 1 日；《玉树长埋海上神仙岛（中国小路之八）》，《传统与现代》，
第 21 号，1973 年 5 月 1 日；《中国之缘、韩国之旅（中国小路之九）》，
《传统与现代》，第 22 号，1973 年 7 月 1 日；《荒尾精、九烈士、水（中
国小路之十）》，《传统与现代》，第 23 号，1973 年 9 月 1 日；《孙文、滔

---

① 松尾芭蕉（1644—1694），日本江户时代前期著名俳谐诗人，被誉为将诙谐连续诗创作
推到顶峰，并以旅行纪行作品最为著名。

天、安东省庵（中国小路之十一）》，《传统与现代》，第 24 号，1973 年
11 月 1 日。

1966 年，竹内实汇总回顾与分析自古以来日本人对中国的印象和看
法的文章，由春秋社出版过《日本人心目里的中国形象》一书。在书中，
竹内实引证与分析过不少日本人的中国游记和关于中国的著作，旨在说明
"以前的日本人曾经是怎样看待中国的"。① 其中有古代日本从中国汲取文
化营养的正面例证，也有像圆仁那样的"遣唐僧"因遭遇唐武宗"灭佛"
失望而归的反例。② 后来调查与撰写的"大东亚共荣圈"和"中国小路"
等连载文章，则内容更为丰富、多彩、复杂。如竹内实依据众多观察总结
的看法，无论古代日本向中国"取经"，还是近代中国向日本学习，彼此
都有"印象"和"理解"从一致到矛盾的曲折转变过程，这堪称日中交
流史中的一条规律。

> 我曾经试图考虑过，从日中之间的交流历史中究竟可以归纳出什
> 么样的规律来？结果却最终发现了其中有"他们心目中的我们"这
> 样一种关系。在说到印象一致与分裂，或正面与负面意义共存这一问
> 题时，实际上都是指"他们心目里对我们"的印象，而并非只是
> "我们对他们"的看法。当然，在某种意义上，这一规律也许只是特
> 定历史现象的反映，难免有一定局限性。不过，这样的事确实并不罕
> 见，比如学生虽然敬仰先生，后来却感到失望，可先生对此却没有意
> 识到之类。③

竹内实总结的规律启示人们，今后日中双方在相互交流中，应该各自
少一些自以为是，多一些设身处地的思考才对。

---

① 《日本人心目里的中国》，《日中关系研究》，《竹内实文集》第 5 卷，中国文联出版社
2004 年版，第 121 页。

② 圆仁（794—864），日本奈良与平安时代著名僧人。835 年去唐求法，9 年后回国。唐武
宗在 845 年（会昌 5）推行禁止佛教的政策，史称"会昌法难"。见竹内实《圆仁——日中文化
交流的一个原型》，《历史人物》，第 3 号，1972 年 1 月 1 日。

③ 《日本和中国的接触与交流——以历史为鉴》，《国际交流》，第 4 号，1975 年 1 月 20 日。

三 日中恢复邦交

正是在竹内实自由撰稿的这 3 年间，日中之间实现了外交关系正常化，这是中日关系史上的突破性的进展。对竹内实来说，这是一件他期待已久、百感交集的大事。

在 20 世纪 70 年代初，中美两国关系出现了改善并开始互相接近的迹象。1971 年 7 月初，时任美国国家安全事务助理的基辛格秘密访华，迈出了与中国正面接触的第一步。当年 10 月，联合国通过了恢复中华人民共和国合法地位的决议案。1972 年 2 月，美国总统尼克松访问中国并在上海发表了中美《联合公报》，两国建立外交关系指日可待。

在中美两国趋向正式建立外交之时，1972 年 7 月，田中角荣当选新一届日本内阁首相。他很快表示，"将以认真的态度对待（日中邦交）正常化"。得益于其他政党的协同推动，田中首相终于在 1972 年 9 月 25 日访华，开始两国恢复外交关系的谈判，最终发表了《中日联合声明》。当年 11 月 8 日，日本国会通过决议，批准日中邦交正常化。1973 年 3 月，两国首任驻对方大使分别赴任。到 1978 年 10 月，日本正式批准《中日和平友好条约》，日中关系逐步走上新的轨道。

实际上，早在中美戏剧性迅速接近的 20 世纪 70 年代初，日本论坛上呼吁实现日中邦交正常化的声音已渐见增多。像影响比较大的国际问题方面的杂志《世界》，先后编辑、出版过"日中交流的课题"、"中美接近和亚洲"以及"站在日中讲和的出发点上"等讨论专辑。自新中国成立后，有些杂志就对日中恢复外交持积极姿态，刊登的言论大都相当直率。在田中角荣首相访华后，该杂志又在当年的 11 月推出了"日中讲和的思想和条件"专号。在当时讨论如何认识与促使日中恢复邦交的多姿多彩的执笔阵容中，竹内实作为引人瞩目的中国研究家，评论和分析的文字同一般公众知识分子或外交评论家相比，显得具体、专业得多，既激情洋溢又冷静理智。这一时期，竹内实先后发表过以下文章：

《日中关系上的"心情"与"逻辑"》，《潮》杂志第 18 号特辑"日本的将来"，1970 年 7 月 15 日；《思考中国和日本的接触点》（座谈会），

《新评》，第 215 号，1970 年 7 月 1 日；《尼克松访华与日本外交》（座谈会），《中国语》，第 140 号，1971 年 9 月 1 日；《日中问题是心的问题》，《产经新闻》，1971 年 9 月 23 日；《今后"日中"的路碑》，《日本读书新闻》，1971 年 10 月 10 日；《中国怎样看日本》，《中央公论》，1971 年 11 月增刊号，1971 年 11 月 25 日；《"同文关系"：日中的错觉》，《中央公论》，第 87 卷 5 号，1972 年 5 月 1 日；《不轻松的中国形象》，《东京新闻》（晚刊），1972 年 9 月 29 日；《掩耳盗铃》，《朝日杂志》，第 14 卷 39 号，1972 年 9 月 29 日；《今后的日中关系——慎用"友好"二字》，《公明新闻》，1972 年 9 月 30 日；《日中复交——作为文化与文化交流问题》，《产经新闻》，1972 年 10 月 2 日；《日本和中国——文章的感觉》，《每日新闻》（晚刊），1972 年 10 月 31 日；《关于战争责任》，《世界》，第 324 号，1972 年 11 月 1 日。

上述文章中的首篇，是在尚未知晓基辛格秘密访华的背景下，预感到日中邦交正常化已近在咫尺时"矛盾"心绪的表露。所谓"矛盾"，是指竹内实以童年、少年时代的亲身感受，自认为"中国的制度文化或思想的源泉一直长期存在着"的"没有改变"的"心情"，与日本的执政者为了利益，"如同一般人们一窝蜂地附和'中草药热'那样，也以'日中关系'来醒人耳目"的政治"逻辑"之间的错位与摩擦。对此，竹内实在文末坦陈：

> 我已说过应对国家即政府怀抱的希望，但并不怀有多大的信心。在一定意义上，"邦交正常化"无疑会对抑制战争产生效力，然而回顾历史，我觉得那又并非什么根本的东西。自己企盼"邦交正常化"，主要还是基于并没有真正履行偿还"欠账"的责任而感到愤怒与羞耻。

此文激愤的基调，立足于竹内实小时候被日本军队侵略、占领中国的粗野行径激发的强烈正义感。伴随着日中邦交正常化进程日益加速，他这种出自心灵伤害的痛苦呼声显得更为悲壮。当他了解到中国领导人不要求战争赔偿的允诺后，仍认为这不应该成为日本政府顺水推舟、免于赔偿的借口。后来，他回忆当时的心情说："赔偿曾被说成只是日本丧失自尊，我不理解为什么要那样理解战争赔偿。是否担心因赔偿而无法维持日本经济呢?"① 基于这样的立场，竹内实在日中邦交即将正常化的关口，多次严正论述日本对侵华战争经济赔偿的必要性、严重性。他觉得，这是日中恢复外交关系后两国政府和民众能够真正像鲁迅期待的那样，"相逢一笑泯恩仇"地长期友好的政治与心理基础，急于关系正常化而对此含糊其辞将遗有后患。他对中国放弃战争赔偿的要求的看法是：

> 对优秀的中国政界人士来说，他们不会去强求那些不可能得到的东西，因为那没有必要。但我想，中国的民众永远不会忘记，日本通过战争即侵略战争给中国造成过伤害，而在战争结束时日本并没有赔偿战争损失（下不了决心赔偿，在某种意义上不妨说是安心于不赔偿）。
>
> 他们未必都有很强的复仇心，但就人之常情或记忆力而言，大约谁都不会忘记这样的事情。
>
> 作为日本，如此便背上了双重债务。所以，在目前已经恢复的日中邦交中，实际上日本与中国并不是平等的。②

当时，一般日本人或日本政治家都缺乏这种深思熟虑，甚至还有人故意忽视日中恢复邦交时这种"不平等"的关系，觉得既然两国已经邦交正常化，便算卸下了历史上所欠的债务而一身轻松。然而，这个沉重的精神包袱却一直压在竹内实的心头。几年以后，他还多次回顾日本邦交正常化以来的经验教训，提醒大家不可轻信日中关系一帆风顺。他提醒，如何使两国已经恢复的外交关系在相互理解的基础上增进友好，是一项长期而艰巨的历史任务。

> 在当初实现日中邦交正常化时，我回顾战后的日中关系现状，曾经设想最好是先有日中关系协会，接着成立日中理解协会，然后再有日中友好协会。因为日本与中国的接触，大体上走过了关系—理解—

---

① 马场公彦：《竹内实：一身两栖于日中之间》，《战后日本人的中国像——自日本战败到文化大革命、日中恢复邦交》，新曜社 2010 年版，第 508 页。

② 《掩耳盗铃》，《朝日杂志》，第 14 卷 39 号，1972 年 9 月 29 日。

友好这样三个阶段。谁知在不知不觉中，日中邦交已经正常化了。于是，当时人们最急于大声疾呼的，就是"友好"的声音。我觉得，"友好"这个词说起来确实是并不必费什么力气的。

　　然而，看后来的实际进展，我感到所谓"友好"兑现得并非那么圆满。说及其中的困难程度，竟几乎到了让人想把前面说过的那三个阶段颠倒过来，即变成友好—理解—关系这样一种顺序。如互相派遣代表团，举行宴会，握手，表达亲切之情等等，在那种种热烈的气氛中，难免虚假的应酬。如果在此基础上能够再深入一步，如去求得彼此之间的理解，那也许有可能实现这样一种难得的境界，即不去刻意追求接触，却不得不相互接触。理解总比友好更困难一些。①

　　后来，竹内实还引证历史上的事实加以说明，有些日本人每当说到与中国的关系，总是把"友好"二字喊得山响。这在一定意义上正反衬出两国并非真正"友好"，就像日本曾经在侵华战争时期标榜的"日中亲善"的口号一样。由此也可以引申，若到不再热衷于高喊"友好"了，那才称得上日中两国正常的关系。而要达到这一境界绝非轻而易举，非持之以恒地力求相互深入认同、体谅不可。这样的理想境界，又绝非仅靠政府间的接触、经济上的互利就能实现，更重要的还是人与人之间，即两国民众之间进行切实有效的交往与沟通，以求不再陌生或疏远。特别是日中邦交正常化以后，两国的交流再不像以前那样，仅限于通过两国友好团体联系的渠道，互动的形式会日益丰富多彩起来，如留学、探亲、访友、研讨、贸易、互助等，应当逐步使两国民众不再以神秘莫测的眼神看待对方，而且将这些交往的积累，最终以政府间的协议、条约之类外交途径变为真正的历史成果。每当看到日中关系一步步的具体进展，竹内实都十分珍惜，并呼吁要不满足、不懈怠。直到20世纪末，他还在《〈新版中国的思想——传统与现代〉后记》中抒发过肺腑之言：

---

① 《日本和中国的接触与交流——以历史为鉴》，《国际交流》，第4号，1975年1月20日。

京都银阁寺街道

昨天夜里。小渊惠三首相和江泽民主席会谈并发表了《共同宣言》。当我去位于银阁寺街道上的自动售报机购买当天的早报时,[1]一边走一边想到,如果"中国"可以写成一本书的话,那么"日中关系"同样也算得上一本书。而翻开这后一本书的,不仅有中国人的手,其中也有我们的手。它们不是靠着这种共同努力的力量吗?正是这样的合力,才使日中关系掀开了新的一页。[2]

---

① 银阁寺是位于京都市东北部的一座著名庭院式庙宇。

② 《〈新版中国的思想——传统与现代〉后记》,日本广播出版协会,1999 年 1 月 25 日。

第 九 章

拓展现代中国研究

一 回归京都

1973 年春天，竹内实结束了 3 年自由撰稿生活，受聘到京都大学人文科学研究所工作，同家人从东京迁居京都。

京都大学人文科学研究所与东京大学东洋文化研究所齐名，被称为日本两所最著名的以中国和亚洲研究为重点的人文学科研究机构。京都大学人文科学研究所的前身东方文化研究所成立于 1929 年，初期称东方文化学院京都研究所，是日本政府利用清朝对日庚子赔款，在外务省援助下建立的以研究中国文化为宗旨的研究机构。近代以来，以京都大学文学部为中心的日本"京都中国学"研究具有相当多的成果和相当高的声誉。以此为基础成立的东方文化学院京都研究所在 1938 年更名为东方文化研究所，1939 年 8 月又改为附属于京都大学的人文科学研究所，研究范围扩展为从事东亚人文学科的综合性内容。该所创刊的《东方学》杂志在日本国内外学术界有广泛的影响，学术质量公认上乘。

日本战败以后，非军事化、社会改革以及大众传媒的发达，都对日本人文与社会科学的发展有很大推动。到 1948 年，京都大学将原有的东方文化研究所和西洋文化研究所合并，组建成广义的人文科学研究所。新研究机构逐步扩大研究方向与对象，以原东方文化研究所的中国古典研究以及考古学研究为根基，将研究视野由亚洲拓展至全世界。后来，该所又分设日本、东方及西洋三个部门，同时进行个别研究与共同研究。由于具有悠久的中国研究传统，关西地区的"京都学派"被称为日本"中国学的发源地"。到 1965 年，按照"京都学派"重视文献资料的传统，又以附属机构形式成立了"东洋学文献中心"。这个中心汇集了研究所收藏的众多中国学资料，无偿提供给国内外研究者使用。

在日本，近代以前的中国文化研究，按照西洋的习惯被称为"汉学"。"日本汉学"长期属于将中国古代典籍与思想"日本化"，使之转化为日本传统文化内容的既基础又宽泛的研究。明治维新以后，日本社会开始大量吸取西方文化资源并推进现代化进程，日本传统"汉学"逐渐在19世纪末叶演变成所谓"支那学"。"支那学"受当时日本国势强盛的影响，逐渐淡化了以往对中国文化尊崇的色彩，有意识地将"汉学"从一般性教养直至意识形态工具的功能，转变为独立研究的"外国学问"，强调所谓的"客观性"、"科学性"，在客观上有突出其独立学术性价值的积极意义。这一学派的建立，大家公认归功于内藤湖南和狩野直喜两位学者在京都大学的不懈努力，① "京都学派"当之无愧地被视为日本近代中国研究的起点与重镇。

近代京都的"支那学"以言必有据的实证态度重新审视与解释中国典籍，尤其赋予中国古典小说、戏曲等以"纯文学"的地位，并开始使中国语作为外国语言，使中国文学成为日本的"外国文学"研究对象。如后来的中国文学研究大家吉川幸次郎所说："当时，东京大学流行尊崇孔子之风，而在京都，对孔子已从宗教性的感情中解放出来，一切都以客观的方法来对待是京大的方针之一。"② 京都的中国研究学派经过几十年的持续师承与传播，培养出一批又一批学人，如青木正儿、吉川幸次郎、仓石武四郎等，在中国古典戏曲、诗歌、典籍、语言研究等领域，为近现代日本的中国学研究相关领域积累了丰硕成果。

由于与关东地区如东京的中国研究受制于政治局势的波动或意识形态变化的特点有所疏离，京都的中国研究的客观性、科学性传统，能够在日本疯狂对外扩张的历史条件下，同轻视中国的学术风气持保留的态度，较为冷静、公正地坚持尊重中国文化传统的立场，与当时肆无忌惮贬低中国的社会主流唱反调。如在太平洋战争爆发的1941年春天，吉川幸次郎曾在《中国人的日本观和日本人的中国观》的讲演中开诚布公地说：

---

① 内藤湖南（1866—1934），青年时代任报社记者，后任京都大学教授。著有《内藤湖南全集》。狩野直喜（1868—1947），毕业于东京帝国大学。京都大学教授。著有《支那文学史》、《老子河上公注跋》等。

② 吉田幸次郎：《我的留学记》，光明日报出版社1999年版，第23页。

……今天摆在日中之间的事态，不得不说是极其不幸的。为什么会招致这样的事态，有各种各样的原因。政治的、经济的原因当然在内，此外更大的原因，我认为是日中两个民族之间，不能很好地相互理解，并且还存在着相互误解。在这一点上，近来，两国的有识者们已经有所反省，但尚十分不够。因此，我想在今天把它明确地提出来。另外，承认今天的不幸，不用说，是为了召唤明天的幸福，而为了达成明天的幸福，就必须去除造成今天不幸的最大原因——日中双方的误解。为了去除这误解，又必须去了解这误解是怎样发生的，去寻求造成误解的根源。否则，就无法消除误解。

……

与在中国需要正确的日本学一样，我认为在日本也需要真正的中国学——即把中国作为中国来研究，并尽量去把握中国的全貌的正确的中国学。这种正确的中国学成为社会的中心之时，才能开辟日本人的中国观的正确道路。请打破向来汉学先生们的偏见和中国通先生们的偏见吧，从今以后，我们要重新建立新的学问。过去日本人的中国观只不过是幻影而已。与过去中国的日本观是幻影一样，过去日本人的中国观也只不过是幻影而已。①

京都学派的中国研究致力于纠正日本人对中国的认识偏见与误解，就是力求设身处地理解、体谅中国人的行事和情感方式，公平对待中国的兴衰，不以一时一事的成败得失判定中国的前途。用吉川幸次郎的话说，即"京都的中国学是以与中国人相同的思考方法、与中国人相同的感受方式来理解中国为基本学风的"。②

京都学派这种以客观性、公正性为两大基本特色的学术研究传统，曾让在京都大学读书时的竹内实感同身受并刻骨铭心。出生于中国的他，因为少年时代的经历及其汉语特长，自然对京都的学术环境与气氛备感亲切。其中，像吉川幸次郎厚积薄发地讲解中国古典文学，还有仓石武四郎从中国留学回到日本后努力贯彻的"汉文直读教育"，都让竹内实如旧梦重温。他在中年以后重返京都，无疑为从事自己钟情的中国研究觅得了如

---

① 吉川幸次郎：《我的留学记》，光明日报出版社 1999 年版，第 146 页。
② 同上书，第 3 页。

鱼得水的境遇，既如愿以偿又得心应手。

在 20 世纪 70 年代，竹内实已经以量多并质高的中国研究成果在日本学术界、舆论界崭露头角。他的《毛泽东的诗与人生》、《中国的思想》、《毛泽东和中国共产党》、《毛泽东——调动八亿人民的魅力的源泉》等论著，尤其对"文化大革命"的冷静剖析与批评言论广受关注，被视为报刊上常见的论述中国和日中关系问题等中国研究领域的重要与著名作者之一。在中国问题论坛上，竹内实除有著述的数量优势之外，其学术立场与文风也与关东地区中国研究的学院派有所区别而独树一帜。竹内实的最大特点是不热衷于抽象的理论思辨或论证，主要借助精心阅读和辨析资料来展示自己的看法，并且能兼顾多层次读者的口味，力求雅俗共赏，自觉保持并延续京都学派传统的文脉。竹内实这方面的意识相当自觉，他后来总结说："我认为，京都学派的中国研究的特点在于，通过对文献的缜密阅读与解释来展示对中国的看法。最重要的是，其对一些具体事件的意见，可能与学院派有所不同。"① 竹内实的这种学术风格与自觉意识已受关注京都方面多年，京都大学人文科学研究所亟须充实现代中国研究人才。竹内实回归京都学派的意愿，既受到京都学术圈师友的认同，也为研究所方面认可，因此，他受聘于京都大学人文科学研究所乃顺理成章、水到渠成。

除了学术风气与研究兴趣的契合，竹内实乐于受聘于京都，也因他久已怀有重温昔日师友情深的愿望。像他再次与在京都大学读书时的老师、已是中国文学研究权威的吉川幸次郎相聚时，就觉得先生已不再像当年授课时那样严厉，多了如沐春风般的音容笑貌。后来，他听到吉川先生直接跟自己一帮的学生说："你们可以从任何立场上来批判我。"温馨的学术民主作风令人感佩，其中绝无东京的学术圈里那种因政治分歧而剑拔弩张甚至你死我活的严峻气氛。同时，吉川等学术前辈，研究中国学问多怀情趣而非功利之心，虽有偏爱却又并不偏激。在竹内实的印象中，"先生很讨厌对中国的冷淡态度或是评价。我觉得，在先生看来，研究中国的人想抬高或是抬高了对中国的态度与评价，是天经地义的。"② 吉川先生甚至毫不讳言地宣称："中国无疑创造了最早的人类文明。"③ 这些看法固然属

---

① 《中国在不断变化》，《外交广场》，第 50 号，1992 年 11 月 5 日。
② 《哭吉川幸次郎先生》，《每日新闻》（晚刊），1980 年 4 月 11 日。
③ 《京都和吉川幸次郎先生》，《〈吉川幸次郎全集〉第 4 卷月报》，1984 年 6 月。

于一家之言，未必是不刊之论，难能可贵的是他勇于著书立说并提倡争鸣的气度与风范。

京都大学人文科学研究所

当竹内实重新置身于早已熟稔的学术气氛中，情不自禁地感受到与几年前在东京的尴尬心境之间的巨大反差。他曾在参加京都大学某系列讲座时将两种心境进行对比，庆幸自己终于找到了自己心灵的归宿之地：

> 当回忆教室与研究室被封锁的那段情景时，令我吃惊的是，封锁以前的那些念头已显得相当遥远，就如同穿透宇宙的飞船快速远离了一般。而冷静地回头想想，那很早以前便盼望的，直到封锁以后自己才真正得以参加的京都大学集中讲座，却仿佛是发生在昨天的事。那是在午睡时接到邀请的电话，由小川环树先生打来的。[1] 在经受了心

---

① 小川环树（1910—1993），中国文学研究家。毕业于京都帝国大学。1934 年到中国留学。京都大学教授。著有《中国小说史研究》、《中国语学》等。

惊胆战之后，所感受到的无非是惭愧、悔恨与狼狈之类。而等到去研
究室的次数逐渐多了起来，才觉察出来那里在等待我的，是多么宽容
和亲切的气氛。①

京都平和、温馨的学术环境，当然不意味那里的前辈和学者们都是埋
身故纸堆中、不食人间烟火的陈腐作派。像在大学时曾教过竹内实的历史
学教授贝塚茂树，就仍然非常关注中国社会与政治的态势变化，始终显得
朝气蓬勃，好奇心依旧强烈。特别是他的《毛泽东传》，堪称日本战后的
标杆性作品。竹内实觉得书中对毛泽东功与过的评价，颇有司马迁之风。
他关于中国历史的研究者应该成为全新的不断进取者的积极精神，② 一直
激励着竹内实在现代中国研究领域不断进行新的尝试与拓展。

二　现代中国研究会

竹内实应聘到京都大学人文科学研究所的 1973 年春天，正是日中开
始互派大使，两国正式恢复外交关系的时刻。这期间，日中邦交正常化以
及建交后两国关系的走向，成为日本政治论坛和社会舆论的中心与热门话
题。竹内实此前围绕这一热点发表的一系列文字，以其独立见解而受人瞩
目。尤其是竹内实在《中央公论》上连篇刊登的关于中国的见解，在日
本的中国研究界、关注中国与日中关系的日本民众中影响广泛，使他逐渐
成为这类问题不可或缺作者之一。

中央公论社创立于 1886 年，是一家名气颇大的日本出版社。该出版
社主办的政论杂志《中央公论》，长期坚持中间、公正的路线。在该社
1999 年因财政困难被读卖新闻集团收购之前，杂志上刊登的文章大都立
论客观与严谨，被认为是名副其实的"公论"，深受日本舆论界精英们重
视。无论政治还是学术界人士，无不把能在此杂志上发表文章，视为具有
较高知名度与真知灼见的标志。

竹内实最早由中央公论出版的论著，是 1972 年 4 月 25 日推出的《毛
泽东和中国共产党》一书。第二年春天，竹内实即转入京都大学人文科

---

① 《哭吉川幸次郎先生》，《每日新闻》（晚刊），1980 年 4 月 11 日。
② 《悼念贝塚茂树先生》，《读卖新闻》，1987 年 10 月 2 日。

学研究所。到1975年7月25日，该社又出版了他的《对中国的视角》一书，其中至少有如下文章曾在《中央公论》杂志上刊登过：

《中国怎样看日本？》，《中央公论》，1971年11月增刊号，1971年11月25日；《我们心目中的亚洲：移民形象》，《中央公论》，第87卷2号，1972年2月1日；《"同文关系"：日中的错觉》，《中央公论》，第87卷5号，1972年5月1日；《译解王力著〈毛泽东传〉》，第87卷11号，1972年11月1日；《译解〈楚辞集注：离骚·九歌·渔父〉》，《中央公论》，第88卷1号，1973年1月1日；《林彪事件的真相》，《中央公论》，第88卷2号，1973年2月1日；《司马长风著〈青年周恩来：评传第一部〉》，《中央公论》，第88卷5、6号，1973年5月1日、6月1日；《中国文化大革命和日本人》，《中央公论》，第89卷1号，1974年1月1日；《中国批判孔子是批判周恩来吗？》，《中央公论》，第89卷2号，1974年2月1日；《杰罗姆·陈著〈中国的神秘之地：住在四川〉》，《中央公论》，第89卷3号，1974年3月1日；《为什么批判孔子？》，《中央公论》，第89卷4号，1974年4月1日；《皇帝型权力与宰相型权力——从第四届全国人民代表大会看"批林批孔"的动向》，《中央公论》，第90卷3号，1975年3月。

如此连续与密集地登载同一作者的文章，在以前的《中央公论》杂志上并不多见。这显然是因为当时处于日本国内外聚焦日中关系的特殊时期，报刊意在积极应对全国上下急欲认识与了解中国实况的阅读需求。竹内实成为当时在《中央公论》发文频率最高的作者之一，意味着他被视为该学术领域与学者圈的主力，论述相关问题绕不过其人其文。可能正缘于此，中央公论社在出版《对中国的视角》一书时，封面上印有如下简洁的评价与宣传性文字："本书乃现代中国研究第一人，借助于历史对今后日中关系洞察敏锐。"

在各国舆论界，称赞某人文章的观点"洞察敏锐"当属常见，而将某人推崇、定性为某一学术或研究领域"第一人"，非有不至于引发异议或反感的把握则不会轻易标榜，因为这种称谓差不多与"创始人"、"开拓者"同义。类似的评价无论由个人或群体做出，都难免有"过度""吹捧"的风险，必须十分谨慎才行。由一家出版社给作者如此评价也许算不得权威，或许由本学术领域出面裁定方为惯例，不妨把这样介绍作者，看作出版社旨在扩大图书销路的宣传手法。然而，即使其中含有渲染的意图，毕竟反映了当时日本学术界对竹内实的中国研究成果的定位，公认他在现代中国研究领域具有超越此前成果的开创性地位。

在日本的中国研究领地，第二次世界大战战后不久就有了名为"现代中国学会"的学术团体，那是由竹内实曾经工作过的中国研究所的骨干人员在 1951 年牵头成立的。在命名上特意标示"现代中国"，意在显示与传统日本的汉学研究不同，将研究重心置于五·四运动以后特别是新中国。这是日本学者顺应时代潮流的新尝试与新的努力方向，此举很快便在日本学术界聚集了大批研究力量，据说会员目前已超过 700 多人。不过，这一现代中国研究组织在人员结构与学术思路上，仍旧沿袭以往日本惯有的"条块"式格局。如全国性学术研讨会的论题，大体划分为政治、经济、历史、文学四大部分，仍旧各研究领域画地为牢。其编辑、出版的年刊《现代中国》也习惯按照不同的研究专业，刊登"学院派"文风的论文，很少跟踪日新月异的中国社会新动向、新态势，罕见及时准确生动的报道与真知灼见的阐释。到中国开始"文化大革命"时，该学会主流派对"文化大革命"持支持的态度，尽管学会没有分裂，但到林彪坠机事件后的"文化大革命"后期，学会活动已基本停滞，会刊则在 1973 年、1977 年两度停印。后在 1978—1981 年，曾以《现代中国学会会报》的小册子替代，刊发的论文质量明显下降。

在竹内实心目中，所谓"现代中国研究"不应该是现代中国学会曾有的路子和风格，他没有成为该团体的成员，也没有参与他们的学术活动。竹内实对"现代中国研究"应有模式的思考，并非来自抽象概念的思辨，主要是在跟踪、观察与解析中国"文化大革命"的过程中，逐渐清晰与自觉起来的。他曾回顾这一过程说：

> 我是在十年前进入京都大学人文科学研究所，并在研究所新开辟的"现代中国"领域担任研究工作的。现代中国其实还可以区分为各种各样的侧面，所以，有人怀疑开辟所谓"现代中国"这一研究领域是否合适。不过，回顾一下"文化大革命"便不难发现，虽然开始是从文艺问题入手，但其中无疑还有政治的问题。因此，应该把中国作为一个综合性的对象加以研究。虽然自己并不怎么在行，这样的研究仍旧在继续着。①

---

① 《中国的社会与制度——对中国近况的思考》，《东亚》，第 193 号，1983 年 7 月 1 日。

所谓现代中国"可以区分为各种各样的侧面",是以前现代中国学会的一派人照搬西方人文科学格局的研究思路。竹内实专攻的中国语与中国文学则是分支之一,他也曾以此入手接触与论述过中国"文化大革命"初期的现象和问题。然而,后来他越来越感觉到,"文化大革命"涉及中国的方方面面,政治、社会、经济等各领域无一幸免,仅局限于文学和文艺视角,不可能从总体上认识并搞清楚这场搅动整个中国的风暴的起源与走势,非全面梳理中国的历史以及近代以来曲折变革的来龙去脉,便无法准确把握现代中国动态的走向。就像日本前一代中国研究者尾崎秀实在20世纪30年代反思的那样:①"科学方法是必要的,但实验不能停留在显微镜上,也绝不能是尸体解剖。对活体的解剖,比什么都必要。"②"活体解剖"就是指把中国看作鲜活的生命整体,不再支离破碎地肢解中国或抽象片面地论述中国问题。基于这样的想法,竹内实在进入京都大学人文科学研究所后的1975年春天,主持组建了一个集合所内外研究力量的"现代中国研究班"。竹内实在一篇文章里解释过成立这个研究班的主旨:

　　　　为了使我们指出的那些可能出现的变数真正能够成为真知灼见,我觉得必须对现代中国进行认真的研究,并大力培养那些真正有希望的人才。也许人才未必个个都会成功,可是如果研究力量不够雄厚,便无法理解那个具有复杂侧面的庞大的现代中国。在研究中国的古典方面,日本学术界曾经取得了丰硕的成果,目前也仍在成果迭出。然而,如果与中国古典或是历史的中国割裂开来,孤立地对待现代中国,是非常危险的,那会错误地把握对象。而无法否认的是,现代中国毕竟又是一个独立的研究领域。在这个领域里所做的工作,应该尽可能地把握其真实情况,并让那里的人们也了解世界的走向。借助于这种相互之间交流的渠道,使他们不再沉湎在封闭的天地里孤立地思考问题。③

　　①　尾崎秀实(1901—1944),毕业东京大学。日本共产党员。曾任《朝日新闻》驻上海特派员。因苏联情报人员佐尔格案件被处死。著有《暴风雨中的中国人》、《现代中国论》等。
　　②　尾崎秀实:《现代中国论·自序》,《尾崎秀实著作集》,第2卷,劲草书房1977年版,第195页。
　　③　《中国开放势力的走向》,《中央公论》,第94卷2号,1979年2月1日。

　　这个研究班的成员，都对现代中国强烈关注并对中国问题心驰神往。他们主要来自京都、大阪等日本关西地区各主要大学与研究机构，"有的研究者还是中国留学生。另外也有人觉得东京缺乏这样的学术气氛，从那里跑来参加的。这种有特色的活动，大概确是京都才会有"。① 到 1987 年 3 月，这个研究班改称"现代中国研究会"。

竹内实（前排中）和现代中国研究会成员

　　这个研究班开始每 3—5 年共同研究一个课题。1975 年 4 月至 1980 年 3 月的课题为"现代中国的政治进程与民众观念"，主要研究成果为课题组成员们自 1982 年陆续在《东亚》杂志上刊登的《众人的墓志铭——追悼"文化大革命"牺牲者与中国文艺界的状况》系列文章，内容是纪念在"文化大革命"期间遭受迫害致死的中国作家们。1983 年 2 月 20 日霞山会以同一书名出版了单行本。② 1983 年 4 月 6 日，竹内实在该会定期午

---

　　① 《京都学派与毛泽东》，《京都大学百年》，紫翠会出版，1997 年 6 月 18 日。

　　② 霞山会前身为 1898 年成立的东亚同文会，日本战败后重组为霞山俱乐部，1958 年改为霞山会。该团体旨在关注亚洲大陆问题，出版《东亚》杂志及相关学术著作。

餐会的长篇讲演中说，该研究课题的内容与目的，并非只是记录在"文化大革命"中死去了什么人，而是试图解释"何以会发生这种事情"？力争启示读者："那些风行于某一时代的政治风暴，其实未必只意味着对人们心灵的摧残，此外还应该从制度与政治结构的角度来追究个人的责任。"① 后来，竹内实又特别提到，"文化大革命"的挫折与中国并未形成充分的资本主义制度，直接从封建社会转入社会主义有一定关系。例如，反映在中国的"单位"即机构概念、权力模式以及缺乏人权意识等。关于是否会再次出现"文化大革命"的担忧，竹内实认为与中国社会主义制度的成熟程度密切相关：

　　在战后，经常可以听到"中国革命伟大"的说法，其伟大的理由之一，在于它使中国超越了资本主义社会即现代社会，直接进入了社会主义阶段。然而，如果人们注意倾听如《众人的墓志铭》一书中那些呼吁，会明白那里与现代社会之间仍然存在着某些距离。我曾经认为，所谓"社会主义"，也许可以成为那些发展中国家进入现代社会的一扇大门。如今中国正在敲开这扇大门。不仅是中国，连非洲都在叩响"现代"的门板。不过，即使大门打开了，到底能否朝着这个方向迈入现代社会，仍旧是一个问题。我们可以看到，中国并没有超越现代社会直接进入社会主义社会，其只是通过社会主义制度找到了进入现代社会的入口处。②

　　接下来，1980 年 4 月至 1985 年 3 月的共同研究课题是"现代中国的社会与文化"，代表性成果报告有《中国近现代论争年表 1895—1989》等。这部年表以近现代中国论坛上经常出现的"争论"为线索，将百年中国历史加以梳理与贯通，在中国社会、思想文化史研究领域尚属首次，因其视角新颖受到日本与国际学界的广泛关注和好评。除此之外，由于年表中的"争论"涉及政治、经济、文化、历史、哲学、宗教等各个领域，也可以当作为研究者提供某一事件或问题来龙去脉线索的难得工具书。在

---

① 《众人的墓志铭——追悼"文化大革命"牺牲者与中国文艺界的状况·前言》，《东亚》，第 178 号，1982 年 4 月 1 日。

② 《中国的社会与制度——对中国近况的思考》，《东亚》，第 193 号，1983 年 7 月 1 日。

编制这部年表的过程中，每项"争论"的来龙去脉的归纳，都由研究会各成员遍查日本各图书馆，经过集体讨论通过并以简介文字标示，态度十分严谨。这本耗时长达数年的工具书在 1992 年由日本同朋舍出版后，受到日本和各国的中国研究界普遍欢迎。2005 年，中国学者程麻将这部年表回译为中文并加以纠正与补充，由中国文联出版社面向全世界发行，其比原日文版本更便于各国懂中文的中国研究者利用。此外，像 1978 年由讲谈社出版的《毛泽东早期著作：民众的大联合》、1987 年由同合出版会出版的《中国文学最新事情》等论著，也都曾作为研究会的学术报告或经研究会讨论过。

特别应该提及的是，竹内实无论个人研究还是主持"现代中国研究会"的活动，主要依靠来自中国的公开信息，并非有什么"内部"或者机密资料。如他所说："我在京都大学人文科学研究所担任'现代中国'方面的研究工作，所依据的资料主要是《人民日报》、《光明日报》等中国报纸，那是通过航空邮寄来的。"① 1983 年，当朝日新闻社的一位特派员推出一本名为《内部——来自中国的报告》的论著时，竹内实并不青睐那种"引用不便在注文里指明出处的'内部文件'"，或者仅有作者知道的"孤证"，即所谓靠揭露"内幕"来博得读者眼球的神秘性报道与研究。他认为，那种挖掘隐秘的"横断面"探寻角度，充其量只能是"平面的罗列"，关键还要力求显示究竟中国会"走向何处"，而后者正是研究者研究中国孜孜以求的目标。为此，对那本论者，他曾表示："通读过全书以后，我感到也不必对自己在日本从《人民日报》等报刊上获得的中国印象做什么修正"。②

这意味着，在竹内实看来，研究中国固然需要明白中国的实际情况，但更重要的还是能够对它们进行深入的理性思考，这是日本能否出现高质量中国研究成就的关键，也是其难点所在。正如后来中国研究家仍有人慨叹道："简单地说，在日本，直到现在也还没有真正的中国研究。虽然从奈良时代到如今，中日已有一千五百年的交往史。日本人对中国的关心并非为理性的关心。"③

---

① 《中国的现状与今后的动向》，《京都经济同友会通报》，第 314 号，1986 年 1 月 25 日。

② 《评〈内部——来自中国的报告〉》，《现代理论》，第 190 号，1983 年 5 月 15 日。

③ 沟口雄三：《没有中国的中国学》，《读书》，1994 年 4 期。

三　追踪后期"文化大革命"

在竹内实即将转入京都大学人文科学研究所之前，1973 年 2 月 1 日出版的第 88 卷 2 号《中央公论》杂志发表了他的长文《林彪事件的真相》。该文没有像此前众多日本报刊那样，不厌其烦地探究甚至捕风捉影地推测 1971 年林彪叛逃并摔死在蒙古的种种细节，如后来他在 1974 年 1 月 1 日发行的《中央公论》第 89 卷 1 号上刊登的《中国文化大革命和日本人》一文所说，自己力求"像老练的渔父那样，仅凭观察海面波浪和颜色的变化，便能够了解海水下面的鱼群"，并高屋建瓴地通过这一事件得出判断："实际上反映了 4 年前曾以林彪为象征的中国现实，如今已经发生了巨大的变化。"① 也就是说，他把周恩来批判林彪一伙是"语录不离手，万岁不离口，当面说好话，背后下毒手"的反革命阴谋集团，视为中国"文化大革命"已经进入"后期"的基本标志：

> 他的这一批判既否定了林彪也否定了"文化大革命"。不妨说，林彪的两种形象，生动反映了中国从"文化大革命中国"向"反文化大革命中国"（说得准确一点，应该称之为"非文化大革命中国"）的转变过程。这说明，中国人的生活观念已经日益离"文化大革命"远去了。②

这一说法，实际上与《林彪事件的真相》发表后，竹内实随即在当月《朝日新闻》上刊登的一篇短文的判断相补充，提出了所谓"后文化大革命"的概念。③ 在竹内实看来，"林彪事件"的价值不在其尚被隐蔽的"真相"，而是像此后出现的京剧《龙江颂》中一些台词或明或暗所标示的那样，从此"'文化大革命'虽然仍旧被肯定，但在实际生活中，确实又掺杂了一些按'文化大革命'的观点来说应该被否定的东西……因为谁都不会相信，那些'文化大革命'的词语今后还能够在实际生活当

---

① 《中国文化大革命和日本人》，《中央公论》，第 88 卷 2 号，1973 年 2 月 1 日。

② 同上。

③ 《"后文化大革命"的新动向》，《朝日新闻》，1973 年 2 月 28 日。

中，可以像在'文化大革命'时期红卫兵那漂亮的口号，原样不变地得到贯彻"。① 这意味着，中国"文化大革命"进程已经有了巨大的方向调整，或许预示着它已如强弩之末了。显然，在当时日本论坛对"文化大革命"的众多评论中，持有这样远见卓识和大胆判断的，称得上凤毛麟角。

竹内实的这种感觉与看法并非一时心血来潮。看他在这前后陆续出版的论著、译著和编著，不难发现其中都隐含有某种程度回顾、归纳甚至总结"文化大革命"的意味或意向。这些著作有：

《文化大革命》（编译），"文献现代史第 76 种"，平凡社，1973 年 1 月 10 日；《日本初译〈毛泽东最新讲话四篇〉》（共译），《现代之眼》，第 15 卷 9 号，1974 年 9 月 1 日；《毛泽东谈文化大革命》（编译），现代评论社，1974 年 12 月 5 日；《皇帝型权力与宰相型权力——从第四届全国人民代表大会看"批林批孔"的走向》，《中央公论》，第 90 卷 3 号，1975 年 3 月日；《全国人民代表大会以后的中国——工业现代化、青年政策的课题》，《亚洲时报》，第 60 号，1975 年 4 月 1 日；《毛泽东谈哲学问题》（编译），现代评论社，1975 年 4 月 20 日，等。

像在《毛泽东谈文化大革命》一书的后记中，竹内实多次说出"毛泽东已经在采取纠正'文化大革命'副作用的措施"，"'文化大革命'即将进入结束期"，"对'文化大革命'的评价，在中国似乎已经大体确定"之类意思，水到渠成地提出了必须从整体上回顾与思考"'文化大革命'究竟是什么的问题"。②

竹内实试图探索、总结的这一宏观历史问题，当时对中国人来说并没有心理上的准备与要求，或者说还属于一个"提前量"相当大的全局性政治、思想课题。竹内实并未期待中国政坛很快就能够意识到这一点，其真正用意在于启示日本人思考，中国"文化大革命"对他的自身究竟意味着什么。因为从最初开始，"文化大革命"便是一个转变了以往日本人对中国的印象的重大事件。因为"在近代日本，大凡对体制持有批判态度，并且在相对开放的意识中思考问题的人，几乎都在中国寻求自己发展

---

① 《中国文化大革命和日本人》，《中央公论》，第 88 卷 2 号，1973 年 2 月 1 日。

② 《〈毛泽东谈文化大革命〉编者后记》，《毛泽东谈文化大革命》，现代评论社，1974 年 12 月 5 日。

的舞台，想通过中国的革命来展望日本的革命，展望世界革命。对于这些人来说，只有中国革命才是通向世界革命的道路"。① 如那些曾经欢呼和支持中国"文化大革命"的人们，是想借此推动日本社会的变革或革命。然而，后来的残酷现实逐渐毁灭了他们的这种浪漫情怀，中国的"动乱"、"倒退"、"破坏"，逼迫这些人不得不转入冷静的观察和沉思。竹内实作为这种转变的先知先觉之一，最早也最适时地提醒人们，应该以"过去时"的目光审视中国的"文化大革命"，并尝试提炼这一沉痛的历史波折首先值得日本人汲取的思想警示。那就是：

> 　　在日本战后历史上，所谓对中国的印象的"幻灭"，其意义可从大、小两个方面来看。从小的方面讲，是使试图依据中国来校正日本社会的前进道路（即这种道路应该如何走）的努力丧失了方向（实际上这种方向并不存在），而如果把这个问题最终延伸到思想观念层面，则意义显得更加重大。其重大在于，它使隐藏在日本战后历史中的天皇制思想丧失了其崇拜的对象。②

　　竹内实将中国"文化大革命"与日本的天皇思想联系起来，意在挖掘那些崇拜、支持"文化大革命"的日本人的思想根源。尽管并不足以解释现代中国蒙受"文化大革命"浩劫的根本原因，但竹内实提醒的这种思考角度，确实值得经历过"文化大革命"后痛定思痛的中国人品味与借鉴。如同天皇思想形成于日本具有一定的普遍性，"文化大革命"浩劫虽然只出现在现代中国，也未必仅是华夏大地上偶现的怪异"龙卷风"。竹内实主要思考二者是否有内在的联系。他的思路是：

> 　　我之所以这样想，是觉得在日本人对于中国革命和新中国的关注，以及在促成这种关注的基本理念中，仍然暗藏有某种类似于战争时期天皇制那样的思维方式。这是必须首先承认的现实，然后才可能进一步探讨其形成的原因。这种观念的表现在于：如同在战争中崇拜

---

① 野村浩一：《近代日本的中国认识：走向亚洲的航踪》，中央编译出版社1999年版，第199页。

② 《中国文化大革命和日本人》，《中央公论》，第89卷1号，1974年1月1日。

天皇一样，人们心甘情愿地接受某种先验的观念；而对那些并不一致的东西，仍旧像在战争时期一样，以一种将之归为"非国民"的心理对待他们。而在朋友中间，那些崇拜的激情强烈的人，则会获得较高的地位。[①]

　　竹内实以上说法与 1971 年 8 月 1 日发表在第 20 卷 8 号《经济评论》上的《从"孝"到"忠"——"文化大革命"中的观念》一文，既一脉相承又有深化。那篇文章的主旨说，日本传统的天皇制度思想源于"在人的心灵内部，有着某种想依靠权威的欲望"，从而便把与心目中的所谓"权威"相悖或有损于那一"权威"的东西视为敌对势力，要求人们树立对"权威"的忠诚心。不仅自己效忠，还逼迫别人也像自己一样忠诚于"权威"。亲身经历过"文化大革命"的中国人不难发现，这种观念确实曾经漫延在身边，随处可见。正像日本人盲目信从天皇的"权威"一样，中国蒙受"文化大革命"的劫难，也有同样的思想根源。因此，竹内实提醒日本人，以往坚持的那种对天皇的所谓"信仰"，实际上"是没有什么道理"的，这种提醒也很值得中国人深思。竹内实热切地期待，就像战后日本已有人对以前天皇制进行反思，中国人也应该将"文化大革命"成为最后一个"无条件信仰"的对象而不再执迷不悟。毫无疑问，竹内实对"文化大革命"与天皇制观念两者的对比分析，是当时日本论坛挖掘中国"文化大革命"思想根源最早也最深刻的努力与见解之一。

　　如竹内实的观察，中国"文化大革命"随着林彪事件进入了"后期"，日本论坛对"文化大革命"的报道和评论也渐渐远离几年前的狂热与谩骂两极分化的极端状态，变得日益客观和冷静。比如，《世界》杂志在中华人民共和国建立 25 周年之际，于 1974 年 11 月推出了"中国 25 年社会主义像"特辑，其中分政治、经济、外交等几个侧面，具体展示了能够反映中国现状的各种指标或资料，已少有情绪化、意识形态化的言辞。如此风格的报道一直延续至 1976 年 8 月号的"中苏抗争和第三世界"特辑。其间中国陆续发生了蒋介石去世、周恩来去世、天安门事件和邓小平下台、朱德去世、唐山地震等一系列震撼世界的重大事件，而该杂志对这些报道则仿佛变成了一面冰冷的镜子，与日本社会、政治已经不

[①]　《中国文化大革命和日本人》，《中央公论》，第 89 卷 1 号，1974 年 1 月 1 日。

再有什么关联或互动了。

与如此风气同步，竹内实后来主要评述"批林批孔"运动的系列文章，文笔也显得既冷静又稳健。其中有：

《中国批判孔子是批判周恩来么?》，《中央公论》，第 89 卷 2 号，1974 年 2 月 1 日；《对"批林批孔"的考察》，《朝日新闻》（晚刊），1974 年 3 月 19 日；《为什么孔子受到批判?》，《中央公论》，第 89 卷 4 号，1974 年 4 月 1 日；《新阶段的批林批孔》，《朝日新闻》，1974 年 8 月 20 日；《批判孔子——其渊源》，《国语展望》，第 38 号，1974 年 11 月 20 日

《"批林批孔"与"传统"》，《文艺春秋》，第 52 卷 12 号，1974 年 12 月 1 日；《批判孔子——其逻辑》，《国语展望》，第 39 号，1975 年 3 月 20 日；《"批林批孔"运动与老子》，《亚洲季刊》，第 7 卷 2 号，1975 年 4 月 20 日；《批判孔子——其进程》，《国语展望》，第 40 号，1975 年 6 月 10 日；《"批林批孔"是什么?》，《中国语》，第 192 号，1976 年 1 月 1 日；《批判〈水浒传〉的现代意义》，《经济评论》，第 25 卷 1 号，1976 年 1 月 1 日，等。

竹内实试图设身处地揣摩毛泽东发动"批林批孔"斗争的用意。他指出，这可能是因为原被称为"毛主席的亲密战友"的林彪叛逃事件，对中国的领导体制与广大民众的打击实在太大，不得不发动与这种重大打击针锋相对的教育运动。不过，他又质疑，与中国以往的反孔言论比较，后来仅将批判孔子限定于批判林彪，政治实用的色彩太过明显，而这"不也从反面证明了'文化大革命派'有所削弱吗?"① 特别是既然打出"批孔"的旗号，"那'批孔'总得有点学术价值才对"，否则"可见其原来就未必很严肃"。②

毫无疑问，即使在此时，日本论坛以及民众对"文化大革命"仍有各种不同的声音，甚至还有仍旧坚持支持"文化大革命"的人。因此，竹内实的看法难免时时受到非议和责难，连双方出现交锋的场面也不罕见。如他回忆：

---

① 《对"批林批孔"的考察》，《朝日新闻》（晚刊），1974 年 3 月 19 日。

② 《"批林批孔"与传统思想》，《春秋》，第 160 号，1974 年 12 月 1 日。

　　记得在东京的文化学院举办的一次以"革命"为主题的连续讲演会上，我曾讲过中国问题。在讲演结束时，有一位听众站起来，举出当时某位称颂中国无产阶级文化大革命的先生的名字，说他的看法远比我的讲话更有实践意义，并说"文化大革命"是伟大的，想把"文化大革命"在日本付诸实践的某先生也是了不起的。还有一次，当我在代代木大学考试预备学校关于亚洲问题的讲座上讲演时，讲演还没有结束，就有一位听众大声喊道："批林批孔"运动不是批判周恩来，在中国也没有"文化大革命"派和"反文化大革命"派的对立。

　　我当然相信，就对我所讲的内容来说，这些听众远比我更感兴趣，理解也许还更深刻。我所以至今记得这种事情，是因为在文化学院讲演那一次，也有另外的听众站起来为我辩护，说我的话很有基督说教的气氛（！）。而在代代木大学的研讨会讲演时，主持会议的年轻人仿佛是我的保镖，不仅把我送到走廊，还在以后写来了慰问信。[1]

　　另外，由于"批林批孔"中出现了"林彪一类骗子"的提法，有日本报刊竟然推断"'第二次文化大革命'即将开始"。竹内实冷静地否定了这样的臆测。他不否认，从"批林批孔批周公"的传闻看，其中确有批判周恩来的意味，但他不相信毛泽东当真会改变长期倚重周恩来的态度。竹内实从中国报道的一个细节中对此有所觉察，那是在1973年3月8日国际劳动妇女节茶话会上，周恩来在长达3小时的谈话中，对"文化大革命"期间外国专家遭受的不合理待遇表示道歉，并在讲完话后到各桌来宾前致意，而同时出席茶话会的江青却没有随同周恩来站起来。竹内实由此的推测是：

　　　　如果没有毛泽东同意，周恩来不可能讲那样的话。因此，让人觉得此时的毛泽东或许已经有些疏远"四人帮"了。
　　　　过了一个月，邓小平在设宴招待西哈努克时露面，使全世界大吃一惊。那是他在"文化大革命"中垮台6年之后的事。

---

① 《〈鲁迅远景〉后记》，《鲁迅远景》，台湾自立晚报出版部，1992年10月。

这说明，"文化大革命"的路线在不断发生变化。①

　　纵观竹内实在整个"文化大革命"期间对中国动态的分析与表态，他始终清醒、冷静的反对立场在日本的中国研究界称得上鹤立鸡群。"文化大革命"的最终结果也证明了，他的意见是经得住历史检验的。如今，不仅日本学者们对此不再怀疑，中国学术界对他的了解也越来越多。如竹内实1960年在中国见过的周扬，在1984年4月率领中国社会科学院代表团访问日本时，特意在京都参加完学术报告会后与竹内实以老朋友的语气交谈，称赞他在"文化大革命"期间坚持个人的看法是"很好的"。这都让竹内实备感欣慰。

① 《批判孔子与孔子的生命力》，《问题与研究》，第13卷1号，1983年10月1日。

第 十 章

伴随中国改革开放

一 庆幸"四人帮"垮台

在中国，1976 年大有"风雨欲来风满楼"之势。1 月 8 日周恩来逝世，7 月 6 日朱德逝世，7 月 28 日唐山大地震，9 月 9 日毛泽东逝世。噩耗接二连三地传出，中国陷入极度悲痛，也让世界震惊。

竹内实敏锐地觉察到，这些迹象似乎象征着创建新中国的第一代革命领导人正在退出政治舞台，情不自禁地聚焦于中国"第二代领导人"群体究竟会怎样形成的问题。他在周恩来逝世后 3 月 1 日的第 91 卷 3 号以及"四人帮"被逮捕后 11 月 1 日的第 11 号两期《中央公论》杂志上，分别发表了《周恩来的遗产与革命第二代》和《革命第二代向何处去?》的长文。在这两文之间，还在 9 月 24 日发行的第 82 卷 41 号《朝日周刊》上刊载了《毛泽东逝世后的中国与世界走向》一文。

在这些文章中，竹内实首先承认，中国的前景"非常难以预测"。他密切关注着当时中国报刊上的蛛丝马迹，如劳动节《人民日报》刊登的照片，江青还处在相当明亮的光线里，可到 1976 年 9 月 2 日，该报照片中江青的后边已经无人跟随了。竹内实指出："这自然并非摄影记者们故意拍摄的结果，应该看作微妙地反映了中共党内情况的变化。"他大胆而坦诚地指出，中国政坛存在着"文化大革命"派和"反文化大革命"派两种势力的激烈较量，并说：

作为一个外国人，我知道不该对中国的事情说三道四。如果允许我插嘴的话，我觉得从国家百年大计着想，反复搞"文化大革命"绝非上策。尽管那样可以激励人们的精神，但在生活方面确实会带来不少弊端。(关于"文化大革命"的弊端,不应该仅仅把责任归于林彪。)

要是让鲁迅讲真心话,他也许会这样讲:响亮的口号虽然好听,但民众要想得到幸福,还得以自己的鲜血来作为代价。

像毛泽东这样伟大的人物去世以后,中国未必不会发生新的变革。但这种变革究竟会出现在什么时候,通过什么样的方式,以及能够在多大程度上获得成功,这些都只能取决于中国共产党领导人和群众本身。

不过,从我的感觉来说,通过回顾历史,总觉得这种变革常常会来得意外之快。①

毫无疑问,竹内实十分企盼中国及早走出"文化大革命"的梦魇。然而,没过多久,"文化大革命"便以"四人帮"被逮捕的形式而告终结,毕竟令他感到有些意外。

日本方面知道"四人帮"被逮捕的消息,是在1976年10月12日。竹内实回忆过当时的情景:

那一天,在隔周星期二晚上6点举行的定期研究会上,原定由佐佐木信彰报告国营农场问题,② 河田悌一讲在墨西哥召开的国际汉学大会情况,③ 而我则要谈8月访问台湾的情况。可在傍晚研究会开始之前,我从NHK的时事解说员那里,④ 知道了"江青因未遂政变而被逮捕"的消息。研究会结束之后,此事便成了议论的话题,那是在会后饮酒的时候。当时,几位研究会参加者已看过晚报,知道一些详情,开始时对这一报道(即未公布理由而加以逮捕)还有点不太敢相信。⑤

---

① 《毛泽东逝世后的中国与世界走向》,《朝日周刊》,第82卷41号,1976年9月24日。
② 佐佐木信彰(1949—),大阪市立大学教授。中国经济研究者。著有《中国经济展望》等。
③ 河田悌一(1945—),中国哲学研究者。曾任关西大学教授、校长。著有《中国近代思想与现代》等。
④ NHK是反映日本政府倾向的广播电视系统。
⑤ 《〈转型期的中国〉后记》,《转型期的中国》,京都大学人文科学研究所,1988年3月。

竹内实后来还说过：

> 要说在"文化大革命"问题上可以有点自豪的话，那就是自己始终对其保持着否定的态度。记得两年以前，在听到逮捕"四人帮"的消息的那天晚上，自己的心情真是酣畅淋漓，酩酊大醉，直到次日清晨。至今回想起来，还觉得有些不好意思。①

自此以后，日本各报刊无不急切地需求解释或分析"四人帮"被捕一事并预测今后中国政治走向的文章。作为著名中国研究家的竹内实，不得不应约接连发表长短不一的文章。到 1978 年底中共十一届三中全会正式否定"文化大革命"并拨乱反正确定改革开放的新决策之前，他先后撰写了如下文字：

《思考中国的政变未遂事件》，《神户新闻》，1976 年 10 月 20 日；《江青的走红与垮台》，《朝日周刊》，第 82 卷 47 号，1976 年 10 月 29 日；《革命第二代向何处去？》，《中央公论》，第 91 卷 11 号，1976 年 11 月 1 日；《"政变"与"反政变"的斗争——公开的权力斗争》，《世界周报》，第 57 卷 43 号，1976 年 11 月 2 日；《"不死鸟"邓小平的曲折人生》，《朝日周刊》，第 82 卷 12 号，1977 年 3 月 25 日；《从"革命"的党向"管理"的党转变是否深谋远虑？》，《朝日周刊》，第 82 卷 39 号，1977 年 9 月 9 日；《中国新体制的方向》，《京都政经文化恳谈会》，1977 年 9 月 27 日；《所谓"华国锋神话"》，《朝日杂志》，第 18 卷 11 号，1977 年 11 月 12 日；《现代中国的历史印记——从"学习儒法斗争史"运动看对颂扬吕后、武则天的逻辑及其失败》，《东方学报》，第 50 册，1978 年 3 月 2 日；《中国的华国锋、邓小平新体制》，《读卖周刊》，第 37 卷 13 号，1978 年 3 月 26 日；《华国锋体制论》，《亚洲时报》，第 99 号，1978 年 7 月 1 日；《邓小平的沉浮及其韧性》，《朝日杂志》，第 20 卷 42 号，1978 年 10 月 20 日。

在听到江青最终被逮捕的消息后，竹内实不免回想起在她甚嚣尘上的年代里，自己难以抑制厌恶之情撰写的那篇影射她的文章《阿金考》。竹内实此时又补充说，江青的走红与失败不能仅归于个人品质问题，她应该

---

① 《迎来复苏季节的中国文学》，《文艺》，第 17 卷 8 号，1978 年 8 月 1 日。

被视为中国历史上妇女的一种类型。他解释道："我丝毫没有说江青就是阿金的意思。不过，无论吕后、武则天还是西太后，尽管都称得上历史上的'大人物'，实际上她们同样也是活生生的人，毕竟都是来自民众生活，作为对生活的某种理解而归纳出来的典型。"① 特别是江青，此前在所谓"学习儒法斗争史"运动中狂热吹捧吕后和武则天，难免使人要将江青的下场和这两人的命运联系起来思考、讨论与分析。竹内实认为："江青已经垮台了。但对我们来说，不仅不能因为她垮了台便停止我们的思考与分析，而应该找出这整个垮台过程背后潜藏的意义。这才是真正值得认真思索的。"② 这便是他为此发表题为《现代中国的历史印记——从"学习儒法斗争史"运动看对颂扬吕后、武则天的逻辑及其失败》的长文的宗旨，着重从学术的角度而非仅从政治斗争的成败来评论江青"从走红，进而变得趾高气扬，然后又以迅雷不及掩耳之势从权力斗争中草草退场这一系列过程"。

竹内实分析江青的学术视角，一是指把江青的荣辱兴衰置于中国当代历史发展的背景之下，判定其反映了中国近现代权力类型与古代政治传统的"脐带"的继承关系，文章题目标示所谓"历史印记"的字样便是为此。在竹内实看来，中国传统统治权曾经是皇帝型权力、宰相型权力以及宦官型权力三者种种形式的组合。即使是中国近现代革命，"革命家和政治家想获得巨大的权力，首先要考虑的只能是皇帝型权力。这种权力类型，意味着普通民众是缺少政治训练的。即使最终目的是旨在反对这种皇帝型权力，也必须首先强化自己的权力。正是这样一种自我矛盾的循环过程，促成了广大民众缺乏政治训练的局面"。这也是江青的政治野心迅速膨胀并能够青云直上的不可忽视的社会条件。二是竹内实揭示了中国论坛很少触及的江青的"表演"本性。她作为职业演员，曾妄图从扮演的戏剧角色实际转换为历史的主角。在这一过程中，其个人"泼妇"的性格产生了政治恶德的演变效应。

因为当人们进入权力结构之后，个人的意志往往无法自制，常会

① 《江青的走红与垮台》，《朝日周刊》，第82卷47号，1976年10月29日。
② 《现代中国的历史印记——从"学习儒法斗争史"运动看对颂扬吕后、武则天的逻辑及其失败》，《东方学报》，第50册，1978年3月2日。

按照某种类型去发展。政治舞台毕竟不会局限在狭小的范围内，就像无法与丈夫在家庭中生活时，仅仅走到邻居家去一样。所以，这样的"泼妇"大肆骂人时，也不会限于街道上，而是在全国性会议的座位里。被骂的对方也并非马路对面香烟店里的老太婆，都是经历过中国共产党长期革命斗争的老同志们，那毕竟已经属于政治行为了。

到 1978 年春天，中国第五届人大、政协一次会议召开的消息传到日本，竹内实在人大代表与政协委员名单发现了不少久违的中国老朋友的名字，这意味着他们已经从"文化大革命"的迫害与窘境中挺了过来。这让竹内实喜出望外，甚至"禁不住热泪盈眶"，更加"愿以明朗的心情去展望"中国的前景。他毫不掩饰心中的自豪感，说："作为一个研究中国的人，为了中国的前途，我喜欢这样做。"[①]

竹内实觉得，中国能够迈出这全新的一步，显然是华国锋、邓小平新体制的好兆头，同时深为邓小平不屈不挠重登中国政治舞台的韧性与热情所鼓舞。后来，他评论邓小平的一系列文章，笔调明快激昂，直抒胸臆，洋溢着难以掩饰的舒畅，与曾经批判江青的犀利、愤懑情绪形成了强烈的对比。

竹内实将"文化大革命"初期被打倒，恢复工作后又因 1976 年"四·五"事件被赶下台，到 1977 年春重新上台的邓小平，称为"梅开二度"，是"三上三下"的"不倒翁"，又把他比喻成西方神话中类似于中国传说的凤凰，即每 500 年在火中自焚并涅槃的"不死鸟"。基于殷切的期盼，竹内实甚至嫌邓小平"复活"得有点太慢：

不过，邓小平"复活"的速度倒像是重车爬坡一样，显然有些过于缓慢了。邓小平因"不同凡响"而受到"四人帮"的迫害，就此而言，他本来是应该具有如目前华国锋那样地位的人物。当然，以前的"重要人物"再度登场，意味着也许会凭借"垮台"前的权威，来建立不同的体制。虽然这可以获得人们的支持，可在另一些人看来，难说不带有某种威胁的阴影。

华国锋允许邓小平"复活"，给人的印象是心胸相当豁达，光明

---

① 《中国的华国锋、邓小平新体制》，《读卖周刊》，第 37 卷 13 号，1978 年 3 月 26 日。

正大。然而，谁都难担保，如此显而易见的"冤假错案"，不会与政治上通常那种"势不两立"的传统联系起来。即使在中国，人们也不敢说一定不出现那样的情况。

　　但是，我毕竟是有信心的。①

　　直到邓小平以中国国务院副总理身份在 1978 年 10 月 22 日访问日本前夕和以后，竹内实又发表了《邓小平的沉浮及其韧性》和《邓小平访日语录研究》等文章，向日本民众解读邓小平的顽强、坦荡、当机立断、不计较个人荣辱的精神以及致力于中国现代化的思想理念等。他把邓小平看作中国未来的希望，热诚地祝愿："希望邻国这位正在充沛地工作着，从来不搞阴谋，正直而又高尚的革命家邓小平能够晚年幸福和健康。这大概绝非只是我一个人的心愿。"②

竹内实讲解中国问题

① 《"不死鸟"邓小平的曲折人生》，《朝日周刊》，第 82 卷 12 号，1977 年 3 月 25 日。
② 《邓小平的沉浮及其韧性》，《朝日杂志》，第 20 卷 42 号，1978 年 10 月 20 日。

二 深化中国研究

经历过粉碎"四人帮",特别是中共十一届三中全会决定"改革开放"的新方向、新政策之后,伴随着中越边境冲突(1979 年 2 月)、审判"四人帮"(1980 年 11 月)和中共中央否定"文化大革命"的《关于若干历史问题的决议》出台(1981 年 6 月)等新进展,表面看来,日本的中国研究论坛关于"文化大革命"的不同观点或势不两立的争吵已成"过去时"。甚至有日本学者回顾说,自那时起,中国研究的政治立场色彩逐步淡化,其"左与右的对立快速地和解",人们已经转入了所谓"非政治化"研究。① 但实际的情况是,不仅因日本人尤其是学者们观察中国的角度多种多样,对中国事态的判断与看法的分歧并未完全消失,而且以往犹豫不定、扑朔迷离以及研究兴趣消退等甚为少见的现象也有反映,仿佛有种从对"文化大革命"的狂热情绪走向心灰意冷的迹象。

这种苗头在著名中国研究家群体中并不罕见。像出版过《人类智慧的遗产:毛泽东》等论著的研究者野村浩一,② 对中国变化的态势的判断就显得模棱两可。他曾表示:"中国的改变实在剧烈。现代中国在我们眼前,转眼间便改变了他的面貌,甚至到有点异样的地步。"③ 与之相比,竹内实并没有自诩是可以准确预测中国前进路径的"诸葛亮",可贵的是他没有像某些人因对"文化大革命"误判而变得心灰意冷,反而比以前更增强了认识与理解中国的热情及自信力。他时刻密切关注中国的一举一动,力求更深刻、更内在地把握其社会变革的价值指向,而不是在表象的解释上浅尝辄止。这自然绝非轻而易举之事,颇需洞察与思考的功力。竹内实后来总结说:

> 所谓"改革开放"的政策,其实并非一下子便具有了这样的内容。这一政策同样是随着历史的进程一步一步发展起来的。现在回顾

---

① 濑户宏:《二战后日本的中国研究——以日本现代中国学会为中心》,《国外理论动态》2012 年第 11 期。

② 野村浩一(1930—),毕业于东京大学。立教大学教授。著有《近代中国的政治与思想》、《中国的革命思想》等。

③ 野村浩一:《"四人帮"审判和中国的变更》,《世界》1981 年第 3 期。

1980 年开始时的状况就会有这样的感觉。有的时候，其中也会出现让人觉得仿佛是在开倒车的现象或者事件。虽然自己对以上种种情况进行过评论，而且曾经预测到如今这样的局面，似乎好像是一个有"远见"的研究者，实际上却并非那么一回事。①

竹内实这样讲不是故作谦逊之态，他深切意识到深入推进日本的中国研究的难处，所以一直保持清醒的态度。早在 20 世纪 60 年代，竹内实已经批评过日本的中国研究，受所谓"中国观"制约的弊端。所谓先入之见的"中国观"，指某些学者在尚未深入了解、体验中国社会的实际状况下，便臆造出种种社会模式或政治公式往中国身上乱套。为此，他早就说：

> 我觉得，如果想在中国文学研究与中国观方面认识得深入一些，应该更广泛地思考"中国研究与中国观"问题。因为把这两个问题联系起来考虑，不仅便于在较大的范围内分析中国文学现象，更可以通过二者的比较，看清楚一些问题之所在。也就是说，它们二者之间本来有着密切的联系，若是将它们完全分裂开来，人们可能按照各自的理解，分别描绘出不同的景象，而这正是我们眼下存在的问题。②

时过 20 多年，日本的中国研究这种由来已久的弊端并未根除。"文化大革命"结束后，某些日本人仍习惯以"革命"、"进步"或者"反动"、"倒退"之类截然对立的定性标签，去贴封中国变动不居的社会现实。针对如此僵化的思维模式，竹内实在 1985 年底提出，中国已经发生了巨大的社会变化，而且这种变化还在继续，今后也将变化下去，为此，应以"转型期的中国"的眼光来看待中国，③ 并将自己主持的"现代中国研究会"1985 年 4 月至 1987 年 3 月的共同研究课题确定为"转型期的中国"，直至他 1987 年春从京都大学人文研究所退休。这次共同研究期限为

---

① 《中国改革开放进程追踪·作者前言》，《竹内实文集》第 7 卷，中国文联出版社 2006 年版。

② 《中国文学研究与中国观》，《文学》，第 28 卷 5 号，1960 年 5 月 1 日。

③ 《转型期的中国》，京都大学人文科学研究所，1988 年 3 月。

两年，1988 年 3 月，京都大学人文科学研究所出版了该研究课题集体成果即论文集《转型期的中国》，该书也兼作竹内实退休纪念文集。

"转型期的中国"研究课题将时间跨度选在 1976 年以后。竹内实认为，即使在中共十一届三中全会召开的 1978 年底，中国仍难见"受到人们称颂的变化"，毋宁还"弥漫着某种沉闷、阴冷的气氛"。直到 1980 年"四人帮"被审判，1981 年中共中央通过《关于若干历史问题的决议》，再到 1982 年 9 月中共第十二次党代会，社会气氛才有了较大改观。他将所谓"转型期的中国"定义为：

> "文化大革命"的意识形态已经丧失了权威，尽管人们仍处在阴冷的心境中，但已经体味到从长期的恐怖和紧张中获得解放的喜悦。同时，亦喜亦忧，又担心与谨慎。这是标志着"转型期"的开始。
>
> 那么，这一"转型期"到何时才终结的呢？
>
> 这大致可以定在 1987 年第十三次党代会召开的时候。这是毋庸置疑的界限。[①]

实际上，从"转型期"的视角观察与分析当时中国的现实，也并非竹内实主持的共同研究课题的专利，这一概念曾被某些研究者认可。不过，多数人是以"转型期"概念表征中国改革的混沌与曲折，将其作为无法确切解析中国变革本质的一种遁词。还有日本学者用这一概念判断，世界格局将因中国的变化而"转型"，即由一种样态改换成另一样态。如日本学者中岛岭雄曾判断，[②] 中国的反霸权立场会进一步加大中苏间的军事紧张程度，进而引起亚洲的军事扩张。美中接近不是"冷战"的解体，而意味着"全球冷战"的序幕，也属于一种"转型"。[③]

竹内实对"转型期"概念的理解有所不同，他主要是用这个概念来标志中国改革开放的起程阶段：

---

① 《转型期的精神——"堕落论"与"情欲论"》，《中国文学最新事情》，合同出版会，1987 年 2 月。

② 中岛岭雄（1936—），毕业于东京外国语大学。国际教养大学校长。最早提出"中国崩溃论"。著有《现代中国论》等。

③ 中岛岭雄：《日中条约的国际环境——和平的选择，还是危险的同盟?》，《世界》1978 年第 10 期。

  这里所说的"转型期",是指改变了旧有的方向,已经向新方向起步的"时代"。

  我们应该分析这个新的方向,并力求如实去评价它。①

  在同一文章中,他还补充说,"转型期"与确立"新方向"后的进程不同,是"新方向"还游移不定,呈现"前进—反对—前进—反对—前进"的拉锯态势,是正式迈入新路径的"准备时期"。这一时期最令人揪心、捉摸不定,而能否成功通过"转型期",最能考验中国社会及其执政党的底气和韧性,也将证明其文化传统的生命力与前途。

  在"转型期"中,由于中国内部多种政治力量的纠结、博弈,日本学术界立足以往的"革命中国"观,发出过"人民中国在堕落"的指责,原因是中国人开始"向钱看"或者"纵欲"之类。而如何看待中国这些新的社会取向,涉及如何评价"转型期",也是能否正确看待中国改革开放新态势的关键。竹内实并不觉得中国的新变化属于所谓"堕落"的征兆,他对类似的指责委婉质疑道:

    "人民中国在堕落"这样的非难过于简单了。而反过来看,是否意味着"堕落"以前的中国人民那样的经济、政治水平,就一定好呢?②

  为了公正辨识这种争议的是与非,竹内实以日本战败后出现的《堕落论》一书,③ 与中国"转型期"论证人的物质利益与生理需求正当性的"情欲论"等新观念加以对照论述。前书作者曾反驳当时日本有人指责战争未亡人改嫁是"堕落"的说法,坚持那是正当与正常社会现象。后者是时任中国社会科学院文学研究所所长、研究员刘再复在《性格组合论》一书中提出的理论,主张应正视"情欲"在人心理结构中的固有地位和

  ① 《转型期的精神——"堕落论"与"情欲论"》,《中国文学最新事情》,合同出版会,1987年2月。

  ② 同上。

  ③ 坂口安吾的《堕落论》,最初发表于《新潮》杂志1947年4月号,后由角川书店出版单行本。

价值。竹内实发现，如当年《堕落论》曾在日本引起过轩然大波一样，刘再复的"情欲论"同样遭到一些中国人的非议。竹内实将日中、今昔贯穿起来思考，认为类似的质疑甚至指责并不足为奇。这是因为，处于"转型期"的社会实质意味着人们的价值参照系与评价标准的转换，"当从一个参照系统流向另一个参照系统的时候，会看到不同的质，质也表现为多样性"。为此，他说：

> 我觉得，在试图重新创造应有的精神结构的"转型期"中，"情欲论"是有积极意义的。而那些反对的意见则反映了对这一即将到来的"转型期"的敏感。①

竹内实提出，"情欲论"引发的争议是中国处于"转型期"的象征之一，无非当时社会价值观的更新在文学理论领域的反映。此外如中国发生的"异化"论、"人道主义"、"精神污染"之类纷争，都应该密切关注并正确辨析，不必匆忙将思想领域或价值观的多元化趋势定性为"资产阶级自由化"。竹内实主张从历史中汲取经验教训，对所谓"转型期"给予更大的关注，进而改变对"历史必然性"的迷恋，宽容与允许动荡与转换，警惕"检查官式"管理对社会活力的扼杀。

> 因为历史上曾经历过许许多多"转型期"，人们似乎有一种习惯，喜欢毫不怀疑地从必然规律的视角来观察历史。其实，也不妨以将信将疑的态度，或者是变幻不定的眼光来看待"转型期"。②

与中国哲学、文学、经济等理论领域如此努力转换评价尺度的趋势相呼应，竹内实在这一时期，还就中国现代文学等研究领域"文化大革命"期间出现的神化鲁迅之类现象，提出了不同的看法。像 1981 年 10 月，在迎接途经京都去东京参加学术活动的中国近代史学者代表团举办的研讨会上，竹内实做了《鲁迅与孔子》的讲演。他的讲演中说，尽管孔子和鲁

---

① 《转型期的精神——"堕落论"与"情欲论"》，《中国文学最新事情》，合同出版会，1987 年 2 月。

② 《转型期的中国》，京都大学人文科学研究所，1988 年 3 月。

迅在中国都被尊为"圣人"，但鲁迅并非如 1974 年中国某些小册子和文章所写的那样，是"百分之百批孔批儒"的人。实际情况是，鲁迅确有批判和反对孔子的言论，可他又参加过袁世凯规定与举行的祭孔活动。不看到与承认后一侧面，对鲁迅的评价就不仅片面甚至是别有用心的。若完整、准确、公正地看，应该说：

> 不管鲁迅是否情愿，他确曾作为祭典官员参加过祭孔，给人当过副手。可也正由于参加祭典，他才认识了孔子。而我们借助于鲁迅对于孔子的认识，也理解了鲁迅。当然，在复杂的社会关系中，作为被害者，有时也不能不有所妥协，只是他没有过于屈服。①

此后，竹内实就这一研究题材，又连续写了为鲁迅革命态度与文学立场"正名"的如下重要论文：

《周树人的官员生活——"五四"和鲁迅的一个侧面》，《五·四运动研究》，京都大学人文科学研究所共同研究报告，第 3 函第 8 册，同朋舍出版社，1985 年 1 月 30 日；《周树人的官员生活——与通俗教育研究会的关系》，《东方学报》，第 59 册，1987 年 3 月 28 日；《中国二十世纪三十年代的文艺统一战线问题——两个口号问题之我见》，《立命馆国际研究》，第 3 卷 3 号，1990 年 12 月 19 日；《茅盾对鲁迅的评价与理解》，《茅盾心目中的鲁迅》，陕西人民出版社，1992 年 6 月；《中国现代文学之谜——〈与鲁迅论战的郭沫若·再论〉译者序言》，《立命馆国际研究》，第 6 卷 3 号，1993 年 12 月 19 日。

三 重返中国

竹内实坚持"文化大革命"结束之后中国进入"转型期"是始于 1980 年，并非来自抽象的理论推导，而是基于日中两国恢复外交关系和中国走上改革开放新路之后，自己能够随意进出中国的亲眼所见、亲身接触的真实感受。还有中国方面的信息日益公开、及时等有利条件，也使他的中国研究有可能真正达到像他的姓名所表示的那种境界，即

---

① 《鲁迅与孔子》，《世界》，第 434 号，1982 年 1 月 1 日。

"胸有成竹"。

中国改革开放以后，竹内实到中国去的愿望十分迫切，次数也越加频繁。他初次重返中国，是以旅游者的身份在 1979 年 1—2 月。1980 年 3 月和 7 月又去过两次。到 1982 年以后，到中国的次数更多起来。当年 3 月，他访问了北京、西安、上海、5 月去桂林，8 月还去了天津、北京、上海、无锡，10 月再到厦门、泉州、福州和武汉。1983 年他到过西安，是应与京都大学结为"姊妹学校"的西北大学邀请去该校讲演，也是为了再会中文系教授单演义并参加当地的学术活动。① 竹内实与单演义教授通信始自 1956 年，到单演义因与胡风有联系在"反右"斗争中被打成"右派"之后，二人断绝了联系。1979 年，他才同单先生恢复了联系并开始向日本介绍其学术成果。②

就竹内实的亲身感受而言，他觉得 1980 年前的中国虽然已与"文化大革命"时期有所不同，但社会价值观还谈不上有太大的变化。此后，则越来越多听到中国人对"文化大革命"的抱怨与声讨。例如，他曾回忆：

> 在"文化大革命"结束以后，我参加旅游团，曾经在北京市内散步和聊天。听一个男人说，在"文化大革命"期间，《人民日报》刊登过日本的革命组织或剧团颂扬"文化大革命"的消息，那个男人周围的朋友都感到很气愤。因为对遭受过"文化大革命"摧残的北京市民来说，革命旋涡中那些漂亮的词句，只不过是一些喧嚣罢了。③

到 20 世纪 80 年代中期，竹内实有了在中国工作并长住的机会，听到的这方面的反映也更加复杂多样。竹内实无法以置身事外的态度聆听中国人对"文化大革命"的种种感受，这一方面由于他曾出生、生活在那里，不可能将中国视为与己无关的"身外之物"，另外也因为随着对中国观察

---

① 单演义（1909—1989），毕业于西北联合大学。西北大学教授。著有《鲁迅讲学在西安》等。

② 《中国现代文学史之谜——〈与鲁迅论战的郭沫若·再论〉日译本序言》，《立命馆国际研究》，第 6 卷 3 号，1993 年 12 月 19 日。

③ 《文化大革命和我》，《产经新闻》，1999 年 7 月 28 日。

与研究的深入，他无法抑制思考"文化大革命"究竟为何会在中国发生等深层问题，进而涉及如何公正反思中国传统文化的优劣得失。竹内实对诸如此类问题的思考，比有些中国人更自觉自愿且情真意切，这启发他逐渐清醒地以比较方法看待与研究中国文化的意识，成为他后来在日本的中国研究领域开拓比较文化研究的主要心理动力。

几年以前，当我住在北京某所大学里的时候，在这所大学工作的一位朋友曾指着一栋 4 层楼房，嘟囔着对我说，在"文化大革命"期间，有不少教授就是从那里跳下去自杀的。另外，我在北京还看过电影《红尘》，其中描写在北京特有的胡同（原作者注：平民生活的小巷）里的"文化大革命"，以及那里人们相互之间欺负的情景。不可否认，"文化大革命"是毛泽东发动的，但民众也大都参与了。从早就有的暴力、欺负人等情况可以知道，中国社会的毛病也并非一时的事情。①

在中国，伴随着反感与远离"文化大革命"的社会步伐，时时发生着日益巨大的社会变化。最令人瞩目的首先是迅速加快的经济建设以及日新月异的城乡面貌。竹内实几乎每次去中国，都会觉得与往日所见不尽相同，处处变得越来越难以辨认了。

在几年前的北京，建国饭店几乎还是唯一值得炫耀的现代建筑。而现在，与之毗邻的京伦饭店则称得上拔尖了。更令人吃惊的是，据说已在建设三十多层高的国际大厦。此外，十几层、二十几层的高层住宅林立，使人觉得那早已不是在摆样子。

借着所住饭店七层的窗户，远望那些高层建筑群，让人似乎有这里并非北京，而是莫斯科或者东京的感觉。

北京的饭店大厅里如同繁华街道一样吵杂。因为那里有几台电话，急切的声音接连不断。有时会让人觉得，在那里是否讲中国语无关紧要。眼下在北京所讲的中国语，不知道为什么让人觉得非常之快。

---

① 《文化大革命和我》，《产经新闻》，1999 年 7 月 28 日。

竹内实在中国访问

　　据说，北京可能会成为商业与会议之都。①

　　除了连续不断的走马观花似游览，中国逐渐对外开放的形势也使竹内
实得到以往久有的在中国较长时间生活与工作的愿望。这样的机会主要有
两次，一是 1994 年秋至 1996 年春，竹内实受邀在北京的日本学研究中心
担任主任教授 1 年半。② 其间，竹内实除了担任该研究机构的科研、教学
计划的组织与实施，还亲自承担一定数量的授课任务，并从中国各高等院
校招收和培养过日本研究专业的研究生。

---

　　① 《在北京》，《现实中国的实像》，苍苍社，1987 年 4 月 5 日。
　　② 北京日本学研究中心前身为 1979 年 12 月日本首相大平正芳访问中国时，与中国政府签
订文化交流协定，在北京建立的中国日语教师培训班，研究中心则正式成立于 1985 年 9 月，是
中国教育部和日本国国际交流基金为促进两国教育、文化交流，共同创建的研究与教学机构，地
点在北京外国语大学内。

北京日本学研究中心

这次在中国特别是在北京长住，使竹内实能够零距离地细致触摸中国基层平民的生活环境以及他们的生活、言谈与心情等。对竹内实来说，这是理解中国社会变革与文学作品深层内涵不可少的基本功，也足以慰藉他重温与品味少年时代中国氛围的夙愿，等于获得了心理补偿。为此，他后来时时发出过颇为自满自足的感慨：

> 自己这次在北京住了一年半，当然看到了北京的样子。不过说起来，还是必须亲自外出走走，才能够明白北京的内情。而最能代表北京的则要算"胡同"。"胡同"有闹市的意思，但理解其为"小巷"可能更准确一些。
>
> 把闹市和小巷想象为充满人情味也许有点欠高雅，可实际上这样去认识它，本是理所当然的。①

---

① 《庶民与哲理——小说〈钟鼓楼〉和钟鼓楼一带》，《阿赖耶顺宏、伊藤泽周两先生退休纪念论集：亚洲的历史与文化》，汲古书院，1997 年 4 月 22 日。

如竹内实后来表白过的，包括日本人在内的各国最想了解的中国，其实应是活生生的中国人，[①] 也就是中国市井的平凡、粗俗与丰富多彩。只有亲自穿插在它们中间，才能真正胸有成竹地理解和阐释像长篇小说《钟鼓楼》、电影如《红尘》等反映北京市民生活的文学艺术作品，不至于只是"看热闹"而已。

也就是在那时，竹内实养成了悠闲漫步于北京最能代表当地风土人情的各类杂货市场，亲眼目睹北京人的种种爱好与情趣，如养鸟与斗蟋蟀之类。这一机缘使他有可能在后来写出从斗蟋蟀的民俗入手，比较分析中国文化传统的《蟋蟀与革命的中国》那样视角独特的论著。[②]

另外在这一期间，竹内实对出土于日本福冈的汉代赐倭国金印的精到研究，引起过日中两国交流史学者们的普遍关注与重视。该论文首发于1995年3月出版的《中日关系史研究》第38期，后来由日本的南风社收入1997年6月面世的《从海洋淘洗日本历史》一书。该书的序文作者曾评价此研究课题说："1784年在福冈县志贺岛发现了'金印'。竹内论文抓住了这一'金印'的文字之谜。所谓'汉委奴国王印'，是人人皆知的国宝，但很少有人知道这金印的'汉'字上刻有'火'字。而竹内则发现了金印上的这个'火'字。那么，为什么要刻'火'字呢？我认为，如果能够破解这个玄奥的谜，既可以确定中国大陆的五行思想传来日本的时间，也会使人们对日本古代史甚至是整个日本历史有新的认识。"

1996年秋到1997年春，竹内实受日本国际交流基金派遣，又到杭州大学日本文化研究所为中国研究生授课7个月，并在那里过了一个中国的春节。1997年12月，他还应聘担任过厦门大学日本语教育研究中心客座教授。

也是在杭州期间，竹内实同中国民众一起，听到了邓小平逝世的消息。置身于中国的世俗环境，他比那些凭空臆测中国时局变化的日本媒体，更能够准确把握当时中国的真实情况和未来走势。在竹内实眼中，"觉得日本对中国的观察一般都比较悲观……然而，我感受中国各地都是

---

① 《世界最想了解的是活生生的中国人》，《对外大传播》，1996年5月号。
② 《蟋蟀与革命的中国》，PHP研究所，2008年1月29日。

挺乐观的，中国的人也都相当乐观。"①

　　竹内实晚年得益于对中国空前亲密的接触，获得最深刻的印象，就是由于中国幅员辽阔，各地差异相当大。"中国有北京、上海、杭州、厦门、广东和深圳等窗口。我觉得，通过这些不同的窗口所看到的中国，仿佛也有些不太一样。"竹内实提醒日本媒体和到中国的日本人必须注意，切不可以偏概全、管窥蠡测地看待中国的复杂国情。竹内实靠着对中国日益亲切、深入的体验，对中国的社会、政治和文化有着比一般日本研究者更深入、更全面的理解。

竹内实（左一）和中国学者季羡林、程麻在北京大学

　　①　《观测"后邓小平"时代——根据在杭州的感受》，《亚洲与日本》，第280号，1997年5月1日。

第十一章

日中文化比较研究

一 "友好容易理解难"

竹内实积累半个多世纪感知与研究中国的切身体验，晚年曾以生动、形象的比喻描述过日本历来中国研究的观察方位与分析视角，以及这种观察与分析同对象即中国社会、历史的多彩变迁之间的关系：

> 日本列岛位于丝绸之路最东面的终点。它一直具有汇总并展示中国文明乃至西方文明的博物馆的作用。进而也可以说，它还是一个欣赏在中国大陆上演的戏剧的绝好观众座席。
>
> 不妨打开地图试看一下。中国大陆的地势是西边高、东面低。东边部分大都是广袤的平原，地势向大海倾斜着。而隔着大海，日本列岛大体排列成一条弧线，面对着中国大陆。
>
> 要是将中国比作面向东方展示的舞台，那么，日本列岛可以被视为观众席。而位于这二者之间的海洋，则像是贵宾席和乐池。
>
> 坐在这观众席上的观众，一直远望着在中国舞台上演的戏剧，那剧目叫作"历史"。
>
> 这历史对于同时代的人来说，其实便是当代史，也就是在陆续不断上演的戏剧。
>
> 由于中国历史便意味着世界的历史，演员自然不缺少可以演出的内容，所以戏剧是多彩的。大约情节模式有一些循环往复，可能使人觉得有些单调。不过，在观众席上的人们眼里，剧情发展常常会出人意料，因此，它们总是显得那么令人兴趣盎然。①

---

① 《舞台和观众席——中国研究的视角》，《京大史记》，京都大学创立九十周年纪念协力出版委员会，1988 年 8 月 10 日。

毫无疑问，隔海相望的日本观众席上要能够感受到中国舞台上的历史活剧"令人兴趣盎然"，一方面观众要怀有足够的观赏热情，另一方面取决于对岸的大舞台上的剧情是否五彩缤纷和引人入胜。所谓"五彩缤纷"的剧情，是由包括政治、经济、社会、教育、文艺等各个侧面的不同色彩变换与互补构成的视觉效果，它们既会使观众们眼花缭乱、应接不暇，又耐人寻味并引人思考，不至于仅靠一时的声光刺激却缺少深入观察与思考的持久吸引力。竹内实总结一生研究中国的历程和经验，最终领悟到日本人对中国事情保持热情与兴趣，实质上就是要能够以"文化"的"前提观念"去看待中国的一切。比如，竹内实提出，不仅教育、文艺属于文化，即便经济甚至政治也是广义的文化。泛而论之，世界各国的政治，"单凭政治概念，恐怕也不可能看得很清楚"，只有坚持"政治等于文化"的眼光，才能有助于认识和理解错综复杂的政治现象。① 对于这一道理，日本的中国研究者尚有不少人还没有弄懂，关键是将其真正身体力行则更难，便难免出现游览、指点中国事情的人虽然不少，甚至高呼"日中友好"的人士也少见切实理解与公正评价中国的缺憾。有鉴于此，竹内实在中国"文化大革命"结束不久的1978年，大胆提出了日中两国的关系"友好容易理解难"的尖锐命题，引起了日本朝野的普遍关注。

竹内实这一命题的基本观点是：

在我看来，一国（或者民族、区域）与另一国之间，与相互"友好"的难处相比，还是彼此"理解"更困难一些。

说得极端一点，可以说：友好容易理解难。②

对这一基本判断，竹内实在文中有更具体、切实的论述。首先，他的这一观点主要"是基于自己对日本和中国的关系的思考"。他说："我当然并不反对'友好'，只是觉得如果缺少了'理解'，其危险犹如在沙滩上建立起楼阁。""保持'友好'是容易的，可要是越过这一步，去寻

---

① 《观测"后邓小平"时代——根据在杭州的感受》，《亚洲与日本》，第280号，1997年5月1日。

② 《理解与友好》，《中央公论》，第93卷10号，1978年10月1日。

求对对方的'理解',却会有困难出现。然而,如果不如此努力,不摆脱装模作样的'友好',那是没有真正'友好'可言的。"那么何谓"理解"?"所谓'理解',是会不断变化的,但必须坚持追求'理解'的立场,而且(自己)一直坚持这样的看法。'理解'当然可以有各种各样,比如昨天称赞刘少奇,到他被批判了,又立即跟着批判。这也是一种'理解'。那自然也无不可,因为中国已经大转弯了,只好再来称赞他。如此改变腔调也并非不行,可就常识而言,毕竟其很难被称为'理解'。""所谓'理解',就某种意义来说,便是要反对言不由衷的'友好'。"

这些回顾与检讨日中关系史上正反实例之后的警示性判断,意味着竹内实提出"友好容易理解难"命题绝非故作惊人之论,是他对日中两国长期流行的"日中友好"口号的空洞、模糊与虚幻性质的大胆质疑,旨在提倡将两国关系建立在更加洞彻、透明、务实基础上的负责态度,真正坚持理性立场而非凭虚浮的热情。

从中日两国出现恢复邦交迹象的20世纪60年代末开始,竹内实便不断提醒某些日本人,高喊特别是空喊"日中友好"的口号,潜藏着掩饰或回避两国关系中实际存在的尖锐问题,诸如战争赔偿、领土争议以及对"文化大革命"的评价等认识错位的危险。为此,他在论述两国关系的文章中,特别注意凸显"虚构"或"慎用"之类启示人们冷静深思的字眼,比如:

《虚构的日中和平》,《潮》,第15号,1969年10月15日;《今后的日中关系——应该慎用"友好"二字》,《公明新闻》,1972年9月30日;《质疑日中"友好"》,《东亚》,第247号,1988年1月1日,等。

竹内实这类立论,是本着"严是爱,宽是害"的求真态度,强调不把日中之间诸多事关善恶、是非的重要历史与现实问题搞清楚、讲明白,却急于呼吁两国关系要"友好",无异于避重就轻、麻痹神经的犬儒主义。明显的例证如,即使日本学术界研究中国的学者,也未必真正明白中国的真实情况,时常支离破碎、目光短浅甚至想当然地随意解释中国的种种现象,仅凭一点蛛丝马迹去推测中国的发展方向。战后日本的中国研究者不止一人感慨并无奈承认过,自己对"不仅是现代中国的实态,就是连中国这个国家到底是一个什么样的国家,这一点都是难以捉摸,难以把握的"。① 甚至还有相当著名的中国研究家坦诚地认为："简单地说，在日本，直到现在也还没有真正的中国研究。虽然从奈良时代到如今，中日已有一千五百年的交往史。日本人对中国的关心不是客观性关心。"② 这种自剖与自责的话也许说得有点苛刻，却是众多终生研究中国的日本学者的肺腑之言，是他们对中国知道得越多往往越不敢妄下判断的真实心理反应。与学者们如此扫兴、不自信的感受相比，不难想象一般日本民众对中国恐怕更多的是道听途说与凭空臆想，他们对中国的印象常常是一知半解、支离破碎的。

日本的中国研究对中国实情长期隔膜与似是而非，除了因为来自中国的信息曾经不通畅、不全面、不及时之外，还有深层理念即理论框架欠缺的缘故。像战后日本的美国研究，由于整体输入了西方社会概念体系，其"固定观念和理解框架"在描述或阐释美国的事情显得"非常干净利落"，材料与观点之间一般并不抵触或者"两层皮"。而"……日本的中国研究，尤其是近代的、现代中国的研究，从其深处流露出来的是一种难以名状的黏黏糊糊的体质"。③ 这是指，研究中国的日本学者的理论立足点差异相当大，即使那些标榜马克思主义立场的左翼研究者，其意识形态特色也常与中国独树一帜的马克思主义观念体系难以契合。如此一来，本应成为研究指南的理论立场反倒成为妨碍冷静、如实观察中国的有色眼镜，难免模糊与扭曲中国的本真面目。受意识形态立场支配的对亲近或厌恶中国的情感，无一不成了有碍而非有助于了解中国真情实况的阻力。相比之下，摆脱情绪偏见的中立、持平、理性眼光即所谓"理解"，既难得又格外重要，堪称准确认识中国的思维前提。

所谓理解，也就是理性认识的能力，是指设身处地的了解与领悟，它决定着一个人或一个民族的好恶情绪。世界上无论祸福利害，必有其因果与逻辑。从消极角度说，如著名女科学家玛丽·居里夫人所说："生活中

---

① 野村浩一：《近代日本的中国认识：走向亚洲的航踪》，中央编译出版社1999年版，第291页。

② 沟口雄三：《没有中国的中国学》，《读书》1994年第4期。

③ 野村浩一：《近代日本的中国认识：走向亚洲的航踪》，中央编译出版社1999年版，第292页。

没有什么可怕的，它只是需要理解。"① 即使积极地看，如温馨、温暖的仁爱之情，也要能够理解才有价值。有洞彻世事的作家提醒说："我深深感觉到，一个国家也好，一个家庭也好，两个人之间也好，仅仅有爱是不够的，仅仅有爱的话，可以以爱的名义强迫别人。比如说，我一定要让你做什么，因为我爱你，我一定不允许你做什么，也是因为我爱你，这都是可能的，但爱并不是给人一种强制别人的权力，所以我觉得还应该有理解。"②

　　回顾竹内实出生于中国并终生痴迷中国的一切的生命经历，不难明白他提出"友好容易理解难"的命题，是由浅入深感受到中国社会、历史的复杂多变以及中国文化传统博大精深之后的大彻大悟，是超越狭隘感性、情绪的至理名言，也是他最终留给日本学术界最有价值的提醒和告诫之一。这种提醒和告诫的真知灼见与公正眼光，已逐渐被日本学术界认可。尤其是那些研究中国的学者，有越来越多的人因感同身受的正反经验教训，禁不住对其流露出夸赞的口吻。有人评价：

竹内实（前左一）和中国研究日本的学者汪向荣等

　　京都大学人文科学研究所的竹内实先生，曾出过一本书题为《友好容易理解难》。书的内容这里我不敢涉及，一看书名时，我就感到著者说得真妙。高喊"友好"是容易的，可是真正的"友好"是在正确"了解"的基础上才能筑成……理解是认识相互不同之谓，深知不同，以后才有真正的友好。这是我们从过去的历史学来的教训。可是互相的不同，各有

------

① 玛丽·居里（Marie Curie, 1867—1934），出生波兰，因发现与研究放射性元素获得诺贝尔物理学奖。
② 王蒙：《沧桑与热情同在》，《王蒙新世纪讲稿》，上海文艺出版社 2005 年 8 月，第407 页。

不同的来由。这是有关历史和社会（就是我所说的"文化"）的。所以"理解"难。①

至于竹内实本人，对"友好容易理解难"的命题也日益充满自信。他在晚年目睹了 1989 年中国的政治风波以及后来日中两国之间的种种摩擦，面对一些日本知识分子对中国的严厉指责，竹内实更加坚信不同国家间努力相互"理解"比"友好"的呼吁更加重要。后来，他曾对苏联、东欧解体和中国政治风波表态说：

> 此次的东欧民主化浪潮，对整个世界是一个很大的变化。然而这个变化对东欧而言，并不意味着美丽的将来，而是暴露了它现在的经济破局。
>
> ……
>
> 我并不赞成那些民主化运动人士的做法，他们采取的战术是幼稚的，他们的幼稚战术带来了人民大众的伤亡。特别是他们的绝食战术，是玩弄他们自己的权利的做法。实行绝食，当然北京市民都会同情。在他们采取绝食战术后，北京市民的关心度变得非常强烈，甚至连公务员和工人也都参加了这个运动。但是，绝食就能带来民主主义吗？不会的。绝食就能够使人民解放军自动放下武器吗？同样也是不会的。他们的民主要求和绝食战术本来并不能一起结合的。绝食应当是监牢里的犯人，面临着死亡，在没有武器、没有后援的情况下所采取的战术。但是学生并不在监狱里，学生的对立面的北京当局派了救护车、医生、护士，还送吃的、喝的，在这种情况下，学生还高喊反对政府，这简直是漫画。我看，提议这个战术的高级知识分子、民主运动的领导者有责任。当然，政府方面调动解放军。强制解散学生和市民，结果造成流血事件，这也不能说是高明措施。目前，一般舆论都谴责政府，对民主运动寄予同情，我认为它出于感情，说不上分析

---

① 伊藤虎丸：《为了心灵的交流——代序》，《日本学者研究中国现代文学论文选粹》，吉林大学出版社 1987 年版，第 7 页。

透彻。①

　　这种对中国态势的明朗态度，确实未必能让每个日本文化人都同意，竹内实没有惧怕孤立。他坚信理性的理解比情绪的反应更重要，也会更经得起时间的检验。事过多年，他仍明白强调，提出不同国家与民族间相互理解之难并非故意夸张，而是基于血与火的教训。

　　　　以前，我出版过一本名为《友好容易理解难》的拙著，不少人读了颇有同感。
　　　　理解最好能够是相互理解。不过，彼此之间由于历史或社会的原因形成了沟壑与山脉，要想一步便跨过或越到对面去是困难的。只能像一步步踟蹰前行那样，去不断消解阻碍理解的一个个小问题。这像是有点绕远，但什么都不懂的不理解或无知则意味着最大的误解。②

　　竹内实的这些提法和看法，理直气壮地主张日中以及各国之间的关系，应该建立在清醒理智而非好恶情感的基础上。这既是对从事日中友好运动人士以及日本政府对华政策的及时劝诫，也内含着自身中国研究方向重新调整与定位的意向。后来，提倡和重视比较文学与比较文化研究方法的尝试和拓展，成为竹内实为透彻研究以求真心理解中国的一项崭新视角和丰硕收获。

二　提倡比较文化研究

　　在欧美等社会和人文研究领域，提倡比较文学与比较文化研究方法已有较长的历史。它是思维与研究方式继归纳、演绎等单线思路之后一次新的开拓。与此前重视统一性、共同性的思维目的不同，所谓比较方法，是主张将两个或以上的同类对象、事物进行对比、斟酌，着重找出彼此的同中之异即差别性的分析路径。采用这种方法的前提，是两相对比的对象应

---

　　①　《从世局处政治变革的途径——访立命馆大学竹内实教授》，台湾《首都早报》，1990 年 2 月 1 日。
　　②　《欲望的经济学》，苍苍社，2004 年 10 月 15 日。

该归于按一定标准划分的同一类属；而重视区分它们的同中之异，则旨在总结所谓普遍本质的研究的片面性，提倡采取相对化态度或意识到视野的局限制约，对以前曾长期推崇甚至迷信的所谓"放之四海而皆准"的普适性、至上性光环的法则、规律之类留有余地，突出价值观念标准与价值尺度的相对性、多元性，防止认识或处置人文问题如同以往的大而化之、铁板一块的态度。经由多年尝试与进展，目前已没有根本杜绝比较方法的自然科学或社会与人文研究领域，仅有自觉与不自觉、显性与隐性的比较研究的区别而已。

采用比较方法研究不同文化系统的类同和差异，主要有两种研究类型：（1）平行研究，即比较两种或以上相互没有影响关系的不同传统文化系统，找出共同或不同的特征。（2）影响研究，即比较两种或以上相互影响的文化系统，找出彼此的共性与差异。

1986 年竹内实（后排中）和中国社会科学院文学研究所成员合影

比较研究方法至今已经相当充实与细分，可分为对比事物单一属性的单项比较和汇总多种属性的综合比较，以及宏观比较和微观比较等多种次级方法，正在逐渐拓宽自然与社会人文研究的天地，形式与色彩更加丰富起来。

　　日本近代以来热衷无选择地汲取欧美学术观念和研究方法，而比较研究方法最初被引进日本则基于不自觉甚至倒错的意识，源于自明治时代开始越来越强烈的西化意识即所谓"脱亚入欧"的欲望。日本历史上曾经汲取过众多中国传统文化成分，但自近现代以来，日本政坛与论坛突出鼓吹的却是日本文化里那些不同于中国的异质部分，以便为靠拢西方文化提供依据。于是，伴随着近现代化的进程，日本人日益疏远并最终走上蔑视中国的歪路。到日本战败、民众对新中国兴趣渐浓之时，以前对中国的隔膜与另类眼光仍长期阻碍着对中国的理解。连日本很多中国研究者都感慨，中国难以看得清晰、说得明白，主要是中国那些不同于日本的特殊之处常常让他们感到莫名其妙，却又少有人肯用异质文化的比较方法来认识中国。有学者批评道：

　　　　今天，中国研究者们异口同声地说"中国是一个特殊国家"，很少有中国研究者用和其他国家地区比较的眼光分析中国。中国自身便是一个巨大的宇宙，是一个世界，是一个给人以门外汉难以接近的畏惧之感的特殊研究对象。在中国研究里，中国之外的学说、思想和理论基本上不被讨论。议论总是限定在中国的内部世界。①

　　为此，日本敏锐的中国研究者开始尝试新的比较研究方法，对此不约而同地共识和学者也越来越多。其中，竹内实对此的反思与检讨是比较自觉的，这与他始终关注中国并和中国人特别是青年人的交往密切有很大关系。他曾对年轻人回顾说：

　　　　我走的一直是人文科学的路子，以前在这个领域的成果也许并不怎么多。但我觉得，以后它们可能会引起人们的更大兴趣。比如，关于人生观、宗教和男女之间的种种问题。经济发展到一定程度，便会转而关注青年人。令我感到意外的是，自己经常收到中国年轻人寄来的"想到日本来"之类内容的信件，其中有想搞我熟悉的历史或文学，还有要学比较文学专业的。我希望在座的各位也能够注意这些方面的问题，但愿有擅长这些问题并能够接受这些学生的学者或大学，

———————————

①　国分良成：《日本的中国研究——应该改善的四对矛盾》，《世界》2001 年第 3 期。

进一步来推动这方面的工作。①

讲得通俗、形象一些，比较方法就像照镜子。要看一个人长相究竟如何，只有通过镜子的反射才能够看得清晰。有日本学者将这种比较视角的中国研究称为"相对化"或"多元化"方法，也有说是"以中国为方法"，如"通过以相对的态度看待日本来达到使中国相对化的目的，又通过这种已被相对化的中国来充实对其他世界的多元化认识"。② 按后来竹内实的看法，研究者要能够成功有效地运用比较文学与文化研究方法，关键是通过照镜子审视自己，既需要有自我审视的勇气又得有冷静、理智的态度。成功有效运用"相对化"的思维方式，应该面对研究对象合理构成所谓"向心力"与"离心力"的平衡，不可偏于一隅。意思就是：

> 从事文化研究，应该在自己心中怀有向心力或者离心力。首先要喜欢它，但由于并非全部都喜欢，在向心力之后还要有离心力才行。
> 在我看来，向心力与离心力都应该发挥作用。
> 自己内心处在如同分裂那样的矛盾状态。这一矛盾其实相当重要，它应该是一种推动力。③

以往日本的中国研究者，往往在"向心力"和"离心力"二者之间自觉不自觉地偏向一方，不是"爱屋及乌"，难以正视中国与众多长处并存的种种短处，便是"因噎废食"，由于反感于中国的消极面而悲观地看待中国的一切。这两种研究立场自然不难在日本或中国获得部分知音，但毕竟难以心平气和地接近中国的现实和发展态势，更谈不上对中国文化传统本质有深刻的把握。相比之下，无论是日本还是中国读者都觉得，竹内实对中国的描述或剖析较少偏颇。他不因与中国的因缘之深而祖护中国之短，反而常常是爱之深而责之切。"它的妙处，是给阅读者一个认识历史的别样角度：历史的真相，在于有我和无我之间——太无我，则缪；太有

---

① 《第十三次全国党代会以后的中国》，《日本棉业俱乐部月报》，第 425 号，1988 年 3 月 25 日。

② 沟口雄三：《日本人视野中的中国学》，中国人民大学出版社 1996 年版，第 95 页。

③ 《比较文学与文化研究·作者前言》，《竹内实文集》第 8 卷，中国文联出版社 2006 年版。

我，则乖。"①

1987 年，竹内实从京都大学人文科学研究所所长、教授职位上退休。凭借多年以比较方法研究中国与日中关系的丰硕成果与卓著声望，退休后被立命馆大学聘为教授，并受委托在该校创办了国际关系学系。

立命馆大学是日本关西地区著名私立大学之一，前身是日本近代具有国际眼光的著名政治家西园寺公望于 1869 年在京都皇宫创立的私塾"立命馆"，② 馆名取自《孟子·尽心》："殀寿不贰，修身以俟之，所以立命也。"意为无论寿命长短，决定命运的根本均在于修身养性。到 1900 年，西园寺公望的一名学生创立了京都法政学校，几年后，西园寺公望允诺京都法政学校继承立命馆的校名，于 1913 年将该校改称"私立立命馆大学"，1922 年又更名为立命馆大学。立命馆大学与早稻田、庆应义塾和同志社大学一起，被誉为日本四大著名私立大学。

自创建时期便以突出国际视野、重视国际关系的传统著称的立命馆大学，由竹内实等开创者筹办，于 1988 年创立国际关系学系，开始招收本科生，1989 年又招收了研究生，彰显出该校适应当时日本国际影响力日益增长的需求，放眼世界、参与国际协作的校风。后经过酝酿，到 1991 年春季，竹内实和 30 位学者共同发起，在该系成立了学术团体比较文化研究会。

　　　　这一研究会目标如下：
　　　　以广义文化为研究对象；以多样文化为研究对象，来重新建构文化理论，或者尽力推广新的文化理解；设法举办学术会议。③

以国际关系学系、比较文化研究会为平台，立命馆大学的比较文学与文化研究迅速活跃起来，学术成果也收获颇丰。作为这一新学科与研究方法的领头学者，竹内实此后的不少研究论著给人以耳目一新的感觉，由此带动立命馆大学在国内外学术界日益引人瞩目。

---

① 凸凹：《私密的阅读》，《中华读书报》，2011 年 6 月 22 日。
② 西园寺公望（1849—1940），出身于日本贵族，明治时代曾任日本政府首相。
③ 《比较文化关键词语》，共时出版会股份有限公司，1994 年 4 月。

立命馆大学（一）

立命馆大学（二）

　　早在迈入中国研究领域之初，竹内实基于在日中两国生活和读书学习的对比体验，已经朦胧觉察出日本人和中国人之间的一些差异。那时，他虽未自觉运用比较方法对这些差异进行思考与解释，但也算有过为后来比较文学与文化研究的热身与铺垫。比如，竹内实年轻时为到日本访问的中国代表团担任口译，已朦胧觉察出与中国语相比，日本语有些"暧昧"的味道，即不像中国语那样意思清晰、态度明朗，日本人似乎对是非曲直不太愿表达褒贬的态度。① 近20年以后，他从对日本语这一特色的感受，进而引申和总结出日本语的风格为"潮湿"，相比之下中国语因所指明确，可称为"干燥"语言的看法。他还深入挖掘说："这很可能是民族心理方面的差异造成的，或者是抒情方式的不同，甚至是作为表达工具的语言在特点方面的区别。"② 所谓日本语的"潮湿"，也不妨说是"黏呼呼"的性质，如日语敬语繁多并且细分各种对象，"干燥的"中国语的敬语说法则相比少得多。竹内实后来解释说，这主要因为中国人之间的伦理、血缘和等级关系比较固定，不太需要用敬语来标示身份差异。③

　　此外，竹内实还注意到，日语句子结构有程式化以及文字书写的多样化的特点，像日语中表示关系的介词比中文为多，而且汉字、平假名与片假名三者文字混用。意思含糊而格式固定的日本语及其文字，并不在意固守自身的格式，可以随意吸取外来文化的成分为己所用。对此，竹内实晚年总结道：

　　　　我得出一个结论，即日语的这种多重性反映了日本人崇尚新潮的民族习性。当这种民族习性同"现代化"相结合时，便使日本文化具备一种容易接受新事物的特点。④

　　日本文化这种隐蔽价值立场、力求便于表达事物自身特性的传统，与中国悠久且突出的人文色彩，强调彰显伦理、道德等规范或意蕴的文化传统比较，二者泾渭分明，形成鲜明的对照。竹内实曾通过日中两国的居所

---

　　① 《在日本语与中国语之间》，《中国语学》，第73号，1958年4月15日。
　　② 《中国语和日本语的特点与思维方式》，《思想》，第572号，1972年2月5日。
　　③ 《中国的社会与制度——对中国近况的思考》，《东亚》，第193号，1983年7月1日。
　　④ 《东方文化与汉字文化》，《东方文化与现代化国际学术讨论会论文选》，时事出版社1992年版。

装饰，一推崇自然而一偏重人工的差异来解释这种区别：

> 在我们看来，关于室内装饰，好像更偏好从庭院里摘来一枝花之类的情趣。而对那种精雕细刻的东西，无宁倒有些反感。他们喜欢价格昂贵的翡翠饰物，我们却钟情于似乎一文不值（便宜）的一朵花。这其中也许有穷人讨厌奢侈生活的意思，但恐怕还是内心深处觉得真的东西才好的观念在起作用。
>
> 太湖石的洞是一种自然现象，不过，中国人的趣味还是更看重那种人造的、奇特的和"假的"东西。①

由于日本文化心理偏重推崇自然存在的东西，日本人相对忽视人的立场、褒贬等价值观念，他们对事物本身的关注和热衷要比中国人执着得多。这便是在许多中国人眼里，日本人办事非常"认真"的特点。对日本社会和文化颇有心得的鲁迅也注意过这一点。他在逝世之前对日本朋友内山完造讲过，日本民族精神的代表就是"认真"。然而，竹内实立足于日中两国文化传统全面、深入的比较，坦率地表示并不认同鲁迅这种肯定日本式"认真"的态度。他认为，日本人的"认真"如果不结合斟酌是非、权衡利弊等价值尺度，只管卖力走路却不抬头看清方向，其"认真"劲也容易迷失方向，直至造成伤害。②

显而易见，比较方法旨在突破只看一点不计其余的片面眼光。竹内实对日中两国文化和文学的比较研究大都注意整体、全面与有机的联系，不同意瞎子摸象式地武断或偏见。他的某些个案研究的比较方法也许未必运用得得心应手、十全十美，但他尝试比较研究的成果确为日本的中国研究带进了新气象，使以往描述中国事情时浮光掠影、一知半解等弊端相形见绌，有助于日本民众领悟与理解中国历史与文化的内在精髓。

三　日中茶文化比较

竹内实在日中文化传统比较研究方面执着投入并卓有成效的另一重要

---

① 《中国文人的居住观》，《中国学》，第 2 卷 6 号，1991 年 6 月 16 日。
② 《鲁迅的日本文化和文学观》，中国《鲁迅研究》，第 12 辑，1988 年 10 月。

领域，是两国的茶文化。

　　早在中国"文化大革命"期间，日本出版社大修馆发行的杂志《中国语》的专栏"茶馆"缺少稿件，竹内实曾应邀以虚拟对话的形式，在该刊连载通俗介绍中国风土人情的轻松短文。专栏的名字不是竹内实选定的，但它却诱导竹内实陆续写出了在中国所见各种茶馆的文字。这些短文在 1974 年 7 月出版了单行本《茶馆——中国风俗与世界形象》。后来，出版社不想让该专栏停下来，又改为连载竹内实与华人朋友罗漾明"正儿八经"的对话。[①] 1973 年竹内实到京都工作与生活后，两人继续在"茶馆"专栏上连载对话，最终又在 1984 年 3 月由大修馆出版了《中国生活志——黄土高原的衣食住》一书。

竹内实（右）在茶会上

　　竹内实和中国茶馆的长期因缘以及对茶文化情有独钟，诱导他在移居日本传统文化气氛深厚的京都以后，一直坚持参加当地茶道团体武者小路千家流的品茶和其他活动，学习日本茶道同时也介绍中国的茶文化，逐渐

---

　　①　罗漾明（1920—），生于中国山西省。毕业于京都大学。1957 年至 1980 年在日本广播电视系统 NHK 国际局任汉语播音员。后任驹泽大学、樱美林大学教授。

成为该组织著名的"学者茶友"。竹内实参与日本茶道活动，有丰富、拓展并深化日中比较文化研究的意图，也兼有个人身心修养的情趣。竹内实曾经自白：

> 将日本文化与中国文化加以比较，我在两方面的知识都显得缺乏。移居京都以后，我觉得那里是认识日本的好地方。至于注意学习茶道，倒也并非只是为进一步了解日本。
>
> 我不太喜欢"有用"之类的说法。我不过是因为感到茶道的魅力才去学习的。另外，茶道只是日本文化的一个组成部分，不能由此认为，茶道就是日本文化的全部。①

日本历来习惯将各种技艺或者艺术，规范成为知识有系统、修炼有程序的文化门类，也就是所谓"道"，如武士道、柔道、花道、书道等。其中，"茶道"是最能代表日本文化传统风格的"道"之一，那是通过制茶、点茶与品茶，进行社交礼仪和身心修养的技艺。

据传，日本人饮茶之风由中国古代唐、宋两朝传入，日本茶道正式形成则始自16世纪的千利休。② 千利休本名千宗易，当时被尊为"茶圣"，因随从当时日本最高权势者丰臣秀吉（1537—1598）为天皇点茶，获赐"利休"之名。千利休对日本茶道进行过全方位的改革和完善，促其成为融会饮食、园艺、建筑、花木、书画、雕刻、陶器、漆器、竹器、礼仪、缝纫等诸方面内容的综合文化体系。实际上，千利休的影响并非仅限于茶道，日本文化各个方面都留有其印记。千利休的特点，是将茶道回归到淡泊自然的境界，以日常生活的风格重塑茶道精神，使其变成日本人孤独清闲、休养心身的重要形式之一。自千利休的重孙辈开始，千家茶道分化成为三个各自独立且风格各异的流派，即"今日庵"里千家、"不审庵"表千家和"官休庵"武者小路千家，代代相传，以至当今。

日本茶道这三大流派各家自有掌门人，称为"家元"。当今的武者小路千家家元，非常欢迎并尊重具有日中双重文化修养的竹内实，希望他能

---

① 《比较文学与文化研究·作者前言》，《竹内实文集》第8卷，中国文联出版社2006年版。

② 千利休（1522—1591），日本茶道创始人与集大成者。

够沟通与促进日本茶道和中国茶文化的交流。竹内实则严格按照日本茶室的规范参与武者小路千家的茶道活动，除获得修身养性之效果外，也连带调动起他对中国茶文化的浓厚兴趣，启发从以前少有日本人关注的茶文化角度，认识与解析中国文化传统。从 1975 年开始，竹内实系统撰文介绍中国茶的品种、风味、饮茶习惯和方法，以及中国文学艺术作品里关于茶艺的诗文、人物等多种类型的文章，在各种报刊上发表，后来汇集成《中国的茶馆》、《中国文艺茶话》等多种著作。这些文字构成了竹内实关于日中文化比较研究的重要侧面，在日本的中国研究界异军突起，也引起日本茶道界很大的兴趣，影响在逐渐扩大。

　　《中国文艺茶话》一书，是竹内实自 1975 年在日本茶道刊物《静谧》上连载的介绍与中国茶有关的典故、诗文的文章汇总。他曾自述："我想尝试回顾一下，中国文艺作品里那种种饮茶与品诗的情趣，重新在茶的天地里漫游一番。我想亲手查阅诗集、小说并涉猎古典文献，将其中与茶有关的作品和内容翻译出来，使中国的茶文化更广为人知。"① 其内容涉及中国古典小说如《红楼梦》、《水浒传》、《儒林外史》中描写的饮茶场景与习惯，中国古代文人像白居易、卢仝、陆游、倪云林等人的品茶爱好，以及中国名茶西湖茶、文山茶的产地风情等，约有 30 多篇。这些雅俗共赏的短文使日本茶道中人眼界大开，初步了解到中国茶文化的悠久历史与丰富多彩，以及日本茶道与中国茶文化之间的影响关系。竹内实对中国茶文化的这些对比介绍，有助于日本人对日本茶道形式与内涵的理解与评价不至于故步自封，逐步更加清醒、全面和准确。

　　其中，竹内实在日中两国茶文化比较观察、研究中的一个重要发现是：

　　　　如今说"茶"，大都会联想到日本语中的品茶会或者茶道，似乎没有严格的程序与熟练的动作便不能喝茶。

　　　　那些程序能够研究出来，也许是基于美学的观念。不过，当初那些做法，恐怕曾是相当生活化的。

　　　　我去西安旅行时，曾经进过那里的餐馆。等盘子和筷子送上来以后，当地人便用餐纸擦拭它们。说得准确一点，那些动作应该称为

---

① 《茶的天地——〈中国品茶诗话〉序》，《中国品茶诗话》，淡交社，1982 年 1 月 25 日。

竹内实（右）在中国表演日本茶道

"磨"好像更合适一些。与我同去的女儿注意到这一点，同样擦了起来。

　　　当时，我的脑海里不由地联想到日本人在点茶（抹茶）时，[1] 用绸布来擦茶碗和茶匙的做法。那些从中国带回了抹茶的日本先人，大约正是学习了这些习惯。[2]

　　竹内实进而思考与探讨的问题则是：那些原本在中国百姓的家庭随处可见的茶具，中国人随意喝茶的生活习惯，为什么传入日本以后竟会演变、凝固成种种程式化的规范，变成了日本茶道的突出风格？这确实是比较文化研究中相当耐人寻味的地方，其原因很值得深入思考和辨析。

　　为此，竹内实对待日中两国茶文化的异同，是与其他种种社会、经济、生活侧面联系起来考虑的。因为日本生活中的所谓"规矩"绝非仅表现在茶道上，在其他方面也多有反映。竹内实注意到，如日中两国的饮

---

　　① 日本的抹茶是将茶叶研成粉末冲泡饮用。

　　② 《比较文化关键词语》，共时出版会有限股份公司，1994 年 4 月。

食习惯与礼节同样有规矩严宽的区别。总体来看，日本人在日常生活、社交等场合的礼节与习俗，虽然有不少样态或渊源来自中国，但其严格、琐细的程度均比中国为过。

> 如果将日本的这些规矩拿到中国去，自然也不失为礼节。但我总觉得，在中国的礼节里，有些日本的规矩在那里无法找到对应的东西。或者说，与其说中国没有这些规矩，毋宁说日本有些过分。实际上，中国的礼节也是有的，只是着眼点有些不同罢了。因此，我们总觉得好像人家没有这些规矩似的。①

归根到底，这属于鲁迅早已提到、竹内实曾表示过不同意见的所谓日本人"认真"的特点。这种在种种生活习惯与办事风格上不经意透露出的民族文化传统特色，有着思维与行为处处时时追求准确、严格的优势，这是日本国土和人数规模均不大，近代以来却在技术、经营等方面一直名列世界前茅的主要原因之一。但另一方面，对"规矩"的无限度推崇与严守，也使日本的民事尤其是国事暴露出僵硬、教条甚至死板的缺憾。"不比不知道"，竹内实强调，与中国柔韧、变通与灵活等文化传统特点相比，日本民族"认真"精神中的这种"短板"是显而易见、不可忽视的。

竹内实比较文学与文化研究的对象主要涉及日中两国，同时也常常利用可能的机会与条件，借助"第三国"视角以求深入认识中国和日本的国情。1980 年以后，竹内实曾获得机会去苏联和法国，与那里的中国研究者们进行学术交流。虽然当时"在苏联和中国关系冷淡之时，去自己所研究的国度的对手苏联访问，也会被人们戴着有色眼镜来看待"，② 但他在这些国家与会说汉语的学者们沟通对中国的看法，利用那里的图书馆查阅中文资料，确实获益匪浅。

在苏联滞留期间，竹内实首先感受到的是中苏对立的严峻程度，这从苏联的研究人员对中国的强烈非议不难看出来。例如，有苏联研究者指责毛泽东不懂列宁主义，其社会理想并非社会主义，而是大国主义、民族主

---

① 《中国的礼节与日本的规矩》，《墨》，第 32 号，1981 年 9 月 1 日。
② 《在莫斯科思考中国》，《中央公论》，第 96 卷 2 号，1981 年 2 月 1 日。

义之类。竹内实面对这样的"理论洁癖",不得不起而为中国革命辩护。

> ……我插话说,不能用教条的马克思主义"阶级"概念去套中国的农村。中国共产党的土地改革确实是革命。我们回顾当时在分配土地中划分阶级的标准,那并非不符合中国的现实。①

不过,当时中苏两国关系毕竟已比以前有所缓和,甚至还有所谓两国关系进入"蜜月期"的说法,但依竹内实在当地的感受,觉得无论从意识形态还是从实际利益来说,苏联与中国隔绝的政策并没有根本变化。这让竹内实情不自禁地回忆起鲁迅的名言:"人与人的心,是难以沟通的。"甚至觉得自己正逐步获得国内外共鸣的"友好容易理解难"的命题,也算不上过分苛刻或者言过其实。竹内实从中感受到,比较文化研究越是深入,越必须大声提醒人们警觉:世界上固然存在着普世性的价值观和各国相互赖以依存的共同利益,可彼此文化传统与国情的巨大差异、观念的偏见以及急功近利的利益诱惑,都决定了中苏两国关系即使好转与恢复,也未必能再现 20 世纪 50 年代那样的"同盟"色彩。也许只有这样,才算比较"正常的中苏关系"。

如此比较文化研究得出的结论也许会令人扫兴,但这又正是其独特价值之所在。比较文化研究的"独特价值",在于凭借严谨而非随意、内在而非表面、整体而非片面的对照观察和解析,注意引导人们清醒、自觉地排挤与摒弃以往在不同民族或国家关系中那种立足于一己偏爱甚至爱屋及乌的"势利眼"或"近视眼",逐步树立更为冷静和理智的国际关系观。

---

① 《在莫斯科思考中国》,《中央公论》,第 96 卷 2 号,1981 年 2 月 1 日。

第十二章

对中国文化的乡愁

一 "中国的思想"与"中华思想"

竹内实一生经历曲折，自幼受日本和中国两国文化浸润滋养，在战后选择了以中国和日中关系研究为终生的学术之路，位居日本的现代中国研究开创者之列。在竹内实数量繁众、见识卓著的学术成果中，堪称精华也最引人瞩目的是他对中国文化传统的深层内核，即中国式思想观念的独特理解与精准提炼。

竹内实最早出版的评介中国思想的论著，是 1967 年由日本广播出版协会推出的《中国的思想——传统与现代》。这是当时竹内实的专题系列广播讲稿的汇总。最初设计这一系列广播时，曾为听众的需求、讲述方式以及汇集出书的文风而反复斟酌。以往日本学术界介绍、论述中国或西洋的思想，大都是按时代顺序列举名人名著的写法，即所谓"思想史体例"。竹内实并不否认这种习惯写法的价值，他肯定各时代著名思想家"作为生命个体的人，在任何时代里都是比较稳定的因素"，按时代顺序罗列与评价名家名著有助于了解、把握一个国家思想的发展脉络。然而，竹内实的广播讲稿却尝试另辟蹊径，他除了试图将听众和读者范围扩展至普通民众，还非常注意条分缕析的鲜活性以及把握与表达中国思想的整体性。

因此，尽管实际上思想是承前启后的历史存在，但作为今天的我，却不想将它们还原为原来的面目，而宁愿选取那种提纲挈领地加以描述的视角。

我所以这么想，大约与我在心灵深处对中国的体验有些关系。

对在中国出生与生活过的我来说，中国首先是包围着我的"天地"。而将其变成完全身外的客观对象，那是一件相当困难的事。无论如何，我总是倾向于从内在的和整体联系的角度去理解自然的中国，不由地会将支离破碎的记忆构成一个整体结构。①

基于这样的旨趣，竹内实《中国的思想——传统与现代》一书没有像惯常的中国思想史论著那样，历数自古到今著名思想家的思想。他着力想说清楚的是贯穿或反映在中国普通民众生活里的"思想"，即使对孔子、老子等中国大思想家的学说，也强调和突出他们被民众接受、渗透在中国社会中的那些观念，书中称为"日常的思想"或"一般的思想"。将这些思想观念加以总括和归纳，既梳理出了中国思想演进的历时性线索，又展现出中国人心理观念的总体性、系统性风貌。竹内实在书中虚实结合地介绍了中国源远流长的如：天地的思想、循环的思想、时间的思想、生活的思想、文章的思想、革命的思想、"中华"思想等。这种别开生面的叙述架构，呈现在读者面前的不是中国一系列思想家的"概念"或"命题"，而是普通老百姓的精神风貌和处事信条。比如，书中谈到中国人经常挂在嘴上的所谓"马马虎虎"的观念，便是谈论中国思想的论著中很少触及的话题，而且国外对这种典型的中国式心理长期怀有歪曲与误解：

> 所谓"信念"，因时代或个人而不同。对那些并没有接受过系统教育的个人来说，那种似是而非的循环思想，或者以循环思想为根基的宿命论，多少会起到某种"信念"的作用。其重要性在于，这种"信念"同"忍耐"是密切相关的。二者不仅相互补充，而且互相融合为一体。正因为其融会在人们的心灵里，那些外界的东西便变得轻松、遥远与淡漠起来了。它们都成了不值得认真应对的对象。于是，所谓"马马虎虎"或"没法子"之类，便显得内柔而外刚。如果不注意这一点，其结果只能导致相反的误解，即会觉得中国的心理软弱得就像表面听到的那样。经常提到的日本人对于中国人的轻视，便是产生于这种误解，而此种情况尚未得到充分的反省。②

---

① 《提纲挈领的〈中国的思想〉》，《东书高校通讯》，第 71 号，1969 年 10 月 1 日。
② 《中国的思想——传统与现代》（新版），日本广播出版协会，1999 年 1 月 23 日。

　　时过 30 年之后，竹内实重写已在日本读者中产生广泛影响的《中国的思想》一书时，又增补了为"中华"思想正名的部分，对中国思想的概述更加全面、深入。

　　所谓"中华"思想，指的是中国人自古以来就以为自居于大地中心以及中原，自身文化优于周边民族的观念。自近代以来，外国人对这一观念大都给予负面评价。即使像吉川幸次郎那样挚爱中国文明与文化传统的日本学者，也曾将"中华"思想归结为中国前现代愚昧、无知的陈旧与保守的观念，说："中国人至今仍强烈地抱有中华思想、中国文化是世界第一的想法，这种思想对中国人来说，绝不是幸事。克服这种思想才是中国进步之道。"[①]

　　竹内实最早在 20 世纪 60 年代初就谈及"中华"思想。他在名为《日本的现代化与中国的现代化》一文中，评论以竹内好为代表的日本学者关于近代中国以传统文化抵抗西方现代化的说法时，认为近代以来西方人谈论"中华"思想的概念，并非旨在客观或正面评论中国传统文化的价值，而是试图瓦解中国人的"自我中心"意识，否定他们对本国文明的自尊与推崇。竹内实推而广之，认为这种自尊信念并不少见，每一个民族在初始面对邻近的文明，都有不同程度的人文地理优越感（ethnocentrism）。像古埃及人对尼罗河流域以外的判断，与华夏民族对"蛮夷"的称呼相差无几。连日本那样的岛国都有名为"中国"的地方，可见自以为居于"世界中心"乃古代各国的普遍心态。因此，竹内实主张对"中华"思想的批评应采取全面与慎重的态度。

　　　　而我认为，先不必涉及"中华思想"这一意识形态体系。在"现代化"进程中，如"前现代"、"本土"或"反现代"这样一些观念，其对"现代"固然是拒斥的，但也应该从推动"现代"并与之有关联的角度去加以理解。而最终的结果则会使"中华思想"这一意识形态获得新的生命力。[②]

---

　　① 吉川幸次郎：《我的留学记》，中华书局 2008 年版，第 183 页。
　　② 《日本的现代化和中国的现代化》，《人的健康生存——现代文明与人类（现代七大课题之七）》，筑摩书房，1961 年 6 月。

竹内实不完全同意竹内好评论中国的某些观点，但他赞同后者关于日本现代化进程比中国"迅速"未必意味着全是福音的见解。同样，"中华"思想固然不可能根本阻止中国以及整个亚洲的现代化进程，但民族自尊心却是减轻现代化进程负面效应必不可少的制约与均衡的力量。

对竹内实这一力求公正、准确看待中国古人自尊意识的态度，在日本国内外读者中不乏赞同的声音。如有香港学者在将《茶馆——中国风土与世界形象》译为中文版《中国社会史话》一书时，曾谈及对此的深刻印象："本书最末一章《日本风土，中国风土》，最能代表作者的见地与胸怀。这一章对中国传统的'中华思想'（唯我独尊的民族思想）与日本'天皇制思想'都有所批评，但是对中国的批评点到即止，和风细雨，而对日本民族性的批评，则直率而深刻。因此，本书不但使你增加很多切要的知识，并且可从而认识和接触作者的泱泱气度、庄严风格。这种气度和风格，不只是一书一人之事，把它放在近百年中日民族的历史上看，尤有深长意义。"①

竹内实对"中华"思想的评价视角经过几十年推敲与调整，到 20 世纪末开始有更集中的论述。1991 年 9 月，他在《立命馆大学比较文化研究会会报》创刊号发表《中国文化的深层》一文，表明了深入探求中国文化观内核的意图。几年后，他明确立足于"中国是世界文化发源地之一"的学术立场，② 撰写了名为《基本价值观："中华思想"》的长文。在该文中，竹内实设身处地追溯了"中华"思想形成的历史与地域条件，反对将其看作中国古人一时心血来潮的妄自尊大心理。他说："认为自己居于世界中心这样一种观念，是与身处广袤'中原'大陆的现实状况相适应的。这种自我理解称得上是一种'大国主义'观念，而且自以为具有权威。那是一种既有别人承认，自己也自以为是的权威。也正因为有权威，才显得心安理得。"不过，竹内实并非简单地为"中华"思想所蕴含的"大国主义"观念辩护：

这当然并非说，"中华思想"没有缺点，或者是没有值得改进的

---

① 司马长风：《中国社会史话·译者的话》，文艺书屋，1978 年 6 月。

② 《预测"后邓小平"时代——根据在杭州的感受》，《亚洲与日本》，第 280 号，1997 年 5 月 1 日。

内容。人们已经看到过清朝政府当权者那种束手无策、平庸、官僚文牍主义和毫无生机的权威。即使是目前以及将来，也难保证不会再见到那样的状态。但从反面来说，正因为曾经长时间有过这些缺欠、短处与毛病，如果能够立足于清醒的头脑，那么，这种"中华思想"也有可能变成为强有力的思想武器。①

以如此冷静理解与评价"中华"思想为基础，竹内实坚持他在20世纪中国"文化大革命"时期为自己订立的"有中国人的地方才有中国"的研究原则，进而主张并倡导从突破地理疆域入手拓展"中国研究"的视野，提出了"中华世界"的范畴。

这一新范畴的核心，是不再受在中国政权更替的限制，长远、全面地看待中国，也就是说："在思考中国的问题时未必一定要与目前的政权联系在一起，那时便可以使用'中华世界'这一概念。"② 1992年秋天，竹内实在接受福冈市亚洲文化奖的讲演中，再次强调这种新的"中国观"：

> 我愿意用"中华世界"这样的说法。而中华世界的文化的特点，并非仅仅积累知识或对概念条分缕析，而是以人性为根本。我觉得，这种文化是用谁都能够理解的浅显话语来传播前人领悟的智慧。
>
> 看融合重于对立，对人对己都设身处地待以温情，这无疑就是中华世界，也可以说是广大亚洲世界的精神。③

竹内实在讲演中阐述"中华世界"的文明特色是"用谁都能够理解的浅显话语来传播前人的智慧"时，曾举出中国古代"亚圣"孟子证明人人皆有"恻隐之心"的事例，比如，看到有小孩子掉到井里，谁都会前去抢救。这一通俗易懂的例证，京都学派的大家吉川幸次郎等人也列举过，用来说明"人皆有向善之心"是中国传统观念的基本内涵。④ 竹内实则更强调与彰显"中华世界"的智慧并非玄奥、教条或烦琐的经院式哲

---

① 《亚洲人的价值观》，亚细亚大学亚洲研究所，1999年3月15日。

② 《饮食与权力——日、中、法文化比较》，《饮食和文学——日本、中国与法国》，饮食信息股份有限公司，1992年5月。

③ 《获得福冈亚洲文化奖的人们》，联合出版社，1999年9月30日。

④ 吉川幸次郎：《中国思想史上的人》，《我的留学记》，中华书局2008年版，第150页。

学的特点。早在 20 世纪 80 年代，他曾举例说：“即使是《论语》，也无非是把我们日常生活中的经历过的情感或想法，以平凡的话语表达出来而已，从中也许能够看出中国哲学的特色。”① 这从根本上决定了中国人历来重视血缘、家族、人文等世俗意识，与西方突出的宗教与科学传统有很大的差异。另外，竹内实还指出过，中国智慧或者哲学也不只是儒家的单一格调，还包含对儒学具有制约作用的道家精神，二者互为补充：

　　　　中华社会的文明观是尊重人工和人为的东西，那是其文明的典型特征。而文明成熟以后，则又会否定人工与人为的东西。如果说儒教基本上是通过提倡前一种精神在发挥作用，那么古代中国的哲学家如老子、庄子，则主要引导人们面向后一种精神。继承了后者的陶渊明的价值在于其“真”。
　　　　以上两种精神既彼此对立又相互补充。庭院与居住的两种不同的美，是中华世界思想的缩影。②

　　不难看出，竹内实心目中的“中华世界”，是超越政治立场的“中国观”。这一文化观念曾塑造了中国文明的中和、坚韧等人文品格，也对各国文化产生了强烈的吸引力，是对西方文化传统的纠偏与制约力量，成为世界文明格局的基本支柱之一。为此，竹内实在晚年不止一次对终生与中国文化亲密结缘，表露出由衷的自豪感，并且越是感受到中国文化深奥内涵，越能激发出他对其孜孜不倦的钻研热情。他在为中文版 10 卷《竹内实文集》撰写的总序中表示：“中国文化博大精深，对她的研究，犹如在长长的隧道里摸索着前进。”他还自我调侃，很想仿照中国成语“虚怀若谷”的意思，按家姓“竹内”的本意，把名字“实”改为“空”字，并模仿中国的习惯自取字号“虚平”，以表白对中国文化的情真意切。

二　中、日文集面世

　　竹内实撰写介绍、评论和研究中国的论著，初衷是供给日本读者阅

① 《品茶纪行》，《中国品茶诗话》，淡交社，1982 年 1 月 26 日。
② 《中国文人的居住观》，《中国学》，第 2 卷 6 号，1991 年 6 月 16 日。

读。经过一生的不懈耕耘，他已被日本学术界和评论界公认为研究中国的标杆性人物之一。与此同时，竹内实研究中国的不少著作论述也逐渐被其研究对象即中国学者看重，也同时为普通百姓喜闻乐见。

竹内实论著最早的中文译者为司马长风。① 1978 年 6 月，香港文艺书屋出版了司马长风翻译的《茶馆——中国风土与世界像》中文版，译作更名为《中国社会史话》。后来，台湾学者黄英哲也翻译过多种竹内实著作，② 如与杨宏民合译的《毛泽东》一书，1991 年 7 月由台湾自立晚报出版部出版；1992 年 10 月，该出版社又出版黄英哲校译的《鲁迅远景》；1996 年 7 月，台湾前卫出版社还推出了黄英哲与郭兴工合译的《解剖中国的思想——传统与现代》。在中国大陆，竹内实的论文早有零星的翻译与介绍，最初的论著中译本则是中共中央党史研究室国外研究毛泽东思想资料选辑编辑组编译的《诗人毛泽东》，1993 年 7 月由中央文献出版社出版。

随着竹内实的中国研究在国内外影响日益扩大，1992 年秋，日本九州的福冈市政府宣布将第二届"福冈亚洲文化奖"的学术奖授予竹内实。这可以视为日本民间对竹内实的中国研究成果的认同和鼓励，也称得上实至名归。

福冈亚洲文化奖创设于 1990 年。当年，福冈市政府决定将每年 9 月设为"亚洲月"，届时举办授奖仪式和市民论坛等相关活动。设立福冈亚洲文化奖的宗旨，是"表彰为保存和创造亚洲固有、多样文化做出了杰出贡献的个人与团体"，褒奖文化艺术领域面向世界展现亚洲文化价值，架设亚洲人民互相学习和广泛交流的桥梁。该文化奖强调与提倡亚洲文化的国际性、普遍性、大众性、独创性等发展方向，其中包括大奖、学术研究奖、艺术文化奖等奖项。其中，学术研究奖授予在社会人类学、文化研究、历史学、经济学、考古学等领域成果卓著的亚洲学者。每年在来自世界各国 4000 名推荐委员提名的基础上，由学术研究奖选考委员会和艺术文化奖选考委员会选出各奖项候选人，最后由福冈亚洲文化奖审查委员会

---

① 司马长风（1920—1980），原名胡欣平，别名胡若谷、胡灵雨。出生于哈尔滨。毕业于国立西北大学历史系和文学系，后定居香港。曾任《明报月刊》编辑并执教于香港树仁学院和浸会学院。主要著作有《乡愁集》、《中国新文学史》、《毛泽东评传》、《周恩来评传》等。

② 黄英哲（1956—），台湾嘉义人，日本立命馆大学文学博士。任日本爱知大学现代中国学部教授、美国哥伦比亚大学访问学者。

裁定，每奖项选出并授予 4 名得奖者。

1992 年 9 月，竹内实在福冈亚洲文化奖颁奖仪式上的讲演中表示：

> 此次承蒙福冈各位的厚爱，授予我如此洋溢着美好情意的奖赏，自己实出意外。这确属过誉，当然也使我感到荣幸。

他在讲演中满怀深情、有声有色地回顾了自己的独特与曲折的生活经历，令与会的听众兴趣盎然。获奖后，为答谢福冈各界的好意和鼓励，竹内实决定将个人的大部分藏书捐赠给福冈市立图书馆，在馆内设立"竹内实文库"，供有兴趣的人们阅读与研究。

1999 年 11 月 3 日，日本政府又宣布授予竹内实"勋三等旭日中绶章"，以鼓励"竹内中国学的学术成就以及长期致力于日中友好"。与把福冈亚洲文化奖看作日本民间对竹内实的中国研究成果的褒奖不同，"勋三等旭日中绶章"的授予象征日本官方对竹内实终生研究中国学术成就与地位的确认。

日本政府授予个人的功勋奖章有"旭日章"与"瑞宝章"两种。其中，"旭日章"的历史较为悠久，设立自 1875 年 4 月 10 日，授予"对国家公共有功劳者中，有引人瞩目的显著功绩"。与后来 1888 年开始授勋的

程麻在福冈市立图书馆竹内实文库前

"瑞宝章"主要授予从事公务者不同，旭日章的授予对象偏重专业性质。该勋章共区分为八等，中绶章为第三等。

2000 年 3 月 10 日，日本的中国研究界人士在东京的日本记者俱乐部，为竹内实荣获该勋章举行了隆重的庆祝会，出席的学者与朋友共 70 多人。在会上，竹内实身着民族服装，显示出淳朴的日本人本色。前日本驻中国大使中江要介、佛教大学教授吉田富夫和庆应义塾大学教授小岛朋之分别致辞，介绍与赞颂了竹内实的终生业绩。吉田教授在会上总结说，

竹内实接受福冈亚洲文化奖

所谓"竹内中国学"，意味着"开辟了不只对近现代中国抱有新闻报道的兴趣，而将其作为学问的对象进行研究的道路"，其包含两大突出的特点：

一是不忽视传统的中国。这不是把现代中国湮没在传统中国之中，而是在与传统中国的联系中，将现代中国作为独立的对象来把握。

另外一个则是切近观察。在纸上或借助文献来思考是对的，但有可能还是应该到当地去接触像蟋蟀之类在路边卖的东西。听说纪念会后有抽奖纪念品，今天的纪念品全是从中国三毛两毛买回来的（笑）。正是这种买便宜货的做法成就了竹内中国学。我想这是我们很难做到的。①

吉田教授在发言中提到"蟋蟀"，引起了与会者的会心一笑。竹内实先生此前在纪念会上的讲演《蟋蟀和鲁迅》，就是从介绍中国百姓斗蟋蟀开始。他从陶罐里蟋蟀的咬斗这一"虫"文化，联系到鲁迅在小说《阿Q正传》里描写的众人围观"闲人"的无聊打斗，将它们视为中国人对长城内外长期政治争斗游戏化眼光的象征。

不妨将蟋蟀的角力看作这种殊死搏斗（热衷于胜负）的低级娱乐形态，斗蟋蟀的观众则仿佛无意识地从中看到了改朝换代历史的政治动乱。

不过，我对"虫"文化的兴趣，并非只是如此引申的分析。我对蟋蟀的图画和容器等种种备用品都有兴趣，对"虫"文化的示意

---

① 吉田富夫：《竹内实先生的两个业绩》，《苍苍》，第 92 号，2000 年 4 月 10 日。

图都很欣赏。①

　　在此前后，得益于日中之间交往的空前频繁，1999 年春，日本食品制造商卡乐 B 公司开始在北京大学设立日本研究基金。② 该基金由公司董事长松尾聪创立，旨在以北京大学为中心通过资金资助与各种学术活动，支持中国的日本与日中关系研究，后松尾康二先生长期主持此项基金的运作。自 2000 年起，该基金会聘请竹内实为学术顾问，连续多年邀请竹内实，到北京大学参与挑选与审查可资助的日本研究选题，批准相关课题研究者赴日本实地考察。此外，基金会组织的一些日中文化研究学术交流活动，也多次邀请竹内实到中国主持与参与。

竹内实（右一）、肖向前、林振江合影

　　随着竹内实逐渐被中国大陆了解与熟悉，自 20 世纪末起，中国社会科学院文学研究所比较文学研究室研究员程麻开始系统介绍与翻译竹内实

---

　　① 竹内实：《蟋蟀与鲁迅——在受勋仪式上的讲演》，《苍苍》，第 92 号，2000 年 4 月 10 日。

　　② 日本卡乐 B 食品株式会社成立于 1949 年，在日本制造界享有盛名。在日本本土的现代化厂房占地万顷，营销办事处覆盖全日本以及包括香港、台湾在内的中国各地，并在泰国、韩国、新加坡、中国青岛、中国沈阳等地与合作伙伴设有厂房、公销公司、科研基地等。

研究中国的观点及其论著。程麻的译介不仅旨在面向中国学术界，更希望中国老百姓能够结识这位"半个中国人"学者朋友。

> 在中国学术界，如果是研究中国现代文学与鲁迅的学者，或者是毛泽东生平、思想和诗词的研究者，即使不怎么懂得日本语，若说起日本的中国研究家竹内实先生，大都不会感到陌生，因为竹内实先生在许多方面的研究文章，历年来译成中文的已有不少，影响堪称广泛。①

程麻对竹内实著作的译介主要着眼于中国民众和普通读者，除了因为竹内实在日本国内的知名度和影响已远超学术界，而且其研究中国的著述雅俗共赏，并非学院派的僵硬文字，更看重竹内实是出生、成长于中国的日本人，视中国为自己的"第一故乡"，中国人于情于理都应重视这位外国"乡亲"对中国的体验和看法。竹内实已成为中日两国密切关系的象征，也是中日两国民众相互沟通与理解的绝好桥梁之一。

在多方搜寻与认真编撰《竹内实著译年表》的基础上，程麻主持从竹内实全部文字中筛选出近半字数的论著，分门别类按时间顺序先后翻译、编排成 10 卷本《竹内实文集》。该套文集由中国文联出版社在 2001 年开始推出，到 2006 年底全部出齐，是至今竹内实最大规模的文集。文集分卷如下：

1. 《回忆与思考》
2. 《中国现代文学评说》
3. 《毛泽东的诗与人生》
4. 《毛泽东传记三种》
5. 《日中关系研究》
6. 《文化大革命观察》
7. 《中国改革开放进程追踪》
8. 《比较文学与文化研究》
9. 《中国历史与社会评论》
10. 《中国文化传统探究》

---

① 程麻：《愿更多的中国人认识竹内实先生》，《作家》1998 年年第 8 期。

其中，第3、第4两卷由中共中央党史研究室张会才、韩凤琴伉俪合译。其余各卷除少量篇章，大都由程麻翻译与编排。

《竹内实文集》首发式

2001年，《竹内实文集》前4卷首先问世，卡乐B日本研究基金曾举行发布会。到《竹内实文集》全部出齐的2006年，日本国际交流基金、北京国际日本学研究中心等又联合举办"战后日本对中国与竹内实"国际学术研讨会。竹内实首先在会上发言，他深情地说：

> 如今，这十本小册子可以提供给中国读者，以及研究中国的外国学者了。读者能够在这些小册子里看到，战后的一位日本研究者即我是如何理解中国大陆发生的变迁的。如果我的看法对，那么对在哪里；要是不对，又错在哪里。对与不对，都是什么原因？我很想听听中国和其他国家的读者对这些东西的评价、分析与批评。
>
> 我想，程麻先生之所以辛苦，其价值也就在这里。
>
> 当然，我的中国研究并不能够代表整个日本的中国研究。我觉得，日本的中国研究规模是相当大的，成绩也不小。不过，现在就这

十本小册子而言，我想可以从中归纳出几点特色来。

第一，是所谓"同时代性"，也就是及时性。中国一发生了什么事情，人家便要我写文章介绍、分析。人家是指报社的记者和杂志的编辑。我只是群众中的一人，从我写的文章里可以看出，一般日本人对中国某些事情的看法与感受，尽管我并不能代表他们全体的看法。这些文章都是事情发生以后便写的，无法保证其中的分析全都正确。速度快好是好，但难免看得粗率，甚至是误会。

第二，是综合性。事情才一发生，自身未必就有什么定性。比如说"文化大革命"，那曾经是相当复杂的政治现象。我是不知不觉地从各个方面去进行分析的，这样可以帮助日本人加深对中国事情的多角度理解。

第三，我没有什么所谓"背景"。我是根据自己的看法写文章，并不是按照什么团体、组织的指示去写作。这也许是人家比较放心读我的文章的原因。

那么，我写这些文章的动机是什么呢？那就是想家。

我出生在中国山东省。我小的时候周围都是中国人。我父母是日本爱知县人。我头一次接触日本亲戚、本家是在上小学的前两年，明白了与日本人有亲戚和本家的关系。我入的小学专收日本孩子，是"日侨"开办的。

我的中文是在小学三年级时，向我母亲聘请的一位中国老师学的。他说自己是北京人，但现在回想起来，他并没有"儿"化的口音。

我认为，中国的山东省是我的老家，是第一故乡（不是第二故乡）。不过，新中国成立以后，我承认了中国属于外国。

这也许是我的第四个特色。我心里一直对中国有怀念的感情。当然，这也可能是缺点。

10卷本中文版《竹内实文集》出版的消息反馈到日本，引起了日本学术界的关注。后来，日文版竹内实文集也着手编印。2009年7月，樱美林大学东北亚综合研究所所长川西重忠教授编辑的3卷本《竹内实中国论自选集》由该研究所出版，[1] 卷书名分别是《文化大革命》、《活的

---

① 川西重忠（1947—），樱美林大学教授。日中关系学会副委员长、事务局长。

中国》和《印象与文学》。这3册选集的文字总量与竹内实全部论著相比显然偏少，如果有可能，理应出版更为齐全的日文版竹内实全集。

三 乡愁：文化命题

自明治时代开始，日本的中国研究进入与古代汉学有别的近现代阶段。由于地区氛围、研究人员出身和背景等各种因素的不同影响，日本的中国研究逐渐在关东和关西两地形成了东京与京都两大学派。关东地区是日本的政治中心，东京一带的学者对中国的关注与研究重点多着眼于政治与外交等侧面，热衷于评论中国社会动态变化或借题发挥的理论阐释。关西的京都则为日本文化传统积淀之地，那里的中国研究者们的中国研究更侧重思想、文化与文学等方面，以尊重文献、考辨典籍的钻研态度著称，成就了不少中国古典文学与中国文化研究大家。

像竹内实在京都大学读书期间亲聆教诲的吉川幸次郎教授，年轻时便对中国文化一往情深，曾被同伴们戏称为"中国人"。吉川先生不因当时中国国势积弱衰败而对之鄙视，毅然选定了学习与研究中国文化与文学的人生志向，矢志不渝地研究中国古代文学。吉川教授终生怀着尊崇、恭谨的态度钻研和理解中国古典文学作品，在内心深处日益积淀、升华出对成就无数伟大文学与文化奇葩的中国乡土的由衷依恋之情。到晚年，吉川先生不再仅以日本人的眼光看待与热爱中国文化，视野更为开阔，自觉并突出强调中国文化传统在人类历史长河与世界文明架构中的独特价值。他总结回顾研究中国的一生收获，最深刻的感悟是："不管怎么说，中国的思想都是人类的故乡之一，一到某种时刻，有意无意的，就在讲述着对它的乡愁。"[①]

吉川先生所说的"乡愁"，原指人们对出生或者家居之地也就是故乡的留恋、思念和渴望回归的情愫。在中国，基于安土重迁的农业生产传统，自古倾诉怀乡、思乡的愁苦之情的文学作品络绎不绝。即使在当今中国，也有像幼时离开大陆远走台湾的著名诗人余光中（1928—）的诗作《乡愁》那样最触动心弦的作品："小时候，乡愁是一枚小小的邮票，我在这头，母亲在那头……"想当年，如此强烈、浓厚的思乡之情，在撤

---

① 吉川幸次郎：《对中国文化的乡愁》，《我的留学记》，中华书局2008年版，第129页。

离到台湾的大陆人当中相当强烈并普遍流行。后来，从台湾投奔大陆并成
为著名经济学家的原国民党军官林毅夫（1952—），回忆儿时在台湾听到
很多老兵述说的"乡愁"，同样由衷地感同身受。他也袒露过对故乡台湾
难以抑制的怀恋与惆怅，说："乡愁，就像我潜意识的一部分。从离开台
湾第一天起，就很强烈想回去；年纪越大，感觉越强烈。""尤其现在清
明时节，真的很希望回去祭拜过世的父母，再看看自己生长的地方，品尝
台湾小吃。"这样强烈怀乡的哀愁之情，在中国足以引发广泛的共鸣，极
易获得同情。

　　当然，由于"乡愁"属于因对故乡遥望、思念却难以亲近的心灵磨
难，人们一旦有可能、有机会回归日夜怀念的故土，这种愁苦的情绪便可
以得到慰藉直至消解。比如，随着大陆与台湾之间的来往与交流逐渐便
利，余光中们的"乡愁"已不像以前那样如影随形、无法排遣。他曾欣
慰地告白："我已经没有乡愁，现在要写的更多是还乡的感受。"

2006 年竹内实（前排中）在鲁迅故居

　　与这种怀恋故土的朴素"乡愁"相比，日本研究中国的关西学派先
辈学者提出的"对中国文化的乡愁"，已经超越了因家族或血缘关系而对
家乡故土依恋难舍的单纯情愫，升华为深入认识与理解中国风土人情及其
内在文化精神的价值认同，凝聚成一种心悦诚服的心灵归属感，视中国文
化传统为生命意义与人生价值的源泉。不妨说，"文化乡愁"是朴素的
"故土乡愁"的充实与升华。与"故土乡愁"属于"故乡人"的精神

"专利"不同，所谓"文化乡愁"可以成为所有"天下人"都可能自愿选择与依托的文化取向。

不难理解，各国那些对中国怀有深厚"文化乡愁"的人，常常是对中国文化具备深邃认识能力的学者。他们之所以对中国大地及其文化传统产生炽热怀念之情，根本源于对中国经典的深入解读和对中国文化精髓的真知灼见。近现代以来，伴随着各个国家或民族之间空前密切的接触与交流，出现了如 20 世纪自英国移民美国的小说家克里斯托弗·伊舍伍德（Christopher Isherwood，1904—）提到的一种发人深省的现象，即"只有那些离开祖国的人，才真正了解祖国"。这自然并非人人如此，必要条件是那些深悟并认同某国文化真谛的外国人，对对象国投入的情感与理智比一般本国人更加专注。中国自古有所谓"心安理得"的说法，意思是心平气和地服从理智。而当今不同国家之间文化魅力引发的所谓"文化乡愁"，其孕育与形成的机制倒像是"理得心安"。这是指，外国人要靠深邃的理性眼光透视并认同该国文化传统的价值所在，才能一往情深地对该国爱之深或责之切，最终视该国文化为心灵的安顿之地。

肯定与珍重研究中国的外国学者对中国的这种"文化乡愁"，难免会被质疑：外国学者难道真比一般中国人更理解、更热爱中国吗？而如果懂得当代的现代认知理论中有所谓"观照与理解需要一定距离"的机制，便不难排解这样的质疑。像德国的中国文学研究家顾彬（Wolfgang Kubin，1945—），依据个人的研究体会曾坚持认为，要热爱与反思某一地方的种种，并不一定要是那个地方的人。

> 我们为什么关心中国？我只能以一个非中国人的身份来回答这个问题。对我而言，关心中国是重要的，那是加强我的自我认识的一个手段：以自我为参照，我是不可能理解我自己的，我只能参照那个不同的东西。只有借助于知道我确实不是什么的那个东西，我才能确定我潜在地可能是什么。这种立场，以距离为先决条件。
> ……
> 互相之间不能完全地理解，无论如何不是个灾难；忘记了我们习惯性地缺乏理解，这才是灾难。如果我们不知道这个，冲突不可避免地就会发生，因为那就不会有什么事情能够缓解我们自我膨胀的感

觉，也没有什么事情能够加强我们对别人的尊重。①

这位德国学者所讲的，有点儿像中国古诗名句"不识庐山真面目，只缘身在此山中"的意思，保持一些距离甚至置身"山外"，也许是比身陷其中更便于打量或审视对象的位置，也更有可能发现其整体之美的魅力。至于他强调最可怕的是对各国之间互不理解、麻木不仁的状况不以为怪，则与竹内实提出的"友好容易理解难"命题大致相通，是当今具有世界性胸襟的人的共同见解。

对竹内实来说，自己对中国的"文化乡愁"，兼有山东风土人情的耳濡目染和理智地认识中华文化传统的双重内涵。中国俗语说"故土难离"，称得上是中原悠久农业文明孕育出的典型文化心理，与"安土重迁"的观念异曲同工。这意味着，孩童时代对身边的风土人情刻骨铭心，终生难忘。竹内实不厌其烦地多次倾诉过个人生活道路、人生理想与中国出生地的内在渊源：

> 我出生在中国的一个小镇上。以前曾多次想过，如果可能或者说能够允许，自己最好是在中国生活。像我这样在中国长大的外国人，恐怕还会有别人有过这样的想法。其实也不一定在自己出生的那个城镇，在中国其他什么地方都行。与其是城市还不如在小镇，或者是在村子里。要是能够让我当一名小学老师，以教孩子们学习汉字为生，那确实很不错。当说起这样的感觉来，我甚至会觉得，自己生下来就是为此，并且也应该那样活着。
>
> ……
>
> 尽管以上不过只是一种空想，可每当自己如此想象时，确实如同真正感受到了中国大陆的风、光、泥土的香味以及色彩，也就是所谓风土一样。在这其中，自己当然也思恋过怀念的中国朋友，或是脑中浮现出他们的脸庞。然而，那些人似乎都已融入那里的大自然中去了。因为自己虽曾接触过他们的生活，但并没有与他们有什么交往，所进的也并非中国人的学校。

---

① 顾彬：《只有中国人理解中国？》，《读书》2006年第7期。

这样，当思念中国的时候，真正吸引我的其实还是那里的风土。比如耳边可以听到的风声、小鸟与乌鸦的叫声，以及中国人说话的片言只语、叫卖东西的声音，或者是那穿着紧扎脚口的蓝棉裤的妇女走路的姿态，等等。①

有这样的儿时心理印痕奠基，后来无论何时何地再次触及中国的景物、人物和事物，都会令竹内实似曾相识而分外激动，强烈的怀念之情油然而生。像在新中国初期，竹内实访问中国时目睹过苏州城外河渠中的白帆，在一般游客看来，即使多么优美也无非乡间小景而已，而竹内实却情不自禁地怦然心动，久久回味不已。

到两三年之后自己再次访问中国，去江苏的寒山寺时，记得曾在那庙门入口附近的休息处喝过茶。那是一座两层的建筑。向窗外望去，见有高大的白帆静静地从左向右移动着。当地多江河，大都靠船走路。那些堆满农作物或杂物的船只，连船头和船体都看不见，只能见到白色的船帆，在随着时间和背景的变换，无声地移动着。

后来，我足足有二十多年未能再亲自到中国去。然而，那静静移动的白帆，总时时浮现在自己眼前。②

这样触动竹内实心灵的中国景物不胜枚举。像竹内实自述过陪同一位曾在"满洲"读书的同学，共同观看描写日本在华残留孤儿经历的电视剧《大地之子》。当听说后来他家破人亡的遭遇时，感同身受地"再也说不出话来"。到竹内实晚年在日本三重县松坂大学任教时，仍念念不忘以这部电视剧为鲜活教材，来讲述日中两国的近现代关系史。竹内实希望学生们对那段不忍回顾的历史能有身临其境、惊心动魄的印象，从来不愿舍弃个人的生活体验，枯燥地叙述中国和日中关系。③

---

① 《日中关系上的"心情"与"道理"》，《潮》杂志第18号（特辑"日本的将来"），1970年7月15日。
② 《茶的天地——〈中国品茶诗话〉序》，《中国品茶诗话》，淡交社，1982年1月26日。
③ 《〈〈大地之子〉与我〉解说》，《〈大地之子〉与我》，文艺春秋社，1999年6月10日。

竹内实在"战后日本对中国的理解与竹内实"研讨会上

2010 年，竹内实在北京举行的"战后日本对中国的理解与竹内实"国际研讨会上，把中国对他个人身心所产生的强烈吸引之情，浅白、亲切地称为"想家"。这个饱含浓厚的中国人情味的语词，表明竹内实的情怀始终凝聚在中国这块土地上，这注定他无法将个人生命与道路与中国割裂开来。竹内实作为日本著名的中国研究家，堪称以志趣左右理智、性情决定职业的典型例证。

　　或许是那种对于中国的眷恋，一种望乡的情愁，牵引着我从事中国的研究。确切地说，除了研究中国自己也别无出路。换句话讲，为了填补无尽的乡愁，我渴读有关中国的书籍，撰写关于中国的论文。对我而言，历来的学说如何论述中国的种种并不重要，而自己如何看待中国，透过各种资料的描述，厘清那些模糊点并加以援引，使自己的思想得以明确下来，这才是最重要的。①

----

① 《致中文读者——〈解剖中国的思想——传统与现代〉中文版序》，《解剖中国的思想——传统与现代》，台湾前卫出版社 1996 年版。

　　显而易见，对竹内实来说，研究中国的内在与根本心理动力，是对"乡愁"的慰藉而非职业或者谋生的手段，心系中华文化本属宿命般的身心依赖。这是竹内实与日本战后中国研究领域众多学者的根本区别，也是他不肯以经院式的故作高深之态进行中国研究的深层动机。竹内实情愿并满足随心所欲地回味内心对那些栩栩如生的有关中国风土人情的记忆，甘心撰写自己眼里的普通中国人情调。无论在日本还是欧美的现代中国研究界，像竹内实这样的研究角度和学术风格都有些"逆潮流而动"的意味。如在欧洲，钱锺书在《17 世纪英国文学里的中国》一文里曾指出："自从马戛尔尼勋爵使团访华结束，[①] 汉学在英国已成为一个专门的学科，而专门化的惩罚是在职业学者对他们的专业懂得越来越多的同时，普通民众对它的兴趣却越来越少。"与之类似，日本自明治时代开始，"当时对中国的认识几乎全部限于知识分子之中，他们对中国的认识，是通过经院式的研究得来的"。[②] 而竹内实进入战后中国研究领域后与众不同的风格，打破了这种陈旧模式的一统天下的格局。竹内实终生保持的非经院式学者身份和非专业论文的文体，小而言之可作为日本战后中国研究随时反思得失的一面镜子，大而言之则可供各国研究中国的学者们借鉴与参考，推动世界的中国研究界变得更加丰富多彩、生机勃勃。

---

　　① 　马戛尔尼（George Macartney，1737—1806），1793 年被英国政府委任为全权特使访问清朝。

　　② 　野村浩一：《近代日本的中国认识》，中央编译出版社 1999 年版，第 111 页。

附　录

竹内实著译年表

注：本著译年表中另附作者名或注"无作者名"均为译著。凡不另署名或注"无署名"者均为竹内实著，另注署名则为竹内实笔名。

《面包》（署名：虚平）　《学园新闻》　1946 年 9 月 11 日

《图画》（署名：虚平）　《学园新闻》　1946 年 9 月 21 日

《云冈石佛群憧憬歌》（署名：虚平）　《学园新闻》　1947 年 6 月 25 日

《我的梦》（署名：虚平）　《学园新闻》　1948 年 5 月 31 日

《现代中国文学史概观》　《文学》　18 卷 6 号　1950 年 6 月 10 日

《鲁迅和景宋的信》（1、2、3）（译者署名：虚平）　《思想》　1、3、5 号　1950 年 6 月、8 月、10 月

《反映工人生活的作品》（译者署名：虚平）　《黄沙》　1 号　1950 年 12 月

《上海话中的（d'a）和（du:）》《思想》　11 号　1951 年 4 月

《致力于中日的永久和平——临别寄东大学生》　谢冰心著　《东京大学学生新闻》　1951 年 10 月 4 日

《日本的中国文学研究现状与问题》　《文学》　19 卷 12 号　1951 年 12 月 10 日

《中国新民主主义革命史》　胡华著　《五月书房》　1951 年 10 月

《最近译成日文的中国文学著作》　《东京中国学会学报》　10 号　1952 年 3 月 31 日

《游击队》　共编译　青铜社　1952 年 6 月 15 日

《中国之春》（无译者名）　丁玲著　《新时代》　19 号　1952 年 8

月 1 日

《是否拒绝已招聘的教授》 《朝日新闻》 1952 年 10 月 13 日

《活人塘》 陈登科著 鸽子书店 1952 年 12 月 10 日

《创作与调查——农民革命英雄宋景诗与他的黑旗军》 《文学评论》 2 号 1953 年 1 月 1 日

《家庭妇女》（无署名） 《日本与中国》 1953 年 2 月 11 日

《中国的土地改革和工业》 合著 《经济评论》 2 卷 3 号 1953 年 3 月 1 日

《瑞金的水井》（无署名） 《日本与中国》 1953 年 3 月 1 日

《谢冰心》（无署名） 《日本与中国》 1953 年 3 月 1 日

《巴金》（无署名） 《日本与中国》 1953 年 3 月 1 日

《卢沟桥》（歌曲） 《日本与中国》 1953 年 3 月 1 日

《中国的社会保障》 （无署名） 《日本与中国》 1953 年 3 月 21 日

《工人俱乐部今昔》 （无署名） 《日本与中国》 1953 年 4 月 21 日

《如今姑娘也有优等生》（无著者名 译者署名：林节夫） 《世界之友》 6 号 1953 年 5 月 10 日

《"先生"歇业》 《现代中国》 19 号 1953 年 5 月 20 日

《中国革命与国民精神——以鲁迅的《阿 Q 正传》为中心》 《文学评论》 3 号 1953 年 6 月 25 日

《读中国小说日译本》 《京都学艺大学新闻》 13 号 1953 年 7 月 1 日

《竹内好译〈鲁迅作品集〉》［书评］ 《中国文艺》 17 号 1953 年 7 月

《为和平而奋斗》（无译者名） 李凤翔著 《日本与中国》 1953 年 10 月 11 日

《发展中的电影事业》 《中国经济年报》 4 号 1953 年 11 月 15 日

《为了学习中国语》［问答］ 《新读书》 82 号 1953 年 12 月 5 日

《文艺的新任务》 《中国经济年报》 5 号 1953 年 12 月 15 日

《两国文化交流的成果——新中国和苏联同盟的援助》［特辑］ 合著 《中国资料月报》 70 号 1953 年 12 月 25 日

《鲁迅和中国文学》 《艺术研究》 20 号 1953 年 12 月

《毛主席的值日兵》（无译者名） 黄成玉著 《日本与中国》 1954 年 1 月 11 日

《西藏》（无署名） 《日本与中国》 1954 年 1 月 11 日

《登万寿山的两条路》（无署名） 《日本与中国》 1954 年 1 月 11 日

《最近的中国文学》 《都联通信》 1 号 1954 年 1 月 15 日

《中国的体育》 《日本与中国》 1954 年 1 月 21 日

《社会和文学》 《文学》 22 卷 3 号 1954 年 3 月 10 日

《美丽的游击队长》 华山著 《文学之友》［特集］ 1954 年 4 月 1 日

《因"正义战争"而磊落》 《文学之友》［特集］ 1954 年 4 月 1 日

《中国语友之会》 合著 《日本与中国》 1954 年 4 月 11 日

《中国文化事业的成就和规划》 《亚洲经济旬报》 215 号 1954 年 5 月 10 日

《菊花石》 李季著 《都联通信》 3 号 1954 年 6 月 5 日

《中国的大众娱乐》 共著 《中国资料月报》 76 号 1954 年 6 月 15 日

《大力发展图书馆事业的中国研究所》（无署名） 《日本与中国》 1964 年 6 月 21 日

《鲁迅的文艺与政治》 华岗著 《新时代》 41 号 1954 年 8 月 1 日

《中国红十字会》 《新时代》 41 号 1954 年 8 月 1 日

《中国赠予的药品》 《新时代》 41 号 1954 年 8 月 1 日

《1954 年上半年的文艺界》 《亚洲经济旬报》 229 号 1954 年 10 月 1 日

《提高文艺活动家的政治、艺术素养》［人民日报社论］ 《新时代》 43 号 1954 年 10 月 1 日

《关于〈水浒传〉冯雪峰著》 《日本文学》 3 卷 10 号 1954 年

10 月 1 日、3 卷 11 号　1954 年 11 月 1 日、3 卷 12 号　1954 年 12 月 1 日

《太阳照在桑干河上》（译者署名：林节夫）　丁玲著　《新读书新闻》　1954 年 10 月 9 日

《关于文学遗产再评价》　《早稻田大学新闻》　1954 年 10 月 20 日

《组织、体系、剧团——中国戏剧界》　《现代世界戏曲选集月报》11 号　白水社　1954 年 10 月 20 日

《出版活动现状》　《中国经济年报》　8 号　1954 年 10 月 25 日

《中国话剧界》　《俳优座》　4 号　1954 年 11 月 18 日

《宋庆龄和宋美龄》　共著　《妇女公论》　34 卷 12 号　1954 年 12 月 1 日

《给毛主席做饭》（无译者名）　黄成玉著　《文学之友》　5 卷 12 号　1954 年 12 月 1 日

《我这样写作》　《文学之友》　5 卷 12 号　1954 年 12 月 1 日

《阿部校长归国欢迎会召开》（无署名）　《日本文学学校新闻》1954 年 12 月 5 日

《来自新中国的信息》（寄自中国作家协会、文学讲习所的信）（无译者名）　《日本文学学校新闻》　1954 年 12 月 5 日

《陶同志——一位地区委员会书记的话》（译者署名：小河良夫）徐光耀著　《日本与中国》　1954 年 12 月 15—20 日

《求雨》（译者署名：林节夫）　赵树理著　《日本与中国》　1954 年 12 月 24—30 日

《中国近代民族共同语的形成》　《理论》［特刊］　1954 年 12 月号

《毛泽东主席的传说》（无译者名）　康濯著　《日本与中国》1955 年 1 月 1 日

《怎样写文章 1》　老舍著　《文学之友》　6 卷 1 号　1955 年 1 月 1 日

《中国的图书馆》　《中国经济年报》　10 号　1955 年 1—3 月

《怎样写文章 2》　老舍著　《文学之友》　6 卷 2 号　1955 年 2 月 1 日

《新中国的艺术》　《书桌》　4 号　1955 年 4 月 1 日

《关于〈红楼梦〉再评价》　《日本文学》　4 卷 4 号　1955 年 4 月

1 日

《〈红楼梦〉论争其后》 《图书新闻》 1955 年 4 月 2 日

《黑眼睛》 李季著 《现在》 10 号 1955 年 4 月

《胡风批判的意味》 《亚洲经济旬报》 257 号 1955 年 7 月
10 日

《红楼梦》（编者署名：林节夫） 《新读书》 1955 年 7 月 30 日

《中国的思想斗争》 《新读书》 1955 年 7 月 30 日

《文学翻译十年——以中国文学为中心》 《文学》 23 卷 8 号
1955 年 8 月 10 日

《中国的思想斗争》 合著 《中国资料月报》 80 号 1955 年 8
月 20 日

《日本各界——开展中日贸易》（日、中两国语） 《中国语》 5
号 1955 年 8 月 20 日

《"偷运的日本商品"——胡风的文艺理论》 《现在》 14 号
1955 年 9 月

《中国的教科书》 合著 明治图书出版株式会社 1955 年 10 月
1 日

《漫游中国六大城市》 《亚洲经济旬报》 269 号 1955 年 11 月
11 日

《谈胡风的"五把刀子"》 黄秋耘著 《新日本文学》 10 卷 12
号 1955 年 12 月 1 日

《文字改革新阶段与制定标准语》 《亚洲经济旬报》 272 号
1955 年 12 月 11 日

《把一切献给党》 吴运铎著 青木书店 1955 年 12 月 15 日

《北京市"政法座谈会"》 《现代中国学会月报》 1955 年 12
月号

《新中国语会话》 ［书评］ 《中国语学》 47 号 1956 年 2 月
13 日

《中国城市印象》 《市政》 5 卷 2 号 1956 年 2 月

《北京的旧书店》 《大安》 5 号 1956 年 3 月 1 日

《中国的知识分子问题（1、2）》 合著 《亚洲经济旬报》 280
号 1956 年 3 月 1 日、285 号 1956 年 4 月 11 日

《新中国之旅归来》　《北斗》　2 卷 2 号　1956 年 3 月 10 日

《古典文学的评价》（编译）　冯雪峰著　未来社　1956 年 4 月 15 日

《〈阿 Q 正传〉与鲁迅作品》［座谈会］　合著　《日中文化》　39 号　1956 年 5 月 5 日

《京剧现状与梅兰芳》　《亚洲经济旬报》　290 号　1956 年 6 月 11 日

《关于"赵树理"型小说》　《世界文学》　9 号　1956 年 6 月 30 日

《中国的青年工厂作家问题》　《亚洲经济旬报》　292 号　1956 年 7 月 1 日

《什么是真正的爱情？——从新中国的成家与交友说起》　《妇女公论》　41 卷 7 号　1956 年 7 月 1 日

《关于萧军》　《文艺日本》　4 卷 5 号　1956 年 7 月 1 日

《鲁迅和他的弟子们》　《新日本文学》　11 卷 10 号　1956 年 10 月 1 日

《关于鲁迅文体》　《新人文学》　15 号　1956 年 10 月

《与寂寞对话——〈野草〉及其他》　《北斗》　2 卷 5 号　1956 年 11 月 25 日

《中国的政治现实主义和文学现实主义——以萧军批判为例》　《中央公论》　71 卷 12 号　1956 年 12 月 1 日

《"百家争鸣"与文艺界》　《亚洲经济旬报》　307 号　1956 年 12 月 1 日

《会话书》　《中国语》　18 号　1956 年 12 月 15 日

《中国教育的语言与文学的分离》　《教师之友》　7 卷 7 号　1956 年 12 月 15 日

《鲁迅与一位日本人》　《产经时事》　1956 年 12 月 26 日

《昭和文学里的中国形象》　《中国资料月报》　106 号　1957 年 1 月 10 日

《批判党的文学——王蒙〈组织部新来的年轻人〉》　《产经时事》　1957 年 1 月 16 日

《地方文学杂志创刊》　《产经时事》　1957 年 1 月 21 日

《毛泽东的"词"》　《产经时事》　1957 年 2 月 14 日

《旧书的景气》 《产经时事》 1957 年 2 月 19 日

《孔子与哲学座谈会》 《产经时事》 1957 年 3 月 7 日

《毛泽东的诗〈黄鹤楼〉》（署名：林节夫） 《赤旗报》 1957 年
3 月 11 日

《井是谁挖的?》（河北民间故事） 《中国民间故事》 未来社
1957 年 3 月 30 日

《"大民间故事"与"小民间故事"》 《北斗》 2 卷 6 号 1947
年 4 月 15 日

《关于自由的对话》 石川达三、火野苇平著 《中国语》 22 号
1957 年 4 月 15 日

《布达佩斯·动荡的九天》 《产经时事》 1957 年 4 月 18 日

《毛泽东的〈文艺讲话〉、〈实践论〉、〈矛盾论〉》 《文库》 68
号 1957 年 5 月 1 日

《北京的翻译工厂》 《产经时事》 1957 年 5 月 4 日

《实践论·矛盾论》 毛泽东著 合译 岩波书店 1957 年 5 月 6 日

《为了观众的电影》 《产经时事》 1957 年 5 月 23 日

《有悖人伦的爱情小说抬头》 《产经时事》 1957 年 6 月 4 日

《思考〈水浒传〉的豪杰们》 《日本读书新闻》 1957 年 6 月
7 日

《最近的中国文艺界与〈文艺讲话〉15 周年》 《新读书》 1957
年 6 月 20 日

《"人民内部矛盾"和文艺界》 《亚洲经济旬报》 327 号 1957
年 6 月 20 日

《进步文学的最近倾向》 《产经时事》 1957 年 6 月 20 日

《新闻的"叛逆"》 《产经时事》 1957 年 6 月 20 日

《毛泽东演讲的反响》 《图书新闻》 405 号 1957 年 6 月 29 日

《美学论争》 《产经时事》 1957 年 7 月 4 日

《周作人的〈钟馗稼妹〉》 《产经时事》 1957 年 7 月 16 日

《"政治季节"的文学》 《法政大学新闻》 1957 年 7 月 30 日

《现代中国思想论争》 共编译、解说 未来社 1957 年 7 月 31 日

《近代小说》 《中央图书》 1957 年 7 月号

《罗伯特·吉兰著〈六亿蚂蚁——我的中国旅行记〉》 ［书评］

《日本读书新闻》 1957 年 8 月 12 日

《加地伸行著〈中国留用十五年〉》 《日本读书新闻》 1957 年 8 月 12 日

《我们希望和平》 伊利亚·爱伦布鲁克著 《中国语》 26 号 1957 年 8 月 15 日

《丁玲问题的意味》 《东京新闻》（晚刊） 1957 年 8 月 22 日

《与"创作组"对立》 《东京新闻》（晚刊） 1957 年 8 月 23 日

《向新现实主义的进展》 《东京新闻》（晚刊） 1957 年 8 月 24 日

《谢冰心与"人民内部矛盾"》 《产经时事》 1957 年 9 月 14 日

《支撑新中国的平民形象》 《中国语》 27 号 1957 年 9 月 15 日

《批判党的文学及其后》 《产经时事》 1957 年 9 月 19 日

《愤怒的老舍》 《产经时事》 1957 年 10 月 15 日

《简单发音——单韵母与声调》 《中国语》 28 号 1957 年 10 月 15 日

《横向拓展·丁玲问题》 《产经时事》 1957 年 10 月 19 日

《丁玲批判的结局之一》 《亚洲经济旬报》 344 号 1957 年 12 月 10 日

《尾坂德司著〈中国新文学运动史〉》［书评］ 《法政大学新闻》 1957 年 12 月 15 日

《文学讲习所停办》 《产经时事》 1957 年 12 月 21 日

《萧军〈过去的年代〉》 《北斗》 3 卷 2 号 1957 年 12 月 25 日

《侧重语言》 《小黑板》 9 号 1958 年 1 月 4 日

《从作品窥探"叛逆"者的心理——批判被抛弃的丁玲》 《产经时事》 1958 年 1 月 18 日

《感情的逻辑、组织的逻辑——丁玲批判的介绍与感想》 《日本读书新闻》 1958 年 1 月 20 日

《当地看到的人民公社》 《东京大学新闻》 1958 年 1 月 21 日

《关于鲁迅〈中国小说的历史的变迁〉》 《文学》 26 卷 3 号 1958 年 3 月 10 日

《肃清文学界的无效》 《产经时事》 1958 年 3 月 25 日

《在日本语与中国语之间》 《中国语学》 73 号 1958 年 4 月

15 日

《现代中国文学》　共著　每日新闻社　1958 年 5 月 1 日

《芦笛与太阳——被批判的诗人艾青》　《现代诗》　5 卷 6 号
1958 年 6 月 1 日

《毛泽东的诗被谱成歌曲》　《产经时事》　1958 年 6 月 2 日

《歌颂中共的运动》　《产经时事》　1958 年 6 月 24 日

《试写工厂历史》（无署名）　《日本读书新闻》　1958 年 7 月 1 日

《毛泽东的诗〈蝶恋花〉》　《读书人周刊》　1958 年 7 月 14 日

《新疆自治区作家们的独立运动》　《产经时事》　1958 年 7 月
25 日

《组织和现实——在日本与中国之间》　《新日本文学》　13 卷 8
号　1958 年 8 月 1 日

《中国民间故事和鲁迅》　《文学》　26 卷 8 号　1958 年 8 月 10 日

《动荡政治的征兆》　《日本读书新闻》　1958 年 8 月 18 日

《小册子文艺流行》　《产经时事》　1958 年 8 月 26 日

《所谓"长崎中共国旗事件"》　《纪录艺术之会月报》　8 号
1958 年 8 月

《阿林·里克特、阿迪尔·里克特著〈解放的囚犯〉》　［书评］
《纪录艺术之会月报》　8 号　1958 年 8 月

《1958 年上半年的中国文艺——茅盾的〈夜读偶记〉》　《北斗》
3 卷 3 号　1958 年 9 月 5 日

《平民赵树理的新作·被亚非文学关注》　《产经时事》　1958 年 9
月 16 日

《中国批判修正主义》　《多喜二和百合子》　6 卷 9 号　1958 年 9
月 1 日

《民众歌谣中的洪水》（无署名）　《日本读书新闻》　1958 年 10
月 6 日

《降低稿酬和版税》　《产经时事》　1958 年 11 月 5 日

《中国的无产阶级文学》　《文学》　26 卷 11 号　1958 年 11 月
10 日

《炼铁的农民——近日中国之旅》　《日本读书新闻》　1958 年 11
月 24 日

《胡恩泽编著〈第三次国内革命战争时期上海学生运动〉》［书评］
《日本读书新闻》　1958 年 12 月 1 日

《日中友好的新阶段——从中国之旅说起》　《亚洲经济旬报》
380 号　1958 年 12 月 10 日

《杨沫著〈青春之歌〉》　［书评］　《三和新闻》　1958 年 12 月
10 日

《一种感受——从中国之旅说起》　《大安》　39 号　1959 年 1
月 1 日

《歉收四百石与人民公社》［对谈］　《新读书》　256 号　1959 年
1 月 1 日

《一位汉学者的中国之行——日本人的中国印象笔记 1》　《北斗》
4 卷 1 号　1959 年 1 月 10 日

《东湖的鲁迅像——从中国之旅说起》　《鲁迅友之会会报》　15
号　1959 年 1 月

《人民公社和文学问题》　《新日本文学》　14 卷 3 号　1959 年 3
月 1 日

《城市人民公社·随笔——在郑州》　《东洋文化》　27 号　1959
年 3 月 28 日

《三代的中国见闻》　《日本读书新闻》　1959 年 3 月 30 日

《漱石的〈满韩处处〉——日本人的中国印象笔记 2》　《北斗》
4 卷 2 号　1959 年 4 月 10 日

《日本文学的介绍》　《文学界》　13 卷 5 号　1959 年 5 月 1 日

《悲剧与喜剧——探究光明的未来》　《产经时事》　1959 年 5 月
3 日

《学生集体执笔的〈文学史〉》　《产经时事》　1959 年 5 月 24 日

《回忆录流行——建立"革命神话"》　《产经时事》　1959 年 5 月
29 日

《关于中国文学史》　《日本文学史》月报 13　1959 年 5 月

《西藏的"革命"道路——批判日本媒体的论调》　《东京大学新
闻》　1959 年 6 月 24 日

《丁玲评价的变迁》　《文学界》　13 卷 7 号　1959 年 7 月 1 日

《广受注目的"人民公社"——北京作家总结其历史》　《产经时

事》　1959 年 7 月 21 日

《曹禺〈雷雨〉的修改》　《产经时事》　1959 年 7 月 26 日

《赵树理近作》　《文学界》　13 卷 8 号　1959 年 8 月 1 日

《在贵族与农奴之间》（无译者名）　单超著　《妇女公论》　44 卷 19 号　1959 年 8 月 1 日

《发现鲁迅未发表书简 13 封》　《产经时事》　1959 年 8 月 17 日

《东风与西风——苏联与中国的文学、政治和社会》［座谈会］　合著　《新日本文学》　14 卷 9 号　1959 年 9 月 1 日

《郭沫若的历史剧》　《文学界》　13 卷 9 号　1959 年 9 月 1 日

《柳枝接骨》（无译者名）　《新观察》文　《妇女公论》　44 卷 20 号　1959 年 9 月 1 日

《电影、电视、书》（无译者名）　索比艾斯卡雅·克鲁拉著　《新观察》文　《妇女公论》　44 卷 20 号　1959 年 9 月 1 日

《加藤周一著〈乌兹别克、格鲁吉亚、喀拉拉邦纪行〉》［书评］　《日本读书新闻》　1959 年 9 月 4 日

《中国的做人资格——〈青春之歌〉的创作意图》（无署名）　《朝日新闻》　1959 年 9 月 4 日

《中国文学》　《世界文学》　20 号　1959 年 9 月 23 日

《吹扣的〈帽子〉》　《文学界》　13 卷 10 号　1959 年 10 月 1 日

《最近的中国文学——受关注的革命回忆录》　《旗》　1959 年 10 月 5 日

《一条回到"读物化"的道路——再谈近代小说文体》　《读书人周刊》　1959 年 10 月 6 日

《再回近代形态》　《京都新闻》　1959 年 10 月 10 日

《最近的中国文学》　《北国新闻》　1959 年 10 月 11 日

《消极抵抗者》　《东京新闻》　1959 年 10 月 12 日

《众多作者登场——大众化与美文化的交错》　《读书人周刊》1959 年 10 月 12 日

《宇宙旅行的盒饭》　《费加罗周刊》文　《妇女公论》　44 卷 22 号　1959 年 11 月 1 日

《赵树理回到农村》（无署名）　《日本读书新闻》　1959 年 11 月 2 日

《专业作家三千余人——十年文艺界回顾》 《产经时事》 1959年11月3日

《各地发现多种珍本》 《产经时事》 1959年11月4日

《反映最近动向的大规模庆贺特集》 《产经时事》 1959年11月14日

《意味深长的中共〈世界文学特集〉》 《产经时事》 1959年11月19日

《爱罗先珂全集》［书评］ 《日本读书新闻》 1959年11月21日

《鸭客》（无译者名） 《人民文学》文 1959年11月21日

《少数民族文学》 《文学界》 13卷12号 1959年12月1日

《中共文学界一年》 《产经时事》 1959年12月24日

《掀起波澜的"马寅初论文"——旧话重提人口问题》 共著 《中国年鉴（1960年）》 石崎书店 1960年1月1日

《加斯卡尔的〈中国纪行〉》 《文学界》 14卷1号 1960年1月1日

《十年概括》 《文学界》 14卷2号 1960年2月1日

《工人的哲学研究》 《产经时事》 1960年2月3日

《使命感和屈辱感——文学中民族责任的视角》 《现代的发现3》 春秋社 1960年2月10日

《无学历工人是科学院技师》 《产经时事》 1960年2月11日

《最近的电影界》 《产经时事》 1960年2月29日

《文学的迪斯尼乐园——〈敦煌〉和〈楼兰〉》 《新日本文学》 15卷3号 1960年3月1日

《描写学生运动的"革命小说"》（梁斌） 《文学界》 14卷3号 1960年3月1日

《文艺标准不必要——李氏对"文艺批评"的新见解》 《产经时事》 1960年3月21日

《北京的"电视大学"》 《产经时事》 1960年3月30日

《人民公社史中的问题——〈麦田人民公社史〉和〈城门人民公社史〉》 《东洋文化研究所纪要》 21号 1960年3月30日

《关于作家萧军》 《都立大学创立十周年纪念论文集（人文编）》 东京都立大学 1960年3月31日

《侵华派的挫折感和屈辱感——读〈虚构的起重车〉》　《新日本文学》　15卷4号　1960年4月1日

《小问题》　《文学界》　14卷4号　1960年4月1日

《首先着手日本——北京大学亚非各国研究计划》　《产经时事》1960年4月5日

《被埋没的作家》　《文学界》　14卷5号　1960年5月1日

《战争结束后的"中国"——从火野苇平到新日美安全保障条约》《新日本文学》　15卷5号　1960年5月1日

《中国文学研究和中国观》　《文学》　28卷5号　1960年5月10日

《站在桥上远望》　《中央公论》　75卷6号　1960年6月1日

《"必须狠打落水狗"》（中国语）　《大公报》　1960年6月11日

《愿中日两国青年的斗争友谊永远发展》（中国语）　《中国青年报》　1960年6月17日

《中国文学介绍》（1959年）　《文艺年鉴（1960年）》　新潮社1960年6月20日

《中国的作家们》　《产经时事》（晚刊）　1960年7月9日

《在中国听到的安保斗争——自访华文学代表团的回国报告》　《妇女民主新闻》　1960年7月17日

《再访中国》　《日本读书新闻》　1960年7月23日

《听毛主席对"安保斗争"的评价》　《朝日杂志》　2卷30号1960年7月24日

《被毛泽东赞扬的话》　《日本读书新闻》　1960年7月25日

《三池和中国》　《妇女民主新闻》　1960年7月31日

《北京第一信》　《文学界》　14卷8号　1960年8月1日

《在中国所感》　《文学》　28卷8号　1960年8月10日

《未见新动向》　《产经时事》　1960年8月17日

《去中国》　《久保荣研究》　3号　1960年8月31日

《孩子之国·中国》　《教师生活月刊》　11号　1960年8月

《和毛泽东的一个半小时》　《新日本文学》　15卷9号　1960年9月1日

《在中国所见——革命、战争、文学》［座谈会］　合著　《新日本

文学》　15 卷 9 号　1960 年 9 月 1 日

《文学交流座谈会》　《文学界》　14 卷 9 号　1960 年 9 月 1 日

《教育的责任——在中国》　《文学》　28 卷 9 号　1960 年 9 月 10 日

《中国的文艺政策——周扬所谈中国"为人民服务"文艺政策的内容》　《文学界》　14 卷 10 号　1960 年 10 月 1 日

《关于危机》［座谈会］　共著　《现代艺术》　创刊号　1960 年 10 月 1 日

《访华中听到的寒暄话》［对话］　合著　《二松学舍大学新闻》 1960 年 10 月 1 日

《新与旧》　摄影·中国　社会思想研究会出版部　1960 年 10 月 30 日

《铜鼓美学的联想——亚洲、非洲的文化和文学》　《新日本文学》 15 卷 11 号　1960 年 11 月 1 日

《〈野火春风斗古城〉——李英儒精彩的惊险小说超过百万部》 《文学界》　14 卷 11 号　1960 年 11 月 1 日

《"多余的人"应该扔进垃圾箱——茅盾的文学新论》　《产经时事》　1960 年 11 月 18 日

《一个短篇——陈残云以亲身感受描写人民公社的短篇小说〈公休日〉》　《文学界》　14 卷 12 号　1960 年 12 月 1 日

《关于音乐电影》　《文学界》　15 卷 1 号　1961 年 1 月 1 日

《中国年鉴（1961 年）》　合著　石崎书店　1961 年 1 月 1 日

《饕餮》　《现代艺术》　2 卷 1 号　1961 年 1 月 1 日

《人的感情变化——看第三次文代会报告》　《新日本文学》　16 卷 1 号　1961 年 1 月 1 日

《邻国的女性》　《护士学习》　1961 年 1 月号

《回忆"长征"》　《文学界》　15 卷 2 号　1961 年 2 月 1 日

《政治前卫与艺术前卫》　《纪录电影》　4 卷 2 号　1961 年 2 月 1 日

《常识性恐怖与不屈》　《现代艺术》　2 卷 2 号　1961 年 2 月 1 日

《访鲁迅故居》　《世界文学全集》月报　47 号　1961 年 2 月

《舞台上的"日清战争"》　《文学界》　15 卷 3 号　1961 年 3 月

1 日

　　《民间故事歌剧〈刘三姐〉》　　《文学界》　　15 卷 4 号　1961 年 4 月
1 日

　　《鹿地亘著〈心灵的轨迹〉》［书评］　　《新日本文学》　　16 卷 4 号
　1961 年 4 月 1 日

　　《关于日本与中国的文学》［座谈会］　　合著　　《北海道新闻》
1961 年 4 月 3 日

　　《亚非与中国文学》　　《文学界》　　15 卷 5 号　1961 年 5 月 1 日

　　《试图将政治通俗化的长篇小说》　　《朝日新闻》（晚刊）　　1961 年
5 月 7 日

　　《中国作家代表们的侧面像》　　《新日本文学》　　16 卷 6 号　1961
年 6 月 1 日

　　《森林中的红狮——出席亚非作家会议》　　《现代艺术》　　2 卷 5、6
号合刊　1961 年 6 月 1 日

　　《沙汀在东京大学——这位中共作家与日本学生亲切交谈与鲁迅的交
往》　　《文学界》　　15 卷 6 号　1961 年 6 月 1 日

　　《中国的现代化和日本现代化》　　《现代七大课题 7》　　筑摩书房
1961 年 6 月 15 日

　　《中国文学介绍（1960 年）》　　《文艺年鉴（1961 年）》　　新潮社
1961 年 6 月 15 日

　　《为了深入问题》［座谈会］　　合著　　《东京都立大学新闻》　　1961
年 6 月 20 日

　　《"脱亚论"的终结——亚非作家会议东京大会的启示》　　《新日本
文学》　　16 卷 7 号　1961 年 7 月 1 日

　　《延安培育的诗人——将青春奉献给解放战争的李季的长诗三部曲
〈杨高传〉》　　《文学界》　　15 卷 7 号　1961 年 7 月 1 日

　　《日本语》［座谈会］　　合著　　《现代艺术》　　2 卷 7 号　1961 年 7
月 1 日

　　《"王道乐土"与"阿尔及利亚"——关于青年艺术剧院公演〈远方
青年〉》　　《现代艺术》　　2 卷 7 号　1961 年 7 月 1 日

　　《连续八昼夜的神话叙事诗》　　《产经时事》　　1961 年 7 月 17 日

　　《克维迈·爱库尔曼著、野间宽二郎译〈写给祖国的自传〉》［书评］

《新日本文学》　16 卷 8 号　1961 年 8 月 1 日

《非虚构与虚构》　《文学界》　15 卷 8 号　1961 年 8 月 1 日

《鬼火迎接新死者》　《现代艺术》　2 卷 8 号　1961 年 8 月 1 日

《有异议！——关于铃木道彦的书评》　《新日本文学》　16 卷 9 号　1961 年 9 月 1 日

《非恐怖怪谈》　《文学界》　15 卷 9 号　1961 年 9 月 1 日

《宣扬美国幽灵——电影〈飞天法宝〉、〈没有明天的孩子〉等》《现代艺术》　2 卷 9 号　1961 年 9 月 1 日

《口号运动的逆转》　《御茶水女子大学新闻》　1961 年 9 月 25 日

《关于〈纳西族文学史〉》　《文学界》　15 卷 10 号　1961 年 10 月 1 日

《马克·吐温著〈火车食人案〉》［书评］　《新日本文学》　16 卷 10 号　1961 年 10 月 1 日

《与出埃及记相似——〈摆脱光荣〉、〈火山灰地·第一部〉等》《现代艺术》　2 卷 10 号　1961 年 10 月 1 日

《陶承〈一个母亲的回忆〉》　《读书人周刊》　1961 年 10 月 9 日

《茅盾〈霜叶红于二月花〉》　《中国的名著：鉴赏与批评》　劲草书房　1961 年 10 月 20 日

《战争文学与人道主义》　《新日本文学》　16 卷 11 号　1961 年 11 月 1 日

《关于〈高高的白杨树〉》　《文学界》　15 卷 11 号　1961 年 11 月 1 日

《〈火山灰地〉的感想》　《文学》　15 卷 11 号　1961 年 11 月 10 日

《武谷三男著〈物理学怎样改变了世界?〉》［书评］　《立教大新闻》　1961 年 11 月 15 日

《道德与反道德——推荐〈论语〉》　《外语文化》　5 号　1961 年 11 月 17 日

《关于丁玲批判》　《东洋文化研究所纪要》　25 号　1961 年 11 月 25 日

《无用的人》　《文学界》　15 卷 12 号　1961 年 12 月 1 日

《脱亚论与亲亚论》　《日中友好协会东京都联合会活动家养成讲座

记录》　1961 年

《新中国年鉴（1960 年）》　合著　远东书店　1962 年 1 月 1 日

《日本人的描述手法》　《文学界》　16 卷 1 号　1962 年 1 月 1 日

《“相关”与鼓掌——东京中国电影节》　《纪录电影》　5 卷 1 号
1962 年 1 月 1 日

《亚非作家会议日本协议会编〈亚非作家会议东京大会〉》　［书评］
《新日本文学》　17 卷 1 号　1962 年 1 月 1 日

《第 16 年的中国》　［对话］　合著　《图书新闻》　1962 年 1 月
1 日

《〈火山灰地〉、战后社会信号与禁忌》　《义月刊》　1962 年 1
月号

《鲁迅的生涯》　《鲁迅友之会会报》　26 号　1962 年 1 月

《从“革命”到“选举”——武田泰淳厌嫌政治的政治态度》
《新日本文学》　17 卷 2 号　1962 年 2 月 1 日

《猎狼》　《文学界》　16 卷 2 号　1962 年 2 月 1 日

《人民文艺大批判》　《文学界》　16 卷 3 号　1962 年 3 月 1 日

《报告文学集 I · 解说》　共编译　《中国现代文学选集》　第 15
册　平凡社　1962 年 3 月 5 日

《“中苏论争”与亚洲和非洲》　《新日本文学》　17 卷 4 号　1962
年 4 月 1 日

《报告文学集 IV · 解说》　共编译　《中国现代文学选集》　第 18
册　平凡社　1962 年 4 月 5 日

《世界文明与亚洲和非洲——第二届亚非作家会议的焦点》　共著
《新日本文学》　17 卷 5 号　1962 年 5 月 1 日

《明治天皇的面目》　《新日本文学通讯》　1 卷 3 号　1962 年 5 月
1 日

《“大众”的面目和与“大众”的接触》　《纪录电影》　5 卷 5 号
1962 年 5 月 1 日

《知识分子是“万世师表”》　《东京大学新闻》　1962 年 5 月
16 日

《描写卡佤族的两篇小说》　《文学界》　16 卷 6 号　1962 年 6 月 1
日

《中国文学介绍（1961 年）》　《文艺年鉴（1962 年）》　新潮社
1962 年 6 月 5 日

《中苏论争的逻辑与现实》　《东京大学新闻》　1962 年 6 月 6 日

《关于木下顺二的剧作》　《大阪工演》　158 号　1962 年 6 月
10 日

《〈六十年变迁〉第二卷》　《文学界》　16 卷 7 号　1962 年 7 月 1
日

《杂志〈新青年〉重印》　《日本读书新闻》　1962 年 7 月 10 日

《茅盾的反省》　《文学界》　16 卷 8 号　1962 年 8 月 1 日

《短篇〈野牛寨〉》　《文学界》　16 卷 9 号　1962 年 9 月 1 日

《〈矛盾论〉的翻译》　《唯物论研究》　11 号　1962 年 9 月 1 日

《战后文学和中国革命》　《新日本文学》　17 卷 10 号　1962 年 10
月 1 日

《鲁迅的信》　《文学界》　16 卷 10 号　1962 年 10 月 1 日

《金色的群山》　吴源植著　共译　至诚堂　1962 年 12 月 20 日

《海外文学展望·中国》　《新日本文学》　18 卷 1 号　1963 年 1
月 1 日

《生活在人民公社的人》　《亚洲经济旬报》　525、526 合刊
1963 年 1 月 1 日

《新中国年鉴（1963 年）》　远东书店　1963 年 1 月 1 日

《秦兆阳》　《朝日杂志》　5 卷 41 号　1963 年 1 月 13 日

《“人民”的自我理解及其组织——义和团传说的世界》　《东洋文
化研究所纪要》　29 号　1963 年 1 月 28 日

《中苏论争——世界革命的印象》［对话］　合著　《读书人周刊》
1963 年 2 月 4 日

《尾崎秀树著〈佐尔格事件〉》［书评］　《日本读书新闻》　1963
年 2 月 4 日

《致力长篇小说三十年——李劼人完稿前去世》　《产经时事》
1963 年 2 月 18 日

《中国的领导人》　《现代之眼》　4 卷 4 号　1963 年 4 月 1 日

《“卧薪尝胆”新说——北宋苏轼规范成语》　《产经时事》　1963
年 4 月 3 日

《A. 索尔仁琴著〈伊万·坦尼索比奇的一天〉》［书评］　江川卓译、小笠原丰树译、木村浩译　《新日本文学》　18 卷 5 号　1963 年 5 月 1 日

《电影与民族主义》　《剧本》　19 卷 5 号　1963 年 5 月 1 日

《文学史与思想史》［座谈会］　合著　《日本文学》　120 号　1963 年 5 月 1 日

《中共文坛解冻》　《产经时事》　1963 年 5 月 7 日

《人民公社和文学》　《现代中国》　38 号　1963 年 5 月 20 日

《中国的孩子们》　《少年少女新世界文学全集月报》　9 号　1963 年 6 月 18 日

《社会主义现实主义和现代艺术》［座谈会］　合著　《新日本文学》　18 卷 7 号　1963 年 7 月 1 日

《谎》　《日本发现》　创刊号　1963 年 7 月 1 日

《中国文学介绍（1962 年）》　《文艺年鉴（1963 年）》　新潮社　1963 年 7 月 5 日

《罗才打虎》　李南力著　《国王》　29 卷 8 号　1963 年 8 月 1 日

《明治汉学者的中国纪行》　《人文学报》　36 号　1963 年 8 月 30 日

《花田清辉著〈希拉诺的晚餐〉》［书评］　《新日本文学》　18 卷 10 号　1963 年 10 月 1 日

《E. 斯诺著〈觉醒之旅〉》［书评］　《产经时事》　1963 年 10 月 7 日

《中国文化——既深且广地推进文化革命》　《世界地理风俗体系 6》　诚文堂新光社　1963 年 10 月 15 日

《群众中的一种形象》　《星火》　10 号　1963 年 10 月

《与习惯性格斗——对现代中国的看法和意见》　《文学》　31 卷 11 号　1963 年 11 月 10 日

《音乐中的"传统"问题》［座谈会］　合著　《费格拉因阔尔合唱团广告册》　1963 年 11 月

《新中国年鉴（1964 年）》　合著　远东书店　1964 年 1 月 1 日

《摆脱"青春"》　《学生通信》　1964 年 3 月 1 日

《关于传闻》　《新日本文学》　19 卷 3 号　1964 年 3 月 1 日

《〈论语〉的思想》　《中国语研究会报》　5 号　1964 年 4 月 15 日

《写在岩波书店版〈鲁迅选集〉再版时》［书评］　《读书人周刊》
1964 年 4 月 20 日

《文学与现代》［座谈会］　合著　《新日本文学》　19 卷 5 号
1964 年 5 月 1 日

《关于现代民间故事》　共著　《青年艺术剧场季刊》　8 号　1964
年 5 月 5 日

《中国文学的翻译、研究（1963 年）》　《文艺年鉴（1964 年）》
《新潮社》　1964 年 5 月 20 日

《大正文学里的中国形象——长与善郎的作品》　《亚非文献调查报
告》　62 册　1964 年 7 月

《满州帝国的内幕》　《产经时事》　1964 年 10 月 29 日

《理解中共入门》　《东京新闻》　1964 年 11 月 28 日

《时间中的死亡》［座谈会］　合著　《费格拉因阔尔合唱团第九次
演奏会广告册》　1964 年 11 月

《中国核试验和日本知识分子》　《新日本文学》　20 卷 1 号　1965
年 1 月 1 日

《新中国年鉴（1965 年）》　共著　《远东书店》　1965 年 1 月 1 日

《爱德迦·斯诺著〈中共杂记〉》［书评］　《读书人周刊》　1965
年 1 月 1 日

《〈井上光晴作品集〉第 1 卷》［书评］　《印刷服务新闻》　17 号
1965 年 2 月 20 日

《二次大战后和国际主义》［座谈会］　合著　《新日本文学》　20
卷 3 号　1965 年 3 月 1 日

《尾坂德司著〈中国新文学运动史续集〉》［书评］　《新泻新闻》
1965 年 3 月 27 日

《关于"国防文学"论争》　《现代中国》　40 号　1965 年 3 月
31 日

《海外文学杂志——中国〈文艺报〉》　《新日本文学》　20 卷 4 号
1965 年 4 月 1 日

《万里长城与十个人的儿子、冬瓜（中国民间故事）》　《印刷服务
新闻》　31 号　1965 年 4 月 10 日

《毛泽东：其诗与人生》　合著　文艺春秋社　1965 年 4 月 20 日

《日本人理解的中国》　《春秋》　63—65 号　1965 年 4 月 25 日—6 月 25 日

《中国发生了什么事？——关于中国文艺界的最近动向》　《新日本文学》　20 卷 5 号　1965 年 5 月 1 日

《关于"中间人物论"》　《思想》　491 号　1965 年 5 月 5 日

《爱新觉罗·溥仪著、新岛淳良、丸山升译〈我的前半生〉》［书评］（无署名）　《产经时事》　1965 年 5 月 12 日

《超越现实的思想——解说非洲出现的事态》［书评］　《日本读书新闻》　1965 年 6 月 2 日

《中国文学介绍（1964 年）》　《文艺年鉴（1965 年）》　新潮社　1965 年 6 月 30 日

《"人—状态"模式的反向理解》　《新日本文学》　20 卷 7 号　1965 年 7 月 1 日

《知识分子身影的境遇》　《现代之眼》　6 卷 7 号　1965 年 7 月 1 日

《中国报道》　《产经时事》　1965 年 7 月 19 日

《丸山升著〈鲁迅——他的文学与革命〉》［书评］　《北海道新闻》　1965 年 7 月 29 日

《伦理：耻的感情》　《新日本文学》　20 卷 8 号　1965 年 8 月 1 日

《贝塚茂树〈日本与日本人〉》［书评］　《朝日杂志》　7 卷 36 号　1965 年 8 月 29 日

《亚洲之花》　《〈叫我怎能不想她〉公演广告册》　1965 年 8 月

《风俗与思想》　《荷风全集》月报　28 号　岩波书店　1965 年 8 月

《"看见的"与"被看见的"》　《新日本文学》　20 卷 9 号　1965 年 9 月 1 日

《"参加"与"距离"》　《新日本文学》　20 卷 10 号　1965 年 10 月 1 日

《学习中国文学（1）》　《新人文学》　40 号　1965 年 10 月 15 日

《不肯落后的人们》　《新日本文学》　20 卷 11 号　1965 年 11 月

1 日

　　《超越隐遁思想》　　《新日本文学》　　20 卷 12 号　　1965 年 12 月
1 日

　　《现代日本文学在中国》　　《群像》　　20 卷 12 号　　1965 年 12 月
1 日

　　《学习中国文学（2）》　　《新人文学》　　41 号　1965 年 12 月 15 日
　　《德以恰著、山西英一译〈毛泽东主义〉》［书评］　　《东京新闻》
1965 年 12 月 20 日

　　《胡风和路翎》　　《群像》　　21 卷 1 号　1966 年 1 月 1 日
　　《在否认与无视中》［书评］　　《文艺》　　5 卷 1 号　1966 年 1 月
1 日

　　《吉川幸次郎、三好达治共著〈新唐诗选〉》［书评］　　《朝日杂志》
8 卷 8 号　1966 年 2 月 20 日

　　《鲁迅和果戈理——两个〈狂人日记〉》　　《世界文学》　　24 号
1966 年 3 月 20 日

　　《明治时代关于"中国"的小说》　　《人文学报》　　53 号　1966 年
3 月 30 日

　　《关于"第三种人"的论争》　　《东洋文化》　　41 号　1966 年 3 月
30 日

　　《批判孔孟道德继承论》（无署名）　　《朝日新闻》（晚刊）　　1966
年 4 月 7 日

　　《学习中国文学（3）》　　《新人文学》　　42 号　1966 年 4 月 15 日
　　《"敦煌星图"全貌显现》（无署名）　　《朝日新闻》（晚刊）　　1966
年 5 月 7 日

　　《可疑的"郭沫若发言"》　　《东京时代》　　1966 年 5 月 11 日
　　《郭沫若的自我批判和文化革命——处于困境的中国历史学》　　《朝
日杂志》　　8 卷 21 号　1966 年 5 月 20 日

　　《架起真正文化交流的桥梁》［书评］　　《东京新闻》（晚刊）
1966 年 5 月 25 日

　　《〈屈原〉毕竟是杰作》　［书评］　　《北海道新闻》　　1966 年 5
月 25 日

　　《来自马克思主义的新孔子论》　　《朝日新闻》（晚刊）　　1966 年 6

月 4 日

《J. M. 巴特拉姆著〈中国革命的转机——西安事变纪实〉》［书评］
《日本读书新闻》 1966 年 6 月 6 日

《关于郭沫若的历史剧》 《新日本文学》 21 卷 7 号 1966 年 7 月 1 日

《中国文化革命的意味》 《现代之眼》 7 卷 7 号 1966 年 7 月 1 日

《学习毛泽东思想运动分析》 《中央公论》 81 卷 8 号 1966 年 8 月 1 日

《毛泽东制造新星·林彪——从文化革命中产生的实力派》 《平凡会萃》 1966 年 9 月 5 日

《关于〈燕山夜话〉——文化革命的虚无主义》 《日本读书报》 1966 年 10 月 10 日

《文人趣味的话题》［书评］（无署名） 《北海道新闻》 1966 年 10 月 12 日

《详细、具体的 NHK〈中国文明的传统〉》［书评］ 《东京新闻》 1966 年 10 月 14 日

《了解今日中国的动态》 《朝日周刊》 2484 号 1966 年 10 月 15 日

《解放区文学反映的法律意识变革》 《仁井田纪念讲座 2》 《现代亚洲的革命与法（下）》 劲草书房 1966 年 10 月 15 日

《日本人心目里的中国形象》 春秋社 1966 年 10 月 20 日

《我心中的红卫兵》 《新日本文学》 21 卷 11 号 1966 年 11 月 1 日

《解开中国文化大革命之谜》［座谈会］ 合著 《中央公论》 81 卷 11 号 1966 年 11 月 1 日

《毛泽东传》（附毛泽东语录） 河出书房 1966 年 12 月

《文学的收获和政治的损失》 《群像》 22 卷 1 号 1967 年 1 月 1 日

《吴晗、文化大革命与一位历史学者的命运——现代知识分子的典型》 《中央公论》 82 卷 1 号 1967 年 1 月 1 日

《中国问题用语解说》 合著 《现代用语基础知识》 自由国民社

1967 年 1 月 1 日

《毛泽东的诗——看未发表的近作》　《朝日新闻》（晚刊）　1967年 1 月 19 日

《安藤彦太郎著〈中国通信〉》［书评］　《世界》　255 号　1967年 2 月 1 日

《日本和中国——关于"中国湖南省"》　合著　《久保荣研究》9 号　1967 年 4 月 15 日

《中国的思想——传统与现代》　日本广播出版协会　1967 年 4 月20 日

《与其说动不如说静的人（毛泽东）》　《文艺春秋》　45 卷 5 号1967 年 5 月 1 日

《中国：同时代的知识分子》　合同出版　1967 年 5 月 25 日

《我的中国文化大革命观》　《文艺》　6 卷 7 号　1967 年 7 月 1 日

《和北京交换新刊》　《北海道新闻》　1967 年 7 月 3 日

《毛泽东的思想——关于他的"主观能动性"》　《近代中国的思想和文学》　大安股份公司　1967 年 7 月 1 日

《亲日政治家的直率文笔》［书评］（无署名）　《朝日新闻》1967 年 8 月 8 日

《中园英助著〈钟在夜里敲响〉》［书评］　《我会新报》　1967 年8 月 13 日

《中国的"可怕"》［书评］　《日本读书新闻》　1421 号　1967 年8 月 28 日

《触及真相的体验》　《朝日新闻》（晚刊）　1967 年 9 月 29 日

《诗人闻一多传记出版》（无署名）　《朝日新闻》　1967 年 11 月21 日

《中国古典篇》　《文春周刊》　9 卷 47 号　1967 年 11 月 27 日

《周恩来的作用》　《朝日杂志》　9 卷 52 号　1967 年 12 月 17 日

《封闭中国的内情——怎样理解文化大革命》［对话］　合著　《淑女》　1967 年 12 月号

《最初的中国语老师》　《NHK 中国语讲座》　1967 年 12 月、1968年 1 月号

《来自混乱和虚无的中心——世界文学现状与展望·中国》　《群

像》　23 卷 1 号　1968 年 1 月 1 日

《中国问题用语解说》　合著　《现代用语基础知识（1968 年）》自由国民社　1968 年 1 月 1 日

《到左翼作家联盟成立》　《东洋文化》　44 号　1968 年 2 月 20 日

《关于鲁迅的短刀》《吉川博士退休纪念·中国文学论文集》　筑摩书房　1968 年 3 月 18 日

《京大时代的兜子》　《俳句研究》　35 卷 4 号　1968 年 4 月 1 日

《武田泰淳著〈秋风秋雨愁煞人〉》［书评］　《中央公论》　83 卷 5 号　1968 年 5 月 1 日

《中国语·近代化的苦恼》　《语言生活》　200 号　1968 年 5 月 1 日

《眉间尺的故事》　《春秋》　46 卷 7 号　1968 年 7 月 1 日

《描绘核心人物——与众不同的自传〈我的回忆〉》　（无署名）《朝日新闻》　1968 年 7 月 2 日

《日本人的中国观——内田良平》　《中国文化丛书 10》　《日本文化和中国》　大修馆　1968 年 7 月 5 日

《关于“战争责任”——“七·七”（卢沟桥“事件”）三十一周年在早稻田大学集会的讲演》　《红河》　1968 年 7 月 5 日

《〈黄兴评传〉在台北发行》（无署名）　《北海道新闻》　1968 年 7 月 15 日

《被批判的纪念邮票》　（无署名）　《朝日新闻》　1968 年 7 月 20 日

《鲁迅与现代》　共编著　劲草书房　1968 年 7 月 25 日

《“阿金”考》　劲草书房　1968 年 7 月 25 日

《鲁迅年表》　劲草书房　1968 年 7 月 25 日

《中国“现代”的开幕》［书评］　《东京新闻》　1968 年 7 月 28 日

《毛泽东批判——“牛鬼蛇神”及其他》　《群像》　23 卷 8 号 1968 年 8 月 1 日

《文坛实况钩勒》（署名：黄）　《朝日新闻》（晚刊）　1968 年 8 月 17 日

《爱德迦·斯诺著、松冈洋子译〈北京、华盛顿、夏威夷〉》［书评］

《北海道新闻》　1968 年 8 月 19 日

《毛泽东著作系年》　陈志让著　《东亚季刊》　4 号　1968 年 8 月 20 日

《独特架构的鲁迅像》［书评］　《产经时事》　1968 年 9 月 29 日

《经由中国的美国》　《互助》　1968 年 9 月号

《文化大革命与教育》　《东京新闻》（晚刊）　1968 年 10 月 2 日

《七号环状线和〈工人绥惠霍夫〉》　《春秋》　99 号　1968 年 12 月 25 日

《中国问题用语解说》　合著　《现代用语基础知识（1969 年）》自由国民社　1969 年 1 月 1 日

《克服困难条件》（署名：黄）　《朝日新闻》（晚刊）　1969 年 1 月 18 日

《西太后也登台》（署名：黄）　《朝日新闻》（晚刊）　1969 年 2 月 15 日

《文学艺术销声匿迹》　《东京新闻》（晚刊）　1969 年 3 月 22 日

《中国语天地入门（1、2、3）》　《中国语》　111—113 号　1969 年 4 月 1 日—6 月 1 日

《毛泽东〈矛盾论〉的原型》　《思想》　538 号　1969 年 4 月 5 日

《描写革命时代》（署名：白）　《朝日新闻》（晚刊）　1969 年 4 月 26 日

《日本诞生之歌》（署名：久）　《朝日新闻》（晚刊）　1969 年 5 月 5 日

《正大光明郑论文》（署名：黄）　《朝日新闻》（晚刊）　1969 年 5 月 17 日

《政治中的文学》［三人谈］　共著　《群像》　24 卷 7 号　1969 年 7 月 1 日

《铭记文人悲剧》（署名：黄）　《朝日新闻》（晚刊）　1969 年 7 月 12 日

《丸山松幸著〈五四运动〉》［书评］　《东京新闻》　1969 年 7 月 28 日

《认识中国的关键：〈矛盾论〉——理解面纱后神秘现象的诀窍》《现代》　1969 年 7 月号

《什么叫"自我批评"》［座谈会］　共著　《中央公论》　84 卷 8
号　1969 年 8 月 1 日

《周作人的回忆录》　《朝日新闻》（晚刊）　1969 年 9 月 13 日

《现代中国论争年表》　《现代中国讲座 2》　《大修馆书店》
1969 年 9 月 20 日

《尾崎秀树著〈和鲁迅的对话〉》　《产经新闻》　1969 年 9 月
29 日

《革命史上的阿 Q》　《文学座〈阿 Q 正传〉公演说明册》　1969
年 9 月

《提纲挈领的〈中国的思想〉》　《东书高校通信》　71 号　1969 年
10 月 1 日

《周作人的遗作出版》（无署名）　《朝日新闻》（晚刊）　1969 年
10 月 7 日

《鲁迅〈阿 Q 正传〉》（名作文库）　《每日新闻》　1969 年 10 月
12 日

《虚构的日中和平》　《潮·特刊》（日本未来）　15 号　1969 年
10 月 15 日

《日本和中国》　《板桥职员报》　30 号　1969 年 10 月 25 日

《作为工具的书》　《群像》　24 卷 11 号　1969 年 11 月 1 日

《鲁迅和柔石（1、2）》　《文艺》　8 卷 11、12 号　1969 年 11 月
1 日、1969 年 12 月 1 日

《田冈岭云与中国》　《田冈岭云全集》　第 5 卷附录　法政大学出
版局　1969 年 11 月 10 日

《山口一郎著〈现代中国史〉》［书评］　《朝日杂志》　11 卷 4 号
1969 年 11 月 16 日

《刘少奇在医学中也被批判》（无署名）　《朝日新闻》　1969 年 11
月 17 日

《是"第二次文化大革命"的预兆么?》（署名：黑）　《朝日新闻》
（晚刊）　1969 年 11 月 22 日

《十七岁的时候》　《现代意大利文学 4》月报　6 号　1969 年 11 月

《毛泽东和弟妹们》　《朝日新闻》（晚刊）　1969 年 12 月 22 日

《不复沉沦醉梦中》　《东京都立大学教职员 10·29 文集》　1969

年 12 月 29 日

《井上光晴〈荒废的夏天〉》［书评］　《井上光晴的文学》月报　1
号　1969 年 12 月

《中国问题用语解说》　合者　《现代用语基础知识（1970 年）》
自由国民社　1970 年 1 月 1 日

《杰罗姆·陈著，德田教之译〈毛泽东——毛与中国革命〉》［书评］
《亚洲经济》　11 卷 1 号　1970 年 1 月 15 日

《施拉姆·斯图加特著、石川忠雄译〈毛泽东〉》［书评］　《亚洲
经济》　11 卷 1 号　1970 年 1 月 15 日

《鲁迅之"敌"——从国防文学论争说起》　《中国语》　120 号
1970 年 1 月 15 日

《历史界的大损失——传说陈寅恪已死》（署名：黄）　《朝日新
闻》（晚刊）　1970 年 1 月 17 日

《行为、人、历史》　《世界宗教月报：四次元谱》　9 号　1970 年
1 月

《鲁迅〈答徐懋庸……〉》　《新日本文学》　25 卷 2 号　1970 年 2
月 1 日

《透视历史——花田清辉〈三国志随笔〉》　《群像》　25 卷 2 号
1970 年 2 月 1 日

《揭开杀害真相——〈郁达夫资料出版〉》（署名：黑）　《朝日新
闻》（晚刊）　1970 年 2 月 14 日

《茶馆》［对话］　《中国语》　123—146 号　1970 年 4 月 1 日—
1972 年 3 月 1 日

《何谓"敌人"》　《群像》　25 卷 5 号　1970 年 5 月 1 日

《出口的发电机（大江健三郎《人这个坏东西》)》［书评］　《群
像》　25 卷 6 号　1970 年 6 月 1 日

《中国为何把日本看作帝国主义?》［座谈会］　合著　《潮》　126
号　1970 年 6 月 1 日

《毛泽东思想谈"修正"》（署名：黄）　《朝日新闻》（晚刊）
1970 年 6 月 20 日

《关于武田泰淳对话集〈混混沌沌〉》［书评］　《文学界》　24 卷
7 号　1970 年 7 月 1 日

《须田祯一著〈吃葡萄虽然牙疼〉》［书评］ 《读书人周刊》 333号 1970 年 7 月 6 日

《日中关系中的"心情"与"逻辑"》 《潮·特刊》 18 号 1970年 7 月 15 日

《毛泽东集（第 1 版）》 10 册 监修 北望社 1970 年 7 月 31 日—1972 年 2 月 29 日

《解说》 《野间宏全集》 第 13 卷 筑摩书房 1970 年 8 月 10 日

《鲁迅——大人和儿童文学有什么关系?》 《儿童文学读本·日本儿童文学临时特刊》 1970 年 8 月 31 日

《风波》 石果著 《发现当今世界文学全集 8、亚洲的觉醒》 学艺书林 1970 年 8 月 31 日

《长城、风与丁玲》 《文艺》 9 卷 9 号 1970 年 9 月 1 日

《关于"孔子诞生 2400 周年纪念大会"》 《世界文学全集 3〈五经·论语〉》 筑摩书房 1970 年 9 月 5 日

《阪谷芳直、铃木正著〈中江丑吉的性情——继承兆民〉》［书评］《读书新闻》 1970 年 9 月 7 日

《战争责任与学习中国语》［讲演］ 《纪念〈仓石中国语讲习班 20周年史〉发起讲演会》 1970 年 9 月 12 日

《恢复信任是第一位的》［对话］ 合著 《圣教新闻》 1970 年 10月 6 日

《纠正根深蒂固的偏见》［对话］ 合著 《圣教新闻》 1970 年 10月 7 日

《新村彻著〈鲁迅之心〉》 《野草》 1 号 1979 年 10 月 10 日

《啊，大东亚共荣圈——难民的思想》 《新日本文学》 25 卷 11号 1970 年 11 月 1 日

《思想的创伤》［书评］ 《群像》 25 卷 11 号 1970 年 11 月 1 日

《"日朝一体"的小说》 《文学》 38 卷 11 号 1970 年 11 月10 日

《中国问题用语解说》 合著 《现代用语基础知识（1971 年）》自由国民社 1970 年 12 月 1 日

《罗杰·卡罗迪著〈现代中国与马克思主义〉》［书评］ 《读书新闻》 1970 年 12 月 5 日

《狠下普及工夫——中国革命样板戏》（署名：朱）　《朝日新闻》（晚刊）　1970 年 12 月 12 日

《死水微澜、暴风雨前》　李劼人著　《现代中国文学 7》　河出书房　1971 年 1 月 10 日

《中国的思想》［资料　伦、社］　东京学习出版社　1971 年 1 月 15 日

《质疑"英雄"的功过》（署名：朱）　《朝日新闻》（晚刊）1971 年 1 月 16 日

《想中国》　《每日新闻》　1971 年 1 月 28 日

《关于推测论文（1）》　《初版〈毛泽东集 7 卷〉月报》　1971 年 1 月 31 日

《毛泽东心中的政治和文学》　《群像》　26 卷 3 号　1971 年 3 月 1 日

《狂、政治、人（上、下）》　《东京新闻》　1971 年 3 月 15 日、16 日

《饮食的书、钱的书》　《中国古典文学大馆大系》月报　42 号 1971 年 3 月

《中国语学习法》［座谈会］　合著　《中国语》　135 号 1971 年 4 月 1 日

《文学的话》　《文学》　39 卷 4 号　1971 年 4 月 10 日

《按运动论顺序理解毛泽东思想》［书评］　《东洋经济》　3594 号 1971 年 5 月 1 日

《民众的思想与文学》［对话］　合著　《文学·教育 5》　明治图书　1971 年 5 月

《关于生活与革命》［对话］　合著　《日本未来》（《潮》特刊）1971 年 1 号　1971 年 5 月 30 日

《来自关于朝鲜的杂志与读物》　《产经新闻》　1971 年 6 月 24 日

《"两"与"对"——洞察中国》　《东书高校新闻·国语》　99 号 1971 年 7 月 1 日

《对新中国的"惊异"》　《潮》　141 号　1971 年 7 月 1 日

《思考中国与日本的共同点》［座谈会］　合著　《新评》　215 号 1971 年 7 月 1 日

《关于"反帝斗争纲领"》〔座谈会〕　合著　《中国语》　138 号
1971 年 7 月 1 日

《如何思考中国问题》〔三人谈〕　共著　《读书人周刊》　833 号
1971 年 7 月 5 日

《从"孝"到"忠"——"文化大革命"中的思想》　《经济评论》
20 卷 8 号　1971 年 8 月 1 日

《日本心目里的中国》〔对话〕　合著　《现代之眼》　12 卷 9 号
1971 年 9 月 1 日

《日中问题是心的问题》　《产经新闻》　1971 年 9 月 23 日

《冰面下的火——鲁迅诞生九十周年回想》　《公明新闻》　1971
年 9 月 28 日

《政治、文学和生活》　《经济评论·特刊》　《日本评论社》
1971 年 10 月 1 日

《"日中"今后的路标》〔书评〕　《日本读书新闻》　1971 年 10 月
10 日

《鲛岛敬治著〈八亿朋友〉》〔书评〕　《日本经济新闻》　1971 年
10 月 10 日

《毛泽东语录》　毛泽东著　《角川书店》　1971 年 10 月 25 日

《评论、散文》〔编辑、解题〕　《现代中国文学 12》　《河出书房
新社》　1971 年 10 月 25 日

《三与空（或虚）》　《涡》　12 卷 2 号　1971 年 10 月 30 日

《啊，大东亚共荣圈——建国的思想》　《新日本文学》　26 卷 11
号　1971 年 11 月 1 日

《中国怎样看日本？》〔解说〕　《中央公论》　1971 年 11 月增刊号
1971 年 11 月 25 日

《毛泽东札记》　新泉社　1971 年 12 月 1 日

《胡风前后》　《群像》　26 卷 12 号　1971 年 12 月 1 日

《汉·斯因著〈2001 年的中国〉》〔书评〕　《日本经济新闻》
1971 年 12 月 19 日

《中国问题用语解说》　合著　《现代用语基础知识（1972 年）》
自由国民社　1972 年 1 月 1 日

《圆仁——日中文化交流的一个原型》　《历史和人物》　5 号

1972 年 1 月 1 日

《看人民公社》　《人民公社史》　《中国革命与文学 11》　平凡社　1972 年 1 月 10 日

《我们心目中的亚洲——移民形象》　《中央公论》　87 卷 2 号　1972 年 2 月 1 日

《中国语与日本语的逻辑和思考》　《思想》　572 号　1972 年 2 月 5 日

《爱德迦·斯诺与中国》　《产经新闻》　1972 年 2 月 23 日

《现代中国的文学——进程与逻辑》　研究社　1972 年 2 月 29 日

《现代中国文学年表》　研究社　1972 年 2 月 29 日

《远自秦始皇（中国小路 1）》　《传统与现代》　14 号　1972 年 3 月 1 日

《"北京之后"的世界》［研讨会］　合著　《朝日杂志》　14 卷 10 日　1972 年 3 月 10 日

《中国文学新动向（上、下）》　《东京新闻》（晚刊）　1972 年 3 月 14、15 日

《安宇植著〈金史良——他的抵抗生涯〉》［书评］　《文艺》　11 卷 4 号　1972 年 4 月 1 日

《梦之语——〈现代中国的文学——逻辑与进程〉完稿》　《书人》　78 号　1972 年 4 月 1 日

《毛泽东和中国共产党》　中央公论社　1972 年 4 月 25 日

《"同文关系"——日中的误解》　《中央公论》　87 卷 5 号　1972 年 5 月 1 日

《桃源竹雨（中国小路 2）》　《传统与现代》　15 号　1972 年 5 月 1 日

《戴季陶著〈日本论〉》［书评］　《日本经济新闻》　1972 年 5 月 7 日

《业余的中国与专业的中国》［对话］　共著　《日本未来》（《潮》特刊）　1972 年 2 号　1972 年 6 月 1 日

《毛泽东的生涯——调动八亿人民的魅力的源泉》　光文社　1972 年 6 月 25 日

《复辟之梦——国士和女间谍（中国小路 3）》　《传统与现代》

16 号　1972 年 7 月 1 日

《圆仁〈入唐求法巡礼行记〉》　《读卖新闻》　1972 年 7 月 29 日

《瞿秋白的暮年》　《历史和人物 12 号》　1972 年 8 月 1 日

《K 先生的旧提包》　《每日新闻》　1972 年 8 月 21 日

《在矛盾与逆流中——〈金史良全集〉》［书评］　《日本读书新闻》
1972 年 8 月 28 日

《澳门、海、云（中国小路 4）》　《传统与现代》　17 号　1972 年
9 月 1 日

《茶馆》［对话］　合著　《中国语》　152—212 号　1972 年 9 月 1
日—1977 年 9 月 1 日

《尚未站立起的中国形象》　《东京新闻》　1972 年 9 月 29 日

《掩耳盗铃》　《朝日杂志》　14 卷 39 号　1972 年 9 月 29 日

《今后的日中关系——应该慎用"友好"二字》　《公明新闻》
1972 年 9 月 30 日

《资料》　《世界无产阶级文学运动》　第 1 卷　合著　三一书房
1972 年 9 月 30 日

《啊，大东亚共荣圈——宣抚的思想（上）》　《新日本文学》　27
卷 10 号　1972 年 10 月 1 日

《长征画集》［解说］　《朝日周刊》（临时增刊号）　1972 年 10 月
1 日

《显彰中国史的 20 位英杰》　《朝日周刊》（临时增刊号）　1972
年 10 月 1 日

《了解中国》　《第三文明》　140 号　1972 年 10 月 2 日

《日中复交——文化和文化交流问题》　《产经新闻》（晚刊）
1972 年 10 月 2 日

《对中国语的认识》　《每日新闻》（晚刊）　1972 年 10 月 3 日

《小心，小心——大胆思考"日中问题"》［座谈会］　合著　《东
洋经济周刊》　3696 号　1972 年 10 月 14 日

《汉字的翻译》　《每日新闻》（晚刊）　1972 年 10 月 17 日

《谢先生事》　《每日新闻》（晚刊）　1972 年 10 月 24 日

《加藤周一著〈中国〉》［书评］　《东洋经济周刊》　3698 号
1972 年 10 月 28 日

《日中——文章的感觉》　《每日新闻》（晚刊）　1972 年 10 月
31 日

《关于战争责任》　《世界》　324 号　1972 年 11 月 1 日

《啊，大东亚共荣圈——宣抚的思想（下）》　《新日本文学》　27
卷 11 号　1972 年 11 月 1 日

《亚洲一统（中国小路 5）》　《传统与现代》　18 号　1972 年 11
月 1 日

《毛泽东传》［翻译、解说］　王力著　《中央公论》　87 卷 11 号
1972 年 11 月 1 日

《时间》　《每日新闻》（晚刊）　1972 年 11 月 7 日

《"学者犬"的话》　《每日新闻》（晚刊）　1972 年 11 月 14 日

《汉字表记法》　《每日新闻》（晚刊）　1972 年 11 月 21 日

《无法表现……》　《每日新闻》（晚刊）　1972 年 11 月 28 日

《革命和语言——在中国》　《语言》　1 卷 9 号　1972 年 12 月
1 日

《中国革命与民众》［对话］　合著　《第三文明》　142 号　1972
年 12 月 2 日

《署名要求》　《每日新闻》（晚刊）　1972 年 12 月 5 日

《标签》　《每日新闻》（晚刊）　1972 年 12 月 12 日

《中国革命——阿 Q 起来革命之时》　《现代革命逻辑》　自由国民
社　1972 年 12 月 15 日

《醉于美》　《每日新闻》（晚刊）　1972 年 12 月 19 日

《啸》　《每日新闻》（晚刊）　1972 年 12 月 26 日

《鲁迅、仙台、短刀（中国小路 6）》　《传统与现代》　1973 年 1
月 1 日

《楚辞集注——离骚·九歌（抄）·渔父》　译解　《中央公论》
88 卷 1 号　1973 年 1 月 1 日

《武田泰淳著〈快乐〉》［书评］（1、2）　《群像》　28 卷 1 号
1973 年 1 月 1 日

《中国问题用语解说》　合著　《现代用语基础知识（1973 年）》
自由国民社　1973 年 1 月 1 日

《文学大革命》［编译］　《资料现代史 76》　平凡社　1973 年 1 月

10 日

　　《林彪事件的真相》　　《中央公论》　　88 卷 2 号　　1973 年 2 月 1 日

　　《以 "物" 为地名》　　《中央公论》　　88 卷 2 号　　1973 年 2 月 1 日

　　《 "后文化大革命" 的新动向》　　《朝日新闻》　　1973 年 2 月 28 日

　　《开拓大陆土地之梦（中国小路 7）》　　《传统与现代》　　20 号
1973 年 3 月 1 日

　　《无穷的滋味——小川环树著〈风与云〉》 ［书评］　　《朝日杂志》
15 卷 13 号　　1973 年 4 月 6 日

　　《邓小平掌权是摆脱 "文化大革命" 的象征么》 ［对话］　　合著
《朝日杂志》　　15 卷 16 号　　1973 年 27 日

　　《邓小平解放——走向 "摆脱" 文化大革命的结束》［座谈会］　　合
著　　《东洋经济》　　3784 号　　1973 年 4 月 28 日

　　《照片传记·毛泽东》　　《文艺春秋》　　51 卷 5 号　　1973 年 5 月
1 日

　　《从毛泽东的诗看革命思想》　　《文艺春秋》　　51 卷 5 号　　1973 年 5
月 1 日

　　《玉树长埋海上神仙岛（中国小路 8）》　　《传统与现代》　　21 号
1973 年 5 月 1 日

　　《司马长风著〈青春周恩来·评传第一部〉》［书评］　　《中央公论》
88 卷 5、6 号　　1973 年 5 月 1 日、6 月 1 日

　　《沃恩·拉奇莫阿著〈中国的世界〉》　［书评］　　《产经新闻》
1973 年 5 月 7 日

　　《刘少奇解放了么》［三人谈］　　合著　　《文艺春秋》　　51 卷 6 号
1973 年 6 月 1 日

　　《周作人著、木山英雄译〈论日本文化〉》［书评］　　《产经新闻》
1973 年 6 月 25 日

　　《中国之缘、韩国之旅（中国小路 9）》　　《传统与现代》　　22 号
1973 年 7 月 1 日

　　《炉前暗影——胡万春著〈内部问题〉》　　《技术与人》　　6—12 号
1973 年 7 月 5 日——1974 年 6 月 5 日

　　《佐佐木元胜著〈野战邮旗〉》［解说］　　现代史资料中心出版会
1973 年 7 月 10 日

《思想的话》　《思想》　590 号　1973 年 8 月 5 日

《军人和天皇》　《新日本文学》　28 卷 9 号　1973 年 9 月 1 日

《荒尾精、九烈士、水（中国小路 10）》　《传统与现代》　23 号
1973 年 9 月 1 日

《日中与日朝——近代日本的两张脸》　《朝日新闻》（晚刊）
1973 年 10 月 16 日

《孙文、滔天、安东省庵（中国小路 11）》　《传统与现代》　24 号
1973 年 11 月 1 日

《西安事件——抗日民族统一战线运动的转机》　J. M. 巴顿拉姆著
合译　太平出版社　1973 年 12 月 15 日

《中国问题用语解说》　合著　《现代用语基础知识（1974 年）》
自由国民社　1974 年 1 月 1 日

《中国文化大革命和日本人——"战后"、天皇制》　《中央公论》
89 卷 1 号　1974 年 1 月 1 日

《中国批判孔子是批判周恩来吗?》　《中央公论》　89 卷 2 号
1974 年 2 月 1 日

《杰罗姆·陈著〈中国秘境·住在四川〉》［书评］　《中央公论》
89 卷 3 号　1974 年 3 月 1 日

《究竟"革命"了什么?——质疑看不见的社会主义》［座谈会］
共著　《朝日杂志》　16 卷 9 号　1974 年 3 月 8 日

《"批林批孔"的原声——冯友兰和索尔仁尼琴》　《东京新闻》
1974 年 3 月 11 日

《料理与文明——李劼人〈死水微澜〉、〈暴风骤雨〉》　《中国语》
170 号　1973 年 3 月 15 日

《对"批林批孔"的考察》　《朝日新闻》（晚刊）　1974 年 3 月
19 日

《孔子为什么被批判?》　《中央公论》　89 卷 4 号　1974 年 4 月
1 日

《茶馆》［对话］　合著　《中国语》　171—182 号　1974 年 4 月
15 日—1975 年 5 月 15 日

《野村浩一著〈人民共和国的诞生〉》［书评］　《产经新闻》
1974 年 5 月 7 日

《茶馆》［对话］ 共著 《中国语》 184—221 号 1974 年 5 月 15 日—1977 年 10 月 15 日

《中国对历史人物再评价》 《东京新闻》（晚刊） 1974 年 7 月 4 日、5 日

《中国英雄再评价的方法》［对话］ 合著 《朝日周刊》 79 卷 30 号 1974 年 7 月 12 日

《茶馆——中国的风土与世界形象》 大修馆 1974 年 7 月 15 日

《在"中国展览"看中国》 《每日新闻》 1974 年 8 月 5 日

《作者言——茶馆》 《出版消息》 980 号 1974 年 8 月 11 日

《新阶段的批林批孔》 《朝日新闻》 1974 年 8 月 20 日

《〈毛泽东思想万岁〉赞——这是激发主动精神的运动》 《现代之眼》 15 卷 9 号 1974 年 9 月 1 日

《〈毛泽东最新讲话〉四篇日本语初译》 《现代之眼》 15 卷 9 号 1974 年 9 月 1 日

《汉文——在遥远的历史中》［对话］ 合著 《国语通讯》 170 号 1974 年 10 月 15 日

《鲁迅致徐懋庸信之后》 《入谷教授、小川教授退休纪念中国文学语学论集》 筑摩书房 1974 年 10 月 26 日

《漱石的诗》 《文学》 42 卷 11 号 1974 年 11 月 10 日

《孔子批判 1——其渊源》 《国语展望》 38 号 1974 年 11 月 20 日

《欢迎北京大学社会科学代表团》 《朝日新闻》（晚刊） 1974 年 11 月 27 日

《"批林批孔"与"传统"》 《文艺春秋》 52 卷 12 号 1974 年 12 月 1 日

《论文化大革命》 毛泽东著 编译 现代评论社 1974 年 12 月 5 日

《现代文章与古典》 《中国古典文学大系》月报 59 号 平凡社 1974 年 12 月

《中国问题用语解说》 合著 《现代用语基础知识（1975 年）》 自由国民社 1975 年 1 月 1 日

《笔名》 《每日新闻》（晚刊） 1975 年 1 月 8 日

《日本和中国的接触与交流——回溯两国交往的历史》　《国际交流》　4 号　1975 年 1 月 20 日

《"时间"和"实践"》　《每日新闻》（晚刊）　1975 年 1 月 22 日

《签证》　《每日新闻》（晚刊）　1975 年 1 月 26 日

《一种实话》　《每日新闻》（晚刊）　1975 年 2 月 5 日

《文化协定》　《每日新闻》（晚刊）　1975 年 2 月 12 日

《驻在文官》　《每日新闻》（晚刊）　1975 年 2 月 19 日

《毛泽东选集》　《每日新闻》（晚刊）　1975 年 2 月 26 日

《皇帝型权力和宰相型权力——从第四届全国人民代表大会看"批林批孔"的走向》　《中央公论》　90 卷 3 号　1975 年 3 月 1 日

《汉字的输出》　《每日新闻》（晚刊）　1975 年 3 月 5 日

《二十八个半布尔什维克》　《每日新闻》（晚刊）　1975 年 3 月 12 日

《简易现代日语译文——〈中国古典文学大系〉收官》　《产经新闻》（晚刊）　1975 年 3 月 14 日

《汉字的输出·续》　《每日新闻》　1975 年 3 月 19 日

《孔子批判 2——其逻辑》　《国语展望》　39 号　1975 年 3 月 20 日

《小说中的情景》　《每日新闻》（晚刊）　1975 年 3 月 26 日

《全国人民代表大会以后的中国——工业现代化、青年问题的课题》　《亚洲时报》　60 号　1975 年 4 月 1 日

《"批林批孔"运动和"老子"》　《亚洲季刊》　7 卷 2 号　1975 年 4 月 20 日

《谈哲学问题》　毛泽东著　编译　现代评论社　1975 年 4 月 20 日

《"霸权"的含义》　《朝日新闻》　1975 年 4 月 30 日

《孔子批判 3——其发展》　《国语展望》　40 号　1975 年 6 月 20 日

《中国的茶馆》　《静谧》　1 卷 7 号　1975 年 7 月 1 日

《太田胜洪著〈毛泽东论外交路线〉》［书评］　《朝日杂志》　17 卷 31 号　1975 年 7 月 11 日

《对中国的视角》　中央公论社　1975 年 7 月 15 日

《抗日民族统一战线和中国文学》　《国文学解释与教材研究》　20

卷 9 号 1975 年 7 月 20 日

《反霸权的自我约束》 《朝日杂志》 17 卷 33 号 1975 年 7 月 25 日

《孔子和毛泽东》［虚拟对话］ 《经济研讨》 247 号 1975 年 8 月 1 日

《赤尾兜子〈岁华集〉出版纪念会》 《神户人》 72 号 1975 年 8 月 1 日

《小泽信男等译〈戏曲故事新编〉》［解题］ 河出书房新社 1975 年 9 月 25 日

《毛、周后的继承人是邓小平吗?》［对话］ 《朝日周刊》 80 卷 47 号 1975 年 10 月 31 日

《中国文艺茶话（1）——〈水浒传〉中看到茶》 《静谧》 1 卷 5 号 1975 年 11 月 1 日

《中国文艺茶话（2）——〈红楼梦〉里的仙茶》 《静谧》 1 卷 6 号 1975 年 12 月 1 日

《我喜欢这种店铺——菜馆》 《朝日周刊》 80 卷 53 号 1875 年 12 月 10 日

《周恩来评传》 司马长风著 太平出版社 1975 年 12 月 20 日

《毛泽东传》 （附毛泽东教育语录） 王力著 太平出版社 1975 年 12 月 25 日

《花冈纪行——中国烈士殉难之后》 《传统与现代》 37 号 1976 年 1 月 1 日

《批判〈水浒传〉的当代意义》 《经济评论》 25 卷 1 号 1976 年 1 月 1 日

《中国问题用语解说》 合著 《现代用语基础知识（1976 年）》 自由国民社 1976 年 1 月 1 日

《"批林批孔"是什么?》 《中国语》 192 号 1976 年 1 月 1 日

《中国文艺茶话（3）——出自〈红楼梦〉的雨水茶、梅花茶》 《静谧》 2 卷 1 号 1976 年 1 月 1 日

《俳句和中国诗句》 《文学》 44 卷 1 号 1976 年 1 月 10 日

《周恩来之死——终生革命》 《朝日杂志》 18 卷 3 号 1976 年 1 月 23 日

《中国一九三零年和鲁迅》　沈西城译　《（香港）明报月刊》1976 年 1 月、3 月、4 月号

《中国文艺茶话（4）——〈老残游记〉中看到的"野味"茶》《静谧》　2 卷 2 号　1976 年 2 月 1 日

《周恩来的"遗产"和革命第二代》　《中央公论》　91 卷 3 号 1976 年 3 月 1 日

《中国文艺茶话（5）——〈儒林外史〉里看到的明媚风光与"茶室"之茶》　《静谧》　2 卷 3 号　1976 年 3 月 1 日

《中国的大河文明》［座谈会］　合著　《读卖新闻》　1976 年 3 月 20 日

《从革命中看到的变化》［三人谈］　合著　《读卖新闻》　1976 年 3 月 20 日

《周恩来论——其形象与逝世的影响》　《亚洲时报》　72 号 1976 年 4 月 1 日

《鲁迅札记——左联成立的反响》　《尤里卡》　8 卷 4 号　1976 年 4 月 1 日

《中国文艺茶话（6）——〈儒林外史〉里看到的"秦淮"画舫的茶与茶具》　《静谧》　2 卷 4 号　1976 年 4 月 1 日

《中国一九三零年和鲁迅》　《文学》　44 卷 4 号　1976 年 4 月 10 日

《同时代的中国》　田地书店　1976 年 4 月 20 日

《中国民众的激昂与邓小平下台》［对话］　合著　《朝日周刊》81 卷 18 号　1976 年 4 月 20 日

《权力、观念和民众——非政治行动具有的政治意义》　《朝日杂志》　18 卷 16 号　1976 年 4 月 23 日

《中国文艺茶话（7）——从〈西游记〉看茶之种种》　《静谧》2 卷 5 号　1976 年 5 月 1 日

《答徐懋庸并关于抗日统一战线问题——与社会评论有关的鲁迅》《文学》　44 卷 5 号　1976 年 5 月 10 日

《中国文艺茶话（8）——〈金瓶梅〉里看到的茶》　《静谧》　2 卷 6 号　1976 年 6 月 1 日

《中国文艺茶话（9）——〈官场现形记〉里看到的官僚之茶》

《静谧》　2卷7号　1976年7月1日

　　《无产阶级文化大革命的用语》　《岩波讲座文学8》　《用语的方法5——新世界的文学》　岩波书店　1976年8月30日

　　《广东的毛泽东》　《现代思想》　4卷9号　1976年9月1日

　　《回忆文人毛泽东》　《每日新闻》　1976年9月10日

　　《毛泽东——他的诗与革命》　《朝日新闻》（晚刊）　1976年9月10日

　　《革命的诗人——其巨大的形象》　《朝日杂志》　18卷39号　1976年9月24日

　　《毛逝世后的中华人民共和国与世界走向》　《朝日周刊》　82卷41号　1976年9月24日

　　《毛泽东对中国意味着什么?》　《东洋经济周刊》　3963号　1976年9月25日

　　《毛泽东的词〈沁园春·长沙〉》　《中国语》　201—204号　1976年10月1日—1977年1月1日

　　《鲁迅与日本》　《公明新闻》　1976年10月14日

　　《毛泽东渡过三次危机的智慧》　《朝日周刊》　82卷45号　1976年10月15日

　　《思考中国的未遂政变》　《神户新闻》　1976年10月20日

　　《毛泽东的建军模式及其问题》［座谈会］　合著　《亚洲季刊》8卷3、4号　1976年10月20日

　　《毛泽东思想与现代革命》［座谈会］　合著　《亚洲季刊》　8卷3、4号　1976年10月20日

　　《纪行——日本中的中国》　朝日新闻社　1976年10月20日

　　《江青的荣耀与垮台》　《朝日周刊》　82卷47号　1976年10月29日

　　《革命第二代向何处去?》　《中央公论》　91卷11号　1976年11月1日

　　《毛泽东思想的遗产》［对话］　合著　《展望》　215号　1976年11月1日

　　《因沉静而感到孤独的人》　《潮》　210号　1976年11月1日

　　《政变与反政变的斗争——公开的权力斗争》　《世界周报》　57

卷 43、44 号　1976 年 11 月 2 日、9 日

《被炒作的"华国锋神话"》　《朝日杂志》　18 卷 11 号　1976 年 11 月 12 日

《关于"桌子"的哲学论争》　《中国哲学史展望与探索》　创文社　1976 年 11 月 28 日

《中国文艺茶话（10）——陆游的诗与茶》　《静谧》　2 卷 12 号　1976 年 12 月 1 日

《人民中国的悲剧及其影响》［三人谈］　合著　《中央公论》　91 卷 12 号　1976 年 12 月 1 日

《凤山与江田岛——两座历史展览馆》　《日本历史月报》　20 号　岩波书店　1976 年 12 月

《中国问题用语解说》　合著　《现代用语基础知识（1977 年）》　自由国民社　1977 年 1 月 1 日

《从传统思想看毛泽东和中国人》［对话］　合著　《亚洲》　12 卷 1 号　1977 年 1 月 1 日

《中国文艺茶话（11）——试院之茶"苏东坡看到的茶"》　《静谧》　3 卷 2 号　1977 年 2 月 1 日

《毛泽东的诗与生涯》　《人与文化：教养讲演录》　三爱会　1977 年 2 月 5 日

《动荡的中国》　《日本棉业俱乐部月报》　292 号　1977 年 2 月 25 日

《中国文艺茶话（12）——卢全的茶诗（上）》　《静谧》　3 卷 3 号　1977 年 3 月 1 日

《"不死鸟"邓小平的曲折人生》　《朝日周刊》　82 卷 12 号　1977 年 3 月 25 日

《微弱的勇气》　《中野重治全集 8 卷月报》　5 号　筑摩书房　1977 年 3 月

《中国的现状与和平条约》　《今桥俱乐部》　298 号　1977 年 4 月 1 日

《先辈们沉痛的逝世》　《每日新闻》（晚刊）　1977 年 4 月 7 日

《思想的命运和中国民众》　《朝日杂志》　19 卷 16 号　1977 年 4 月 22 日

《中国的政治·中国的古典》［三人谈］ 合著 《亚洲季刊》 9卷2号 1977年4月25日

《中国文艺茶话（13）——卢仝的茶诗（中）》 《静谧》 3卷5号 1977年5月1日

《对现代中国的视角——黄埔军官学校（上）》 《思想》 635号 1977年5月5日

《现代中国对古典的重新评价及其流变》［总解说］ 《中国的古典名著·增补版》 自由国民社 1977年5月20日

《清朝以后对日本有过影响的诸著作》 《中国的古典名著·增补版》 自由国民社 1977年5月20日

《理解中国革命的九部作品》 《中国的古典名著·增补版》 自由国民社 1977年5月20日

《中国文艺茶话（14）——卢仝的茶诗（下）》 《静谧》 3卷6号 1977年6月1日

《对现代中国的视角——黄埔军官学校（下）》 《思想》 636号 1977年6月5日

《天安城墙上的血泪诗》［编译］ 《文艺春秋》 55卷7号 1977年7月1日

《中国文学与自由》 《朝日新闻》（晚刊） 1977年8月18日

《从"造反"的党向"管理"的党转变的深谋远虑?》 《朝日周刊》 82卷39号 1977年9月9日

《中国新体制的前景》 《京都政经文化恳谈会》［讲演要旨］ 1977年9月27日

《具有稳定性的华国锋体制的中国》 《京都新闻》 1977年9月28日

《袁世凯和现代中国》［监译、解说］ 《亚洲季刊》 9卷4号 1977年10月25日

《毛泽东选集》［监修、解题、注释］ 10、11、12卷 三一书房 1977年12月2日—1978年4月26日

《中国问题用语解说》 合著 《现代用语基础知识（1978年）》 自由国民社 1978年1月1日

《未来的中国问题用语》 合著 《现代用语基础知识（1978年）》

自由国民社　1978 年 1 月 1 日

《梦想不到的女皇之国》　《朝日周刊》　83 卷 2、3 号　1978 年 1 月 13 日、20 日

《民众的大联合——毛泽东早期著作集》［编译］　讲谈社　1978 年 1 月 31 日

《鲁迅远景》　田地书店　1978 年 1 月 31 日

《中国文艺茶话（15）——白居易的茶诗（上）》　《静谧》　4 卷 2 号　1978 年 2 月 1 日

《一亿七千万的考试战争》　《中央公论》　93 卷 2 号　1978 年 2 月 1 日

《中华人民共和国成立》　《朝日杂志》　20 卷 7 号　1978 年 2 月 17 日

《〈青春记〉和我的青春》　《涡》　19 卷 2 号　1978 年 2 月 28 日

《现代中国的历史性——从"学习儒法斗争"运动看宣扬吕后、武则天的逻辑及其失败》　《东方学》　50 册　1978 年 2 月 28 日

《中国文艺茶话（16）——白居易的茶诗（中）》　《静谧》　4 卷 3 号　1978 年 3 月 1 日

《架在日中间的桥——〈樱之桥：诗僧苏曼殊与辛亥革命〉》［对话］合著　《第三文明》　205 号　1978 年 3 月 2 日

《全国人民代表大会——另一种看法》　《经济学家》　56 卷 11 号 1978 年 3 月 21 日

《中国迈出新"长征"第一步的课题》　《世界周报》　59 卷 12 号 1978 年 3 月 21 日

《华国锋、邓小平新体制下的中国》　《读卖周刊》　37 卷 13 号 1978 年 3 月 26 日

《中国文学的"复活"与重新出发》　《每日新闻》（晚刊）　1978 年 4 月 3 日

《杨林同志》　巴金著　《经济学家》　56 卷 14 号　1978 年 4 月 4 日

《明朗起来的知识分子状况》　《朝日新闻》（晚刊）　1978 年 4 月 11 日

《举办历史小说〈李自成〉座谈会》　《朝日新闻》（晚刊）　1978

年 6 月 13 日

《百花齐放和反右派斗争——世界的剖面》 《朝日杂志》 20 卷 24 号 1978 年 6 月 16 日

《纪念郭沫若》 《读卖新闻》 1978 年 6 月 17 日

《中国社会史话》（《茶馆：中国风土与世界形象》中文译本） 司马长风译 （香港）文艺书屋 1978 年 6 月

《现代中国文学——其多次起伏、风俗习惯与人》 《中国语》 222 号 1978 年 7 月 1 日

《华国锋体制论》 《亚洲时报》 99 号 1978 年 7 月 1 日

《世界传记大事典》 日本、朝鲜、中国编 合著 协作出版社 1978 年 7 月 1 日

《周恩来及其影响》［座谈会］ 合著 《亚洲季刊》 10 卷 3 号 1978 年 7 月 25 日

《诗与革命——郭沫若生活的中国》 《中央公论》 93 卷 8 号 1978 年 8 月 1 日

《迎来"复活季节"的中国文学》 《文艺》 17 卷 8 号 1978 年 8 月 1 日

《家庭调查》 陈若曦著 《文艺》 17 卷 8 号 1978 年 8 月 1 日

《逐渐疏远的中国》 《京都新闻》 1978 年 8 月 15 日

《思考"新桥"》 《信浓每日新闻》 1978 年 8 月 15 日

《日中友好——百年迂回之路》 《朝日新闻》（晚刊） 1978 年 8 月 16 日

《思考日中友好条约签字》 《大分合同新闻》（晚刊） 1978 年 8 月 16 日

《为日中之间的真"桥"》 《神户新闻》 1978 年 8 月 19 日

《沈默的墙——忆共乐馆》 《中国研究》 95 号 1978 年 9 月 1 日

《无产阶级文化大革命——世界史的剖面》 《朝日杂志》 20 卷 37 号 1978 年 9 月 22 日

《中国文艺茶话（17）——白居易的茶诗（下）》 《静谧》 4 卷 10 号 1978 年 10 月 1 日

《理解与友好》 《中央公论》 93 卷 10 号 1978 年 10 月 1 日

《一个北京人》 陈若曦著 《中央公论》 93 卷 10 号 1978 年 10 月 1 日

《晶晶的生日》 陈若曦著 《朝日周刊》 83 卷 41 号 1978 年 10 月 13 日

《毛泽东札记》（增补版） 新泉社 1978 年 10 月 16 日

《邓小平的沉浮和吸引力》 《朝日杂志》 20 卷 42 号 1978 年 10 月 20 日

《日中亲密与中国经济的前途》［座谈会］ 合著 《朝日杂志》 20 卷 42 号 1978 年 10 月 20 日

《陈若曦论》 《亚洲季刊》 10 卷 4 号 1978 年 10 月 25 日

《尹县长》 陈若曦著 《亚洲季刊》 10 卷 4 号 1978 年 10 月 25 日

《邓小平评传》 《中央公论》 93 卷 11 号 1978 年 11 月 1 日

《中国文艺茶话（18）——近现代的茶馆与茶》 《静谧》 4 卷 11 号 1978 年 11 月 1 日

《率真描写卖淫引发是否合法的争论》 《朝日新闻》（晚刊） 1978 年 11 月 30 日

《中国文艺茶话（19）——白瓷的诗与青瓷的诗（上）》 《静谧》 4 卷 12 号 1978 年 12 月 1 日

《"现代化"与"革命"的困境》［对话］ 合著 《朝日杂志》 20 卷 49 号 1978 年 12 月 8 日

《邓小平访日语录研究》 《文艺春秋》 57 卷 1 号 1979 年 1 月 1 日

《中国问题用语解说》 合著 《现代用语基础知识（1979 年）》 自由国民社 1979 年 1 月 1 日

《中苏对立——有急剧变化么?》 自由国民社 1979 年 1 月 1 日

《中国文艺茶话（20）——白瓷的诗与青瓷的诗（下）》 《静谧》 5 卷 1 号 1979 年 1 月 1 日

《戈顿·A. 彼乃特、罗纳尔多·N. 蒙达百尔特编〈"文化大革命" 失望青年谈明朗感受〉》［书评］ 《朝日杂志》 21 卷 3 号 1979 年 1 月 26 日

《开启中国之力的前途》 《中央公论》 94 卷 2 号 1979 年 2

月1日

《中国文艺茶话（21）——早春的茶》　《静谧》　5 卷 2 号　1979
年 2 月 1 日

《耿尔在北京》　陈若曦著　朝日新闻社　1979 年 2 月 25 日

《中国文艺茶话（22）——西湖与茶（上）》　《静谧》　5 卷 4 号
1979 年 4 月 1 日

《现代化对中国和日本都意味着什么?》［对话］　合著　《历史公
论》　5 卷 4 号　1979 年 4 月 1 日

《三十年间苦斗的历史》（东京会议札记）　《读卖新闻》　1979 年
4 月 16 日

《中国现代化的走向》　《读卖新闻》　1979 年 4 月 16 日

《民族主义的暗影》　《中央公论》　94 卷 5 号　1979 年 5 月 1 日

《毛泽东的世界语观——我这样解释》　《世界语世界》　5 卷 1 号
1979 年 5 月 1 日

《中国文艺茶话（23）——西湖与茶（中）》　《静谧》　5 卷 5 号
1979 年 5 月 1 日

《中邦仁著〈文献：天安门事件〉》［书评］　《文春周刊》　21 卷
18 号　1979 年 5 月 3 日

《中国文艺茶话（24）——西湖与茶（下）》　《静谧》　5 卷 6 号
1979 年 6 月 1 日

《于无声处听惊雷》　《信浓每日新闻》　1979 年 6 月 20 日

《中国文艺茶话（25）——文山与功夫茶（上）》　《静谧》　5 卷
7 号　1979 年 7 月 1 日

《旧友再会》　《京都新闻》　1979 年 7 月 16 日

《中国文艺茶话（26）——文山与功夫茶（下）》　《静谧》　5 卷
8 号　1979 年 8 月 1 日

《综合、大局》　《京都新闻》　1979 年 8 月 21 日

《中国文艺茶话（27）——高青邱的诗与茶（上）》　《静谧》　5
卷 9 号　1979 年 9 月 1 日

《茶之诗》　《京都新闻》　1979 年 9 月 29 日

《中国文艺茶话（28）——高青邱的诗与茶（中）》　《静谧》　5
卷 10 号　1979 年 10 月 1 日

《中国：建国三十年的磨炼》［三人谈］　《朝日周刊》　84 卷 41 号　1979 年 10 月 12 日

《杂文的恢复——答栗栖氏》　《文艺》　18 卷 11 号　1979 年 11 月 1 日

《中国文艺茶话（29）——高青邱的诗与茶（下）》　《静谧》　5 卷 11 号　1979 年 11 月 1 日

《谷崎润一郎的中国之行》　《京都新闻》　1979 年 11 月 14 日

《中国文艺茶话（30）——倪云林的画与诗（上）》　《静谧》　5 卷 12 号　1979 年 12 月 1 日

《中野重治和中国》　《新日本文学》　34 卷 12 号　1979 年 12 月 1 日

《统计与"白发三千丈"》　《京都新闻》　1979 年 12 月 26 日

《中国文艺茶话（31）——倪云林的画与诗（中）》　《静谧》　6 卷 1 号　1960 年 1 月 1 日

《中国问题用语解说》　合著　《现代用语基础知识（1980 年）》自由国民社　1980 年 1 月 1 日

《中国的人的内涵：人工、人才、人权》　《中央公论》　95 卷 1 号　1980 年 1 月 1 日

《80 年代后半期矛盾在表面化么？——预测现代化的走向》　《世界周报》　61 卷 1 号　1980 年 1 月 1 日

《中国文艺茶话（32）——倪云林的画与诗（下）》　《静谧》　6 卷 2 号　1960 年 2 月 1 日

《一枚名片》　《京都新闻》　1980 年 2 月 8 日

《日记和年记》　《望星》　11 卷 2 号　1980 年 2 月

《中国文艺茶话（33）——吃茶小史（上）》　《静谧》　6 卷 3 号　1960 年 3 月 1 日

《关于电影〈天平之甍〉》　《京都新闻》　1980 年 3 月 13 日

《关于〈水浒传〉》　《东方学报》　52 册　1980 年 3 月 15 日

《毛泽东著作年表》［主编］　下卷　京都大学人文科学研究所 1980 年 3 月 31 日

《哭吉川幸次郎先生》　《每日新闻》　1980 年 4 月 11 日

《残留心中的话》　《京都新闻》　1980 年 4 月 19 日

《也谈杂文和民主》（中国语）　《争鸣》　31 号　1980 年 5 月 1 日

《江南之春》　《京都新闻》　1980 年 6 月 4 日

《怎样与中国交往?》［对话］　合著　《东洋经济》　4225 号
1980 年 6 月 7 日

《中国文学的波澜与声音》　《亚洲季刊》　12 卷 2、3 号合刊号
1980 年 6 月 10 日

《再论与鲁迅论战的郭沫若》　单演义、鲁歌、单元庄　《亚洲季
刊》　12 卷 2、3 号合刊号　1980 年 6 月 10 日

《中国现代史之谜》（译者的话）　《亚洲季刊》　12 卷 2、3 号合
刊号　1980 年 6 月 10 日

《武田泰淳的中国体验》　《国文学解释与教材研究》　25 卷 7 号
　1980 年 6 月 20 日

《香港人》　《京都新闻》　1980 年 7 月 19 日

《友好容易理解难——对 80 年代中国的透视》　共时出版会　1980
年 7 月

《现代中国对古典的重新评价及其演变》　《中国的古典名著》（增
补修订版）　自由国民社　1980 年 7 月

《清末以后影响日本的诸著作》　《中国的古典名著》（增补修订
版）　自由国民社　1980 年 7 月

《理解现代中国的十六本著作》　《中国的古典名著》（增补修订
版）　自由国民社　1980 年 7 月

《秋天判决"四人帮"前会再"批判毛泽东"吗?》［对话］　合著
《朝日周刊》　85 卷 34 号　1980 年 8 月 1 日

《往返书简（致栗栖继）》　《世界语世界》　6 卷 4 号　1980 年 8
月 1 日

《被废弃的犯罪文件》［解说］　王靖著　《朝日周刊》　85 卷 37
号　1980 年 8 月 15 日

《目前陈列更替——毛泽东、鲁迅》　《朝日周刊》　85 卷 38 号
1980 年 8 月 22 日

《大正时期的中国形象与袁世凯评价》　J. 陈著，守川正道译《袁世
凯和近代中国》［解说］　岩波书店　1980 年 8 月 27 日

《我也就杂文和民主说句话》　《世界语世界》　6 卷 5、6、7 号

1980 年 8 月、9 月、10 月 1 日

　　《广州见闻》　《京都新闻》　1980 年 9 月 2 日

　　《新举止读本》　《读卖新闻》（晚刊）　1980 年 10 月 3、4、6—9、11、1—18、20—25、27 日

　　《中国的动向》　《京都新闻》　1980 年 10 月 7 日

　　《中国当前的各种问题》［三人谈］　共著　《亚洲季刊》　12 卷 4 号　1980 年 10 月 25 日

　　《庞大空间、多重外壳——中国文学描写的中国建筑》　《世界文化史迹 17》　讲谈社　1980 年 10 月 29 日

　　《莫斯科的公共浴池》　《京都新闻》　1980 年 12 月 8 日

　　《中国问题用语解说》　合著　《现代用语基础知识（1981 年）》　自由国民社　1980 年 12 月 15 日

　　《中国在苏联的投影》　《京都新闻》　1980 年 12 月 18 日

　　《后世残存文献目录》　《现代与中国关系文献目录（1945—1978）》　中央公论美术出版　1980 年广告

　　《友谊——神话和现实》　《日本季刊》　28 卷 1 号　1981 年 1 月 5 日

　　《历史和现代》　《京都新闻》　1981 年 1 月 30 日

　　《天心的诗和莫斯科》　《冈仓天心全集》月报　7 号　1981 年 1 月

　　《在莫斯科思考中国》　《中央公论》　96 卷 2 号　1981 年 2 月 1 日

　　《思考中国的权力斗争》　《经济学家》　59 卷 4 号　1981 年 2 月 3 日

　　《中国的权力斗争与安定》　《信浓每日新闻》　1981 年 2 月 25 日

　　《中国的变动》　《京都新闻》　1981 年 3 月 13 日

　　《毛泽东著作年表》［主编］　上卷（年表编）　京都大学人文科学研究所　1981 年 3 月 31 日

　　《鲁迅周围》　田地书店　1981 年 4 月 20 日

　　《新绿的联想》　《京都新闻》　1981 年 5 月 1 日

　　《篆书的形成》　《图章篆刻入门》　淡交社　1981 年 5 月 1 日

　　《川口信行报道〈受到解放军抵制的邓小平派困境〉》　《朝日周刊》　86 卷 22 号　1981 年 5 月 29 日

《吓破胆的话》　《京都新闻》　1981 年 6 月 18 日

《中国的帽子》　《妇女》　1981 年 6 月号

《会见中国作家（上、下）》　《北海道新闻》（晚刊）　1981 年 7 月 15 日、16 日

《中国的显形》　《京都新闻》　1981 年 8 月 8 日

《中国——其体制和社会》　《高知新闻》　1981 年 8 月 12 日

《中国的礼和日本礼法》　《墨》　32 号　1981 年 9 月 1 日

《左、"左"、右》　《京都新闻》　1981 年 9 月 30 日

《虎背——毛泽东印象》　《B. B. L》　1981 年 9 月号

《文艺批判与纪念鲁迅》　《朝日新闻》（晚刊）　1981 年 10 月 13 日

《散步之路》　《通路》　95 号　1981 年 10 月 20 日

《对批判电影〈苦恋〉的考察》　《亚洲季刊》　13 卷 4 号　1981 年 10 月 25 日

《我的父亲》［解说］　《亚洲季刊》　13 卷 4 号　1981 年 10 月 25 日

《华味三昧——中国料理的文化与历史》　合著　讲谈社　1981 年 10 月 31 日

《关于曹禺》　《民艺伙伴》　214 号　1981 年 11 月 1 日

《红卫兵描写的"文化大革命"——小说〈疯狂的节日：张春桥〉》［解说］　《中央公论》　96 卷 11 号　1981 年 11 月 1 日

《疯狂的节日——张春桥》　胡月伟、杨鑫基著　共译　《中央公论》　96 卷 11 号　1981 年 11 月 1 日

《看电影〈长江〉》　《京都新闻》　1981 年 11 月 19 日

《鲁迅和孔子》　《世界》　434 号　1982 年 1 月 1 日

《中国问题用语解说》　合著　《现代用语基础知识（1982 年）》自由国民社　1982 年 1 月 1 日

《戌年和麦卡锡》　《京都新闻》　1982 年 1 月 4 日

《中国饮茶诗话》　淡交社　1982 年 1 月 26 日

《唯物论者兆民回忆的中国》（无署名）　《朝日新闻》（晚刊）1982 年 1 月 29 日

《隋唐客与部曲》　唐长孺著　《东方学》　63 辑　1982 年 1 月

30 日

《中国和波兰》　《京都新闻》（晚刊）　1982 年 2 月 23 日

《波兰和中国》　《新日本文学》　37 卷 3 号　1982 年 3 月 1 日

《茶和羊肉饼》　《京都新闻》　1982 年 3 月 8 日

《众人的墓志铭：追悼"文化大革命"牺牲者与中国文艺界状况》
《东亚》　178 号　1982 年 4 月 1 日

《中国新宪法草案》　《京都新闻》（晚刊）　1982 年 5 月 26 日

《张春桥》（小说）　共译　胡月伟、杨鑫基著　中央公论社　1982
年 6 月 10 日

《中国文化界两长者控诉"名人税"》（无署名）　《朝日新闻》（晚
刊）　1982 年 6 月 24 日

《十三亿邻居》　《京都新闻》（晚刊）　1982 年 7 月 21 日

《河上肇和京都中国留学生》　《河上肇全集月报》　7 号　岩波书
店　1982 年 7 月

《江南——忘归之雨》　《京都新闻》（晚刊）　1982 年 9 月 8 日

《我和京剧》　《京都新闻》（晚刊）　1982 年 9 月 21 日

《日中——这"十年"的意义》　《京都新闻》（晚刊）　1982 年 9
月 23 日

《中国和日本》　《日本棉业俱乐部月报》　359 号　1982 年 9 月
25 日

《〈春天的童话〉及其作者》　《问题与研究》　12 卷 1 号　1982 年
10 月 1 日

《在外地长大》　《神户新闻》　1982 年 10 月 14 日

《亡命》　《神户新闻》　1982 年 10 月 28 日

《中国的人权问题》　《京都新闻》（晚刊）　1982 年 11 月 1 日

《城墙里的成熟——对中国历史与文化的一种视角》　《世界上的国
家丛书 16》　讲谈社　1982 年 11 月 10 日

《专机活动》　《神户新闻》　1982 年 11 月 12 日

《巴金著〈随想录〉》［书评］　《经济学家》　60 卷 50 号　1982
年 11 月 23 日

《人口》　《神户新闻》　1982 年 11 月 27 日

《人间周恩来——被世界仰慕的"大地之子"》　合译　苏叔阳著

共时出版会　1982 年 11 月

《新晚报》、《神户新闻》　1982 年 12 月 11 日

《参观中国的大学》　《每日新闻》（晚刊）　1982 年 12 月 17 日

《中国的国家预算》　《京都新闻》（晚刊）　1982 年 12 月 20 日

《党规与宪法》　《神户新闻》　1982 年 12 月 25 日

《中国问题用语解说》　共著　《现代用语基础知识（1983 年）》
自由国民社　1983 年 1 月 1 日

《未亡人江青减刑》　《京都新闻》（晚刊）　1983 年 2 月 14 日

《众人的墓志铭：追悼 "文化大革命" 牺牲者与中国文艺界状况》
共编著　霞山会　1983 年 2 月 20 日

《辩解的辩解》（中国语）　《读书》　1983 年 3 期

《汉字的生命力》　《京都新闻》（晚刊）　1983 年 4 月 6 日

《现代中国和世界：其政治进程——石川忠雄著〈中国共产党史研
究〉》［书评］　《亚洲研究》　30 卷 1 号　1983 年 4 月 20 日

《船桥洋一著〈内部——一种报告〉》［书评］　《现代理论》　190
号　1983 年 5 月 15 日

《劫持飞机的 "犯人" 们》　《京都新闻》（晚刊）　1983 年 5 月
25 日

《关于与〈三国演义〉有关地方的讨论》（无署名）　《朝日新闻》
（晚刊）　1983 年 6 月 2 日

《中国的社会与制度——来自中国现状的思考》　《东亚》　193 号
1983 年 7 月 1 日

《孔子在中国复活》　《世界与中国》　588 号　1983 年 7 月 11 日

《日中的架桥人——廖承志和方纪生事》　《东京新闻》（晚刊）
1983 年 7 月 13 日、14 日

《邓小平的中国》　《京都新闻》（晚报）　1983 年 7 月 20 日

《毛泽东集》（第 2 版　10 册）　监修　苍苍社　1983 年 7 月 26—11
月 26 日

《山中峰太郎著〈敌中横断三百里〉》［书评］　《NHK 电视通信》
1983 年 8 月 12 日

《政治的中国·文学的中国》　《德岛新闻》　1983 年 8 月 19 日

《沙漠中的白色头盖骨》　《京都新闻》（晚刊）　1983 年 9 月 6 日

《世界文学新潮流·中国》　《读卖新闻》（晚刊）　1983 年 9 月
12—14 日、16 日

《昨日的中国文学·今日的中国文学》　《中国研究》　150 号
1983 年 10 月 1 日

《孔子批判与孔子的生命力》　《问题与研究》　13 卷 1 号　1983
年 10 月 1 日

《严惩主义的中国》　《京都新闻》（晚刊）　1983 年 10 月 29 日

《邓小平说》　邓小平著　共监译　风媒社　1983 年 11 月 1 日

《〈邓小平文选〉的考察》　《东亚》　197 号　1983 年 11 月 1 日

《中华人民共和国》　《亚洲历史研究入门 2》（中国Ⅱ·朝鲜）
同朋舍出版　1983 年 11 月 15 日

《人道主义、异化论在中国的命运》　《每日新闻》（晚刊）　1983
年 11 月 28 日

《对外贸易和精神污染》　《京都新闻》（晚刊）　1983 年 12 月
20 日

《毛泽东集补卷》（9 册、附卷 1 册）　监修　苍苍社　1983 年 12 月
26 日—1985 年 8 月 26 日

《中国问题用语解说》　合著　《现代用语基础知识（1984 年）》
自由国民社　1984 年 1 月 1 日

《松毛之鱼》　《京都工业经济》　78 号　1984 年 1 月 4 日

《中国农村的面貌》　《京都新闻》（晚刊）　1984 年 2 月 15 日

《中国生活志——黄土高原的衣食住》　共著　大修馆书店　1984 年
3 月 1 日

《中国的风云——从秦兵马俑到邓小平》　《日本棉业俱乐部月报》
378 号　1984 年 4 月 25 日

《〈大地〉、〈明天〉、〈荒芜的夏天〉》［解说］　《井上光晴长篇小
说全集 14 卷》　福武书店　1984 年 5 月 31 日

《表示怀疑鲁迅死因的潜在意味》　《朝日新闻》（晚刊）　1984 年
6 月 14 日

《京都·吉川幸次郎先生》　《吉川幸次郎全集》第 4 卷月报　筑摩
书房　1984 年 6 月

《法国和中国》　《京都新闻》（晚刊）　1984 年 7 月 2 日

《复活的徐福传说》　《京都新闻》（晚刊）　1984 年 8 月 22 日

《中国的曲折道路——"精神污染"问题和知识分子的命运》　《世界》　466 号　1984 年 9 月 1 日

《民众的流氓性和英雄性》　《问题与研究》　14 卷 9 号　1984 年 9 月 5 日

《三十五岁的中国》　《京都新闻》（晚刊）　1984 年 10 月 11 日

《鲁迅文学的启示——关于〈故乡〉、〈藤野先生〉》　《国语教育》　4 卷 8 号　1984 年 10 月 25 日

《关于大学和研究所的意见》　《现代高等教育》　1984 年 10 月号

《曲折的中国》　《大阪古河国际教养中心第 19 次国际教养讲座》　1984 年 11 月 16 日

《军阀问题——从日本观察》［解说］　《军绅政权》　詹罗姆·陈著　北村稔等译　岩波书店　1984 年 11 月 22 日

《中国农村的变化》　《京都新闻》（晚刊）　1984 年 12 月 5 日

《延安，也是故乡——初读〈人民文艺丛书〉的时候》（中国语）　杨福春译　《延安文艺研究》　创刊号　1984 年 12 月

《鲁迅与果戈理——两篇〈狂人日记〉之比较》（中国语）　郭兴工译　《鲁迅研究》　1984 年 6 期　1984 年 12 月

《中国问题用语解说》　合著　《现代用语基础知识（1985 年）》　自由国民社　1985 年 1 月 1 日

《香港回归》　《京都新闻》（晚刊）　1985 年 1 月 23 日

《周树人的职员生活——五四和鲁迅的一个侧面》　《京都大学人文科学研究所共同研究报告·五四运动研究》　第 3 函第 8 册　同朋舍出版　1985 年 1 月 30 日

《与"五四"有关的著作——特列基亚科夫著〈邓惜华〉》　同朋舍出版　附录

《追求现代化的中国大面积破坏自然》（无署名）　《朝日新闻》　1985 年 2 月 12 日

《毛泽东的成败得失》　《文艺春秋》　63 卷 3 号　1985 年 3 月 1 日

《中国和苏联》　《京都新闻》（晚刊）　1985 年 3 月 16 日

《中国各种学会也重新评价孙子的教育理论》（无署名）　《朝日新

闻》（晚刊）　1985 年 3 月 22 日

　　《香港、台湾——中国如何办》　　《日本棉业俱乐部月报》　　390 号　1985 年 4 月 26 日

　　《关于推测标准（2）》　　《毛泽东集补卷》月报　8 号　1985 年 4 月 26 日

　　《中国文学和自由》　　《京都新闻》（晚刊）　1985 年 5 月 9 日

　　《鲁迅全集·书简 1》［责任编辑］　　合译　学习研究社　1985 年 6 月 25 日

　　《〈中华民国史〉的新风》　　《京都新闻》　（晚刊）　1985 年 6 月 27 日

　　《中国北方风情与饮食》　　《北京饮食》　小学馆　1985 年 7 月 1 日

　　《不可思议的多起殴打教师事件》　　《MRI 中国情报》　6 号　1985 年 8 月 15 日

　　《从"伤痕文学"到"反思文学"》　　《京都新闻》（晚刊）　1985 年 8 月 19 日

　　《鲁迅全集·书简 2》［责任编辑］　共译　学习研究社　1985 年 8 月 27 日

　　《根植于苏联文化人的神秘主义》（无署名）　　《朝日新闻》（晚刊）　1985 年 9 月 3 日

　　《〈金瓶梅〉法文译本》　　《朝日新闻》（晚刊）　1985 年 9 月 3 日

　　《在北京（1、2）》　　《读卖新闻》（大阪本社版、晚刊）　1985 年 9 月 14 日、21 日

　　《难以理解的中国人口统计数字》　　《MRI 中国情报》　7 号　1985 年 9 月 15 日

　　《摆脱古言文与古典的继承》　　《国语通信》　278 号　1985 年 9 月 15 日

　　《中国人心里树起"怨恨"之旗》　　《MRI 中国情报》　8 号　1985 年 10 月 15 日

　　《北京—莫斯科—巴黎》　　《京都新闻》　（晚刊）　1985 年 10 月 22 日

　　《中国语今昔》　　《现代英语教育》　1985 年 10 月号

　　《中苏社会主义伙伴的亲疏》　　《MRI 中国情报》　9 号　1985 年

11 月 15 日

《北京“反日”示威》　《京都新闻》（晚刊）　1985 年 12 月 2 日

《中国问题用语解说》　合著　《现代用语基础知识（1986 年）》自由国民社　1986 年 1 月 1 日

《对现代中国的视角》　《日本广播出版协会》　1986 年 1 月 1 日

《金门岛的据点》　《每日新闻》（晚刊）　1986 年 1 月 9 日

《中国报纸读法》　《MRI 中国情报》　11 号　1986 年 1 月 15 日

《中国乱起“不正之风”》　《京都新闻》（晚刊）　1986 年 1 月 23 日

《中国现状与今后动向》　《京都经济同友会通报》　314 号　1986 年 1 月 25 日

《中国推荐食品炸酱面》　《四国新闻》　1986 年 1 月 31 日

《关于“加药的香烟”》　《理论社月报》　1986 年 1 月号

《中国饮茶诗话》［座谈会］　合著　《淡交》　476 号　1986 年 2 月 1 日

《邓小平复活（上、下）》　《读卖新闻》（大阪本社版、晚刊）1986 年 2 月 8 日、15 日

《“左”的批评》　《MRI 中国情报》　12 号　1986 年 2 月 15 日

《日本企业广告》　《MRI 中国情报》　13 号　1986 年 3 月 15 日

《中国的犯罪》　《京都新闻》（晚刊）　1986 年 3 月 20 日

《毛泽东集补卷》（别卷）　苍苍社　1986 年 3 月 26 日

《天皇访华》　《MRI 中国情报》　14 号　1986 年 4 月 15 日

《鲁迅全集·书简 3》［责任编辑］　合译　学习研究社　1986 年 5 月 6 日

《中国出版自负赢亏导致学术杂志停刊》（无署名）　《朝日新闻》1986 年 5 月 8 日

《两张伟大的面孔读卖新闻》（大阪本社版、晚刊）　1986 年 5 月 10 日

《犯罪、谚语、水》　《MRI 中国情报》　15 号　1986 年 5 月 15 日

《黄山梦幻》　《京都新闻》（晚刊）　1986 年 5 月 19 日

《美苏破冰和中国》　《日本棉业俱乐部月报》　403 号　1986 年 5 月 25 日

《敦煌壁画描绘古代诊断、消毒、补牙等医学》（无署名）　《朝日新闻》（晚刊）　1986 年 6 月 12 日

《杉良太郎在中国演出》　《MRI 中国情报》　16 号　1986 年 6 月 15 日

《历史中的毛泽东：其遗产与新生》［研讨会］　合著　苍苍社 1986 年 6 月 26 日

《鲁迅》　《言论推动日本（发现日本 4）》　讲谈社　1986 年 6 月 27 日

《中国的城市与人口》　《京都市政调查会报》　61 号　1986 年 7 月 1 日

《孔子和麒麟》　《麒麟》　1986 年春季号　1986 年 7 月 1 日

《中国文坛的新感觉派》　《京都新闻》（晚刊）　1986 年 7 月 9 日

《七夕与战争记忆》　《MRI 中国情报》　17 号　1986 年 7 月 15 日

《"爱人"小考》　《见闻》　5 号　1986 年 7 月 15 日

《多人周年纪念的中国》　《MRI 中国情报》　18 号　1986 年 8 月 15 日

《饮茶诗话——茶的源流之旅与考察》　《中国之旅 4》　《上海与华东》　讲谈社　1986 年 8 月 20 日

《毛泽东死后 10 年》　《京都新闻》　1986 年 8 月 26 日

《名数与日本文化》［座谈会］　合著　《淡交》　483 号　1986 年 9 月 1 日

《日中两国大学入学人数》　《MRI 中国情报》　19 号　1986 年 9 月 15 日

《历史中的毛泽东》　《中央公论》　101 卷 10 号　1986 年 10 月 1 日

《"文化大革命"是什么?》　——安藤正士、太田胜洪著《文化大革命和现代中国》［书评］　《东方》　67 号　1986 年 10 月 5 日

《〈阿 Q 正传〉解说》　裘沙、王伟君著　岩波书店　1986 年 10 月 9 日

《公开数字——透视政策之眼》　《MRI 中国情报》　20 号　1986 年 10 月 15 日

《鲁迅的〈阿 Q 正传〉》　《京都新闻》（晚刊）　1986 年 10 月

17 日

《无赖和流浪儿》　《MRI 中国情报》　21 号　1986 年 11 月 15 日

《传统文化反思的气氛：鲁迅逝世五十周年的新动向》　《读卖新闻》（大阪本社版、晚刊）　1986 年 11 月 22 日

《"转型期"的精神——"堕落论"和"情欲论"》　《东亚》　234 号　1986 年 12 月 1 日

《转型期的精神》　《同朋》　104 号　1986 年 12 月 1 日

《上海的发型》　《京都新闻》（晚刊）　1986 年 12 月 11 日

《现代中国的真相（1—7）》［座谈会］　合著　《读卖新闻》（大阪本社版、晚刊）　1986 年 12 月 13、14—20 日

《谷崎润一郎和中国》　《日本文化沙龙》　17 号　1986 年 12 月 14 日

《中国的变化——关于"公式"》　《MRI 中国情报》　22 号　1986 年 12 月 15 日

《中国问题用语解说》　合著　《现代用语基础知识（1987 年）》　自由国民社　1987 年 1 月 1 日

《鲁迅学术讨论会》　《中央公论》　102 卷 1 号　1987 年 1 月 1 日

《被迫"经济开放"》　《读卖新闻》（晚刊）　1987 年 1 月 4 日

《乘热气球飞升的"长征"》　《MRI 中国情报》　23 号　1987 年 1 月 15 日

《林秀峰著、山田侑平译〈长夜：中国内在的文化人〉第 1 部、〈风暴：中国内在的文化人〉第 2 部》　《中国研究月报》　467 号　1987 年 1 月 25 日

《中国的政治变化——思考胡耀邦辞职》　《国际问题》　323 号　1987 年 2 月 1 日

《今日中国》　《京都新闻》（晚刊）　1987 年 2 月 5 日

《悼贝塚茂树》　《读卖新闻》（晚刊）　1987 年 2 月 10 日

《从学生示威到总书记辞职》　《MRI 中国情报》　24 号　1987 年 2 月 15 日

《中国文学最新事情》　共编著　《共时出版会》　1987 年 2 月

《新空想式中国文化研究中心》　《教育与设施》　16 号　1987 年 2 月

《两幅书法》　《书灯》　479 号　1987 年 3 月 1 日

《关于文化大革命评价的采访问答》　《中国研究季刊》　6 号 1987 年 3 月 1 日

《"新人类"和学潮》　黄英哲译　《（台湾）潮流》　创刊号 1987 年 3 月 15 日

《明治维新与中国现代化》　《日本棉业俱乐部月报》　413 号 1987 年 3 月 25 日

《雨中，远来的客人》　《京都新闻》（晚刊）　1987 年 3 月 26 日

《周树人的职员生涯——与通俗教育会的关系》　《东方学报》　59 册　1987 年 3 月 28 日

《驴马的悲鸣》　《人文》　33 号　1987 年 3 月 31 日

《中国的权力》　《亚洲时报》　203 号　1987 年 4 月 1 日

《经由社会主义追求现代化的中国》［对话］　合著　《正论》 176 号　1987 年 4 月 1 日

《中国随笔：一衣带水》　苍苍社　1987 年 4 月 5 日

《现代中国的真相》　共编著、监修　苍苍社　1987 年 4 月 5 日

《现代中国的实践》　日本广播出版协会　1987 年 4 月 20 日

《中国政变与权力结构——"皇帝型权力"与"宰相型权力"的反复 表演》　《亚洲时报》　204 号　1987 年 5 月 1 日

《光华寮问题的走向》　《京都新闻》（晚刊）　1987 年 5 月 15 日

《国际理解与习俗的关系》　《朝日新闻》（晚刊）　1987 年 6 月 3 日

《虎跑泉的茶会》　《京都新闻》（晚刊）　1987 年 6 月 29 日

《思考光华寮问题》　《学士会会报》　776 号　1987 年 7 月 1 日

《退隐精神之游至今遗留——中国茶泉纪行 1》　《读卖新闻》（大 阪本社版）　1987 年 7 月 21 日

《没有脚本的日中关系》　《经济学家》　65 卷 32 号　1987 年 7 月 28 日

《子路》　《读卖新闻》（大阪本社版、晚刊）　1987 年 7 月 30 日

《历史认识的差距——割裂日中》　合著　《读卖新闻》（大阪本社 版、晚刊）　1987 年 7 月 30 日、31 日

《昭和文学中的中国面貌》　李冬木译　《日本学者研究中国现代文

学论文选粹》　　吉林大学出版社　1987 年 7 月

　　《司马迁》　　《读卖新闻》（大阪本社版、晚刊）　1987 年 8 月 6 日

　　《我的纪念日》　　《京都新闻》（晚刊）　1987 年 8 月 14 日

　　《管仲和鲍叔牙》　　《读卖新闻》（大阪本社版、晚刊）　1987 年 8 月 18 日

　　《玛德辽娜》　　《读卖新闻》（大阪本社版、晚刊）　1987 年 8 月 20 日

　　《商鞅》　　《读卖新闻》（大阪本社版、晚刊）　1987 年 8 月 27 日

　　《"国际关系"中的"习俗"问题》　　《亚洲时报》　208 号　1987 年 9 月 1 日

　　《禹》　　《读卖新闻》（大阪本社版、晚刊）　1987 年 9 月 3 日

　　《予让》　　《读卖新闻》（大阪本社版、晚刊）　1987 年 9 月 7 日

　　《司马相如与卓文君》　　《读卖新闻》（大阪本社版、晚刊）　1987 年 9 月 24 日

　　《长征年表》　　《长征之路》　　日本广播出版协会　1987 年 9 月 25 日

　　《塔什干之夏》　　《京都新闻》（晚刊）　1987 年 9 月 29 日

　　《黄石公》　　《读卖新闻》（大阪本社版、晚刊）　1987 年 10 月 1 日

　　《随园先生》　　《读卖新闻》（大阪本社版、晚刊）　1987 年 10 月 8 日

　　《郑板桥》　　《读卖新闻》（大阪本社版、晚刊）　1987 年 10 月 15 日

　　《朱安》　　《读卖新闻》（大阪本社版、晚刊）　1987 年 10 月 22 日

　　《思念爽秋》　　《立命馆大学学园通信》　　52 号　1987 年 10 月 26 日

　　《伯牙与钟子期》　　《读卖新闻》（大阪本社版、晚刊）　1987 年 10 月 29 日

　　《陆羽》　　《读卖新闻》（大阪本社版、晚刊）　1987 年 11 月 5 日

　　《顾炎武》　　《读卖新闻》（大阪本社版、晚刊）　1987 年 11 月 12 日

　　《给各位考生》　　《猛进》　1987 年 11 月 13 日

《季札》　《读卖新闻》（大阪本社版、晚刊）　1987 年 11 月 19 日

《屈原》　《读卖新闻》（大阪本社版、晚刊）　1987 年 11 月 26 日

《中共新领导核心》　《京都新闻》（晚刊）　1987 年 11 月 26 日

《现代生活与"古都"——由"历史城市会议"说起》　《读卖新闻》（晚刊）　1987 年 11 月 28 日

《野间宏与奥勃洛莫夫风格》　《野间宏作品集 1 月报》　1 号 1987 年 11 月

《中江藤树》　《读卖新闻》（大阪本社版、晚刊）　1987 年 12 月 3 日

《郑所南先生》　《读卖新闻》（大阪本社版、晚刊）　1987 年 12 月 10 日

《陶渊明》　《读卖新闻》（大阪本社版、晚刊）　1987 年 12 月 17 日

《苏武》　《读卖新闻》（大阪本社版、晚刊）　1987 年 12 月 24 日

《质疑日中"友好"》　《东亚》　247 号　1988 年 1 月 1 日

《中国问题用语解说》　合著　《现代用语基础知识（1988 年）》自由国民社　1988 年 1 月 1 日

《水井之恨》　《京都新闻》　1988 年 1 月 16 日

《〈象形文学的诞生〉中文译本出版》（无署名）　《朝日新闻》（晚刊）　1988 年 1 月 20 日

《"社会主义初级阶段"的中国经济》　《大学时报》　37 卷 1 号 1988 年 1 月 20 日

《转型期的精神——"堕落论"与"情欲论"》　张谦、夏刚译《批评家》　1988 年 1 期

《东风压倒西风》　陈才昆译　《当代》　22 期　1988 年 2 月 1 日

《末代皇帝》　《京都新闻》　1988 年 3 月 2 日

《中园英助著〈何日君再来〉》［书评］　《文春周刊》　30 卷 10 号 1988 年 3 月 10 日

《第十三次党代会以后的中国》　《日本棉业俱乐部月报》　425 号 1988 年 3 月 25 日

《中国将扫除文盲识字教育法制化》（无署名）　《朝日新闻》（晚刊）　1988 年 3 月 29 日

《李白听到的"猿声"是长臂猿》（无署名）　　《朝日新闻》（晚刊）1988 年 3 月 30 日

《转型期的中国》　编著　京都大学人文科学研究所　1988 年 3 月 31 日

《人为之国"满洲国"，连儿童也渗透》　《读卖新闻》（晚刊）1988 年 4 月 5 日

《从少年时代顽强读懂中文》　《读卖新闻》（晚刊）　1988 年 4 月 6 日

《奇怪的军队生活，学徒出阵两年无意义》　《读卖新闻》（晚刊）1988 年 4 月 7 日

《"不动"的精神让军人刻骨铭心》　《读卖新闻》（晚刊）　1988 年 4 月 8 日

《军国主义的结果是可怕的沉默》　《读卖新闻》（晚刊）　1988 年 4 月 9 日

《中国的火车事故》　《京都新闻》　1988 年 4 月 15 日

《城市规划与控制》　《服务》　1988 年 4 月号

《中国期待的世界形象——读宦乡〈纵横世界〉》　《立命馆国际研究》　1 卷 1 号　1988 年 5 月 19 日

《从中国人的面子到中日关系》　雁翎译　《（香港）明报》　269 号　1988 年 5 月

《推荐郭华伦著〈中国共产党史论〉》　《春秋》　299 号　1988 年 6 月 1 日

《从遥远京都看到的"东大动荡"》　《世论》　191 号　1988 年 7 月 1 日

《舞台与观众——中国研究的视角》　《京大史记》　京都大学创立九十周年纪念合作出版委员会　1988 年 8 月 10 日

《"气象、地震与行星有关"假说——中国气象局公开讨论会》《朝日新闻》（晚刊）　1988 年 8 月 17 日

《为发展日中关系加大援助留学生》　《读卖新闻》　1988 年 8 月 30 日

《伊藤虎丸等著〈近代文学中的中国和日本〉》［书评］　《日本文学》　37 卷 9 号　1988 年 9 月 1 日

《出现复兴苗头的"北京风味小说"》　《朝日新闻》（晚刊）
1988 年 9 月 1 日

《揭示肃清的真相——瓦克斯拜尔哥的工作》　《朝日新闻》（晚刊）　1988 年 9 月 1 日

《阿部幸夫译〈笔与战争：夏衍自传〉——饶有兴味的抗战记录》
［书评］　《东方》　90 号　1988 年 9 月 5 日

《看中国电影〈芙蓉镇〉》　《读卖新闻》（晚刊）　1988 年 9 月
10 日

《访问毛泽东故居》　《每日新闻》（晚刊）　1988 年 9 月 24 日

《"中共党史"研究现状》　《读卖新闻》（晚刊）　1988 年 10
月 7 日

《鲁迅的日本文化和文学观》　程麻译　《鲁迅研究》　12 辑
1988 年 10 月

《从中国近代史看日本的近代》（中国语）《中日关系史国际学术讨论
会论文集选编》　中日关系史国际学术讨论会筹备组　1988 年 10 月

《中国现代史三棱镜》　编著　苍苍社　1988 年 12 月 10 日

《中国问题用语解说》　合著　《现代用语基础知识（1989 年）》
自由国民社　1989 年 1 月 1 日

《从中国近代史看日本近代》　《立命馆国际研究》　1 卷 3 号
1989 年 1 月 19 日

《不屈服于"文化大革命"的老作家处于尖锐批评的劣势?》　《朝
日新闻》（晚刊）　1989 年 1 月 20 日

《中国担忧建设三峡大坝》　1989 年 1 月 29 日

《长安梦幻》　《NHK 海上丝绸之路 4·海南岛、中国南海、长江》
日本广播出版协会　1989 年 3 月 26 日

《对"过激"再现对立的态度——在北京》（署名：实）　《朝日新
闻》（晚刊）　1989 年 4 月 5 日

《林彪的病》　《苍苍》　25 号　1989 年 4 月 10 日

《鲁迅全集·二心集、南腔北调集》［责任编辑］　合译　学习研究
社　1989 年 4 月 25 日

《发掘与前汉兴亡有关的刻字骨片》　《朝日新闻》（晚刊）　1989
年 4 月 30 日

《对立与新思潮》　《亚洲时报》　228 号　1989 年 5 月 1 日

《林彪秘书回忆录》　监修　苍苍社　1989 年 5 月 1 日

《进入了新"转型期"的中国》　《经济学家》　67 卷 20 号　1989 年 5 月 16 日

《共同权力优先，元老之间的"团结"》　《读卖新闻》（晚刊）1989 年 6 月 20 日

《大征询——怎么看?》　《改革（国内编）》［答问］　《新日本文学》　44 卷 7 号　1989 年 7 月 1 日

《所谓"政治小行星"病》　《新潮》　8 卷 7 号　1989 年 7 月 1 日

《枪杆子出政权——其隐含权力残酷的一面》　《亚洲时报》　231 号　1989 年 8 月 1 日

《在天安门看到的"中国"》［对话］　合著　《这是》　6 卷 8 号　1989 年 8 月 1 日

《天安门广场》　《读卖新闻》（大阪本社版、晚刊）　1989 年 8 月 21 日

《毛泽东》　岩波书店　1989 年 9 月 20 日

《同一世界》　《东京新闻》　1989 年 9 月 30 日

《邓小平，为何被称为"年青的老人"?》　《读卖新闻》（大阪本社版、晚刊）　1989 年 10 月 19 日

《饮食——中国权力里的潜在物 Asteion》　《季刊》　14 号　1989 年秋

《中国"皇帝型"安定结构》　《读卖新闻》（晚刊）　1989 年 11 月 22 日

《思想与根性》　《经济往来》　41 卷 12 号　1989 年 12 月 1 日

《看文艺潮流》　《京都大学新闻》　1989 年 12 月 16 日

《毛泽东的思想》［解说］　苍苍社　1989 年 12 月 26 日

《中国问题用语解说》　合著　《现代用语基础知识（1990 年）》自由国民社　1990 年 1 月 1 日

《毛泽东和邓小平——围绕天安门事件的感想》　《东亚》　271 号　1990 年 1 月 1 日

《从窑洞文学到城市文学》　《文学艺术的新潮流》　《岩波讲座现代中国 5》　共编著　岩波书店　1990 年 1 月 19 日

《〈夏衍自传〉完笔寄语》　　《读书人周刊》　　1817 号　　1990 年 1 月 22 日

《从世局看政治变革的途径——访立命馆大学教授竹内实》（中国语）（台湾）《首都早报》　　1990 年 2 月 1 日

《血洗与血案》　　《苍苍》　　30 号　　1990 年 2 月 10 日

《本真毛泽东——监修者致读者》　　《人间毛泽东》　　德间书店 1990 年 2 月 28 日

《依据国情的毛思想》　　《读卖新闻》（晚刊）　　1990 年 2 月 28 日

《"为人民服务"与"阶级斗争"》　　《读卖新闻》（晚刊）　　1990 年 3 月 1 日

《法兰西革命和中国现代化——非接受的接受》　　《思想》　　789 号 1990 年 3 月 5 日

《民主化运动实录——天安门事件日记》　　《民主化运动和中国社会主义》　　《岩波讲座现代中国别卷 1》　　合著　岩波书店　1990 年 3 月 20 日

《中国是什么——"面子"的恢复》　　岩波书店　　1990 年 3 月 20 日

《同一眼力的微观方法——从天安门广场到红场》　　《新日本文学季刊》（关西版）　　1990 年春季号　　1990 年 4 月 1 日

《阅读中国的关键词》　　编著　苍苍社　　1990 年 5 月 15 日

《爱之歌》　　中央公论社　　1990 年 6 月 25 日

《〈解放军士兵的证词〉序言》　　《解放军士兵的证词》　　藤本幸三、野泽俊敬编　作品社　　1990 年 7 月 20 日

《中国的"辞典"、"事典"以新观念解释的生机》　　《朝日新闻》 1990 年 7 月 23 日

《为了创造新世纪——人道、和谐、和平》　　合著　日本大学国际关系　1990 年 9 月 28 日

《爱之歌》　　《群像》　　45 卷 10 号　　1990 年 10 月 1 日

《闲适之歌》　　合著　中央公论社　　1990 年 10 月 25 日

《毛泽东——革命中的真面目》　　《NHK 研讨会》　　8 号　　1990 年 11 月 1 日

《中国一九三〇年代统一战线问题——两个口号问题之我见》　　雁翎译　　《立命馆国际研究》　　3 卷 3 号　　1990 年 12 月 19 日

《中国问题用语解说》　合著　《现代用语基础知识（1991 年）》
自由国民社　1991 年 1 月 1 日

《提倡"和风汉诗"》　《经济往来》　43 卷 1 号　1991 年 1 月 1 日

《民主化的核心在知识阶层》　《读卖新闻》　1991 年 3 月 6 日

《21 世纪的中国社会与文化》　《KIC 小册子》·2 号　1991 年 3 月
25 日

《唐诗与缩柳》　《京都新闻》（晚刊）　1991 年 4 月 4 日

《震荡的世界与中国》　《日本棉业俱乐部月报》　462 号　1991 年
4 月 25 日

《中国革命的巨星毛泽东》　《国际合作》　433 号　1991 年 5 月
1 日

《重视人品的中国作家短篇集》［书评］　《产经新闻》（晚刊）
1991 年 5 月 13 日

《近代化·东洋化·汉字》　《立命馆国际研究》　4 卷 1 号　1991
年 5 月 19 日

《中国文人的居住观》　《中国学》　12 卷 6 号　1991 年 6 月 1 日

《关于〈三醉人经纶问答〉和〈正眼法藏〉法文译本》　《读卖新
闻》（晚刊）　1991 年 6 月 4 日

《中华人民共和国宪法集》［编译］　苍苍社　1991 年 6 月 20 日

《了解中国的钥匙》　《今桥俱乐部》　455 号　1991 年 7 月 1 日

《受雇于清朝的日本人》［监译］　汪向荣著　朝日新闻社　1991 年
7 月 5 日

《毛泽东》　黄英哲、杨宏民译　（台湾）自立晚报出版部　1991
年 7 月

《〈中华人民共和国宪法集〉补说、前注补》　《苍苍》　39 号
1991 年 8 月 10 日

《志之歌》　合著　中央公论社　1991 年 8 月 15 日

《中国文化的深层》　《立命馆大学比较文化研究会会报》　1 号
1991 年 9 月 21 日

《〈中华人民共和国宪法集〉补说、前注补（之二）》　《苍苍》
40 号　1991 年 10 月 10 日

《"志士"长谷川辰之助》　《二叶亭四迷全集》月报　7 号　1991

年 11 月

《关于"文化大革命"——北京风云突变》 悠思社 1991 年 12 月
10 日

《中国问题用语解说》 合著 《现代用语基础知识（1992 年）》
自由国民社 1992 年 1 月 1 日

《九十年代透视及其根基》 《问题与研究》 21 卷 7 号 1992 年 4
月 5 日

《从毛泽东到邓小平》 《读卖新闻》（大阪本社版、晚刊） 1992
年 4 月 20 日

《饮食与权力——日、中、法文化比较》 《饮食与文学——日本、
中国、法国》 报道有限责任公司 1992 年 5 月 15 日

《〈再次寻找基点〉报告》 《苍苍》 44 号 1992 年 6 月 10 日

《小小的前言》 单皓翎译 《茅盾心目中的鲁迅》 （中国）陕
西人民出版社 1992 年 6 月

《茅盾对鲁迅的评价与理解》 秦弓译 （中国）陕西人民出版社
1992 年 6 月

《毛泽东隐踪之谜》［监译］ 金振林著 悠思社 1992 年 7 月 25 日

《日本人心里的中国形象》 岩波书店 1992 年 8 月 20 日

《记念讲演》 《福冈亚洲文化奖记念讲演会》 1992 年 9 月 4 日

《北京》 《世界城市故事 9》 文艺春秋社 1992 年 9 月 20 日

《级友》 《朝日新闻》（晚刊） 1992 年 10 月 26 日

《口译伙伴》 《朝日新闻》（晚刊） 1992 年 10 月 27 日

《恩师》 《朝日新闻》（晚刊） 1992 年 10 月 28 日

《佛》 《朝日新闻》（晚刊） 1992 年 10 月 29 日

《鲁迅远景》 莽永彬译 （台湾）自立晚报出版部 1992 年 10 月

《东方文化与汉字文化》 徐一平译 《东方文化与现代化》 （中
国）时事出版社 1992 年 10 月

《"庐山会议"的背景》［解说］ 《亚洲时报》 270 号 1992 年
11 月 1 日

《中国的不变之变》 《外交论坛》 50 号 1992 年 11 月 5 日

《中国近现代论争年表》 编著 同朋舍出版 1992 年 11 月 30 日

《作为文化问题的日中关系》（中国语） 《中日关系 20 年——"90

年代中日关系的课题"国际学术讨论会文集》　（中国）航空工业出版社　1992年11月

《〈中国情报人物事典〉出版寄语》　《中国情报人物事典》广告　1992年

《中国问题用语解说》　合著　《现代用语基础知识（1993年）》自由国民社　1993年1月1日

《日本外交文献集（上、下）》　编著　苍苍社　1993年2月15日

《九十年代的课题——文化研究的必要性》　苍苍社　1993年2月15日

《关于面子》　《立命馆语言文化研究》　4卷4号　1993年2月15日

《调和的意味——不自由、自我牺牲之多》　《摄陵》　124号1993年3月24日

《西岁的话》　《有恒》　199号　1993年3月30日

《阅读中国关键词》　《MRI中国情报》　98号　1993年5月15日

《诗人毛泽东》　《中共中央文献研究室国外研究毛泽东思想资料选辑》　编辑组编译　（中国）中央文献出版社　1993年7月

《"我们现在需要的是快跑"——邓小平访日语录研究》　韩凤琴译

《（中国）国外中共党史研究动态》　1993年3期　1993年8月20日

《关于女人》　冰心著　朝日新闻社　1993年9月25日

《中国历史第四人邓小平》　张会才编译　《当代中国的掌舵人——邓小平》　（中国）中央文献出版社　1993年10月

《我和毛泽东》　卢洁译　《我与毛泽东的交往（6）》　（中国）山西人民出版社　1993年11月

《中国现代文学史之谜》　单皓翎译　《立命馆国际研究》　6卷3号　1993年12月19日

《中国问题用语解说》　合著　《现代用语基础知识（1994年）》自由国民社　1994年1月1日

《诗人毛泽东》　《世界》　590号　1994年1月1日

《关于着眼于"政治和文学"》　《东方》　155号　1994年2月5日

《比较文化关键词ⅠⅡ》　共编著　共时出版会　1994年4月

《〈王蒙在日本——一九五〇年代和七〇年代〉小序》　《王蒙先生访日记念资料》　1994年4月

《金印之谜》　《立命馆国际研究》　7卷1号　1994年5月19日

《旅行与发现——茶之乐》　《饮茶入门》　日本广播出版协会1994年7月1日

《后邓小平》　《中国情报手册（1994年）》　苍苍社　1994年7月10日

《毛泽东和我（上、下）》　《东京新闻》（晚刊）　1994年8月16日、17日

《毛泽东：他的书法与性格（上、下）》　《中日新闻》（晚刊）1994年8月30日、31日

《北京的日本学研究》　《中日新闻》（晚刊）　1994年9月22日

《中国电影的兴旺》　合著　朝日有声杂志责任公司　1994年9月30日

《"八佰伴"和"佐藤"》　《MRI中国情报》　115号　1994年10月15日

《"爱而不恋"——谢冰心先生》　《中日新闻》（晚刊）　1994年10月24日

《阅读中国关键词新编》　苍苍社　1994年10月25日

《从"没有"到"你好"》　《MRI中国情报》　116号　1994年11月15日

《江南之秋·北京之秋》　《中日新闻》（晚刊）　1994年11月19日

《北京书店探访记》　《中国古典名著·总解说》　自由国民社1994年12月15日

《"权力"、"金钱"、"生活"》　《MRI中国情报》　117号　1994年12月15日

《中国文化与出版：面向新时代的创造》　许以力著　共时出版会1994年12月

《中国问题用语解说》　合著　《现代用语基础知识（1995年）》自由国民社　1995年1月1日

《中国的"失落的一代"》 《中日新闻》（晚刊） 1995 年 1 月 15 日

《"面的"与"慢走"》 《MRI 中国情报》 118 号 1995 年 1 月 15 日

《北京的茶、龙井的茶——中国茶种种（1）》 《起风》 1 号 1995 年 1 月 15 日

《我的中国故乡》 《中日新闻》（晚刊） 1995 年 1 月 26 日

《"春节"的政治学》 《中日新闻》（晚刊） 1995 年 2 月 11 日

《"走穴"》 《MRI 中国情报》 119 号 1995 年 2 月 15 日

《毛泽东的读书生活》 逢先知等著 合译 共时出版会 1995 年 2 月

《"经国济民"之学——朱绍文先生》 《东京新闻》 1995 年 3 月 13 日

《"民工"与"盲流"》 《MRI 中国情报》 120 号 1995 年 3 月 15 日

《金印之谜》 《（中国）中日关系史研究》 38 期 1995 年 3 月

《"磨合"的微妙》 《MRI 中国情报》 121 号 1995 年 4 月 15 日

《教室里的在盘上点茶——中国茶种种（2）》 《起风》 2 号 1995 年 4 月 15 日

《"金印"的历史》 《中日新闻》（晚刊） 1995 年 4 月 26 日

《被处分的村干部》 《MRI 中国情报》 122 号 1995 年 5 月 15 日

《值得看〈红粉〉与〈红尘〉》 《读卖新闻》（晚刊） 1995 年 5 月 17 日

《北京"银座"的改变》 《中日新闻》（晚刊） 1995 年 5 月 24 日

《消失的北京——看电影〈速写、开放、Peking〉》 《中日新闻》（晚刊） 1995 年 5 月 27 日

《我看毛泽东的最大特色》 卢洁译 《说不尽的毛泽东（下）》 辽宁人民出版社、中央文献出版社 1995 年 5 月

《"红包"的时代》 《MRI 中国情报》 123 号 1995 年 6 月 15 日

《战后五十年日中关系》 《中国情报手册（1995 年）》 苍苍社

1995 年 6 月 15 日

《深圳的"儒商"》　《东京新闻》　1995 年 6 月 27 日、中日新闻（晚刊）　1995 年 7 月 2 日

《变化的北京、不变的北京人以及北京人》　《世界商业》　1 卷 2 号　1995 年 7 月 5 日

《"小日本"与"差不多"》　《MRI 中国情报》　124 号　1995 年 7 月 15 日

《鼓楼之红与茶馆——中国茶种种（3）》　《起风》　3 号　1995 年 7 月 15 日

《恢复的日本图书之光》　《中日新闻》（晚刊）　1995 年 7 月 20 日

《"七·七"与"约翰·拉贝"》　《MRI 中国情报》　125 号　1995 年 8 月 15 日

《"闰八月"的吉凶》　《中日新闻》（晚刊）　1995 年 8 月 24 日

《近代中国人名事典》　合著　霞山会　1995 年 9 月 1 日

《现在抬头的儒商是什么?》　《轮回》　63 号　1995 年 9 月 10 日

《卢沟桥事件》　《MRI 中国情报》　126 号　1995 年 9 月 15 日

《情报源反向阐释》　《中国情报源（1995—1996）》　苍苍社 1995 年 9 月 20 日

《阳光灿烂——〈阳光灿烂的日子〉》　《中日新闻》（晚刊）1995 年 10 月 1 日

《林林先生事》　《群像》　50 卷 10 号　1995 年 10 月 1 日

《汉字游戏》　《MRI 中国情报》　127 号　1995 年 10 月 15 日

《三味书屋的茶室——中国茶种种（4）》　《起风》　4 号　1995 年 10 月 15 日

《蟋蟀与日本学》　《中日新闻》　1995 年 10 月 29 日

《李芒先生事》　《群像》　50 卷 11 号　1995 年 11 月 1 日

《有王牌么?》　《MRI 中国情报》　128 号　1995 年 11 月 15 日

《"中国"是什么?（1、2）》　《中日新闻》（晚刊）　1995 年 11 月 27 日、《MRI 中国情报》　129 号　1995 年 12 月 15 日

《王蒙先生事》　《群像》　50 卷 12 号　1995 年 12 月 1 日

《又成"大地之子"》［座谈会］　合著　《文艺春秋》　73 卷 17 号

1995 年 12 月 1 日

《毛泽东语录译者前言》 平凡社 1995 年 12 月 15 日

《老人和虎》 《中日新闻》（晚刊） 1995 年 12 月 24 日

《中国问题用语解说》 合著 《现代用语基础知识（1996 年）》 自由国民社 1996 年 1 月 1 日

《中国论》 《黎明》 2 号 1996 年 1 月 1 日

《北京日本学研究中心 10 周年纪念研讨会万花筒》 《国际交流》 70 号 1966 年 1 月 1 日

《清朝时代的饮茶景象——中国茶种种（5）》 《起风》 5 号 1996 年 1 月 15 日

《中国式社会主义》 《MRI 中国情报》 130 号 1996 年 1 月 15 日

《80 岁的离婚》 《中日新闻》（晚刊） 1996 年 1 月 24 日

《积淀的历史》 《MRI 中国情报》 131 号 1996 年 2 月 15 日

《"春节"、饺子、庙会》 《MRI 中国情报》 132 号 1996 年 3 月 15 日

《日中——谷底的思考》 《中日新闻》 （晚刊） 1996 年 3 月 23 日

《"戏剧性"中国》 《中日新闻》（晚刊） 1996 年 3 月 26 日

《中国论之二》 《黎明》 3 号 1996 年 4 月 1 日

《民国时代的饮茶景象——中国茶种种（6）》 《起风》 6 号 1996 年 4 月 15 日

《不幸之死——李沛瑶氏》 《MRI 中国情报》 133 号 1996 年 4 月 15 日

《"中体西用"的主体性——罗荣渠先生》 《中日新闻》（晚刊） 1996 年 4 月 30 日

《日本的责任》 《MRI 中国情报》 134、135 号 1996 年 5 月、6 月 15 日

《世界最想了解的活生生的中华人民共和国人》（中国语） 《（中国）对外大传播》 1996 年 5 月号

《我们心里的中国地图——走出北京的迷宫》 《世界》 623 号 1996 年 6 月 1 日

《啊，大东亚共荣圈——中国论之三》 《黎明》 4 号 1996 年 7
月 1 日

《北京的水交会》 《中日新闻》（晚刊） 1996 年 7 月 5 日

《日本的战争责任中国情报手册》（1996 年） 合著 苍苍社 1996
年 7 月 10 日

《金印之谜淘洗日本史》 合著 南风社 1996 年 7 月 15 日

《蜀地成都的茶馆——中国茶种种（7）》 《起风》 7 号 1996 年
7 月 15 日

《李香兰现象》 《MRI 中国情报》 136、137 号 1996 年 7 月、8
月 15 日

《首相的信》 《中日新闻》（晚刊） 1996 年 7 月 30 日

《解剖中国的思想——传统与现代》 郭兴工、黄英哲译 （台湾）
前卫出版社 1996 年 7 月

《小序》（中国语） 《早年学者谈日本》 （中国）《山东画报》
出版社 1996 年 8 月

《关于赵树理型小说》 董静如译 《赵树理研究文集》 下卷 中
国文联出版社 1996 年 8 月

《日中间的隔阂和解决方法》 《亚洲与日本》 272 号 1996 年 9
月 1 日

《和中国交流的这一边》 《日本学术振兴会学术月报》 49 卷 9
号 1996 年 9 月 15 日

《"中华思想"》 《MRI 中国情报》 138 号 1996 年 9 月 15 日

《"面子"的悲剧》 《中日新闻》（晚刊） 1996 年 9 月 16 日

《毛泽东诗词的艺术性》 《中日新闻》 1996 年 9 月 24 日、25 日

《"探索自我"及其他——中国论之四》 《黎明》 5 号 1996 年
10 月 1 日

《对中国的基本视角中国情报用语辞典（1996—1997）》 共编著
苍苍社 1996 年 10 月 10 日

《"严打"和节日》 《中日新闻》（晚刊） 1996 年 10 月 14 日

《"十等"人民》 《MRI 中国情报》 139 号 1996 年 10 月 15 日

《蜀地成都的茶馆（之二）——中国茶种种（8）》 《起风》 8 号
 1996 年 10 月 15 日

《肩负着中国的明暗两面》（中国语） 《鲁迅之世界全集》 第 2 卷 广东教育出版社、河北教育出版社 1996 年 11 月 1 日

《洛阳花开时的"日语"》 《中日新闻》（晚刊） 1996 年 11 月 4 日

《"中国"、"中华民族"》 《MRI 中国情报》 140 号 1996 年 11 月 15 日

《中国的民族主义》 《中日新闻》（晚刊） 1996 年 12 月 4 日

《我的三本书》 《图书》 571 号 1996 年 12 月 10 日

《"情报"与"消息"》 《MRI 中国情报》 141 号 1966 年 12 月 15 日

《中国问题用语解说》 合著 《现代用语基础知识（1997 年）》 自由国民社 1997 年 1 月 1 日

《"日本文化"和"青年文化"——中国论之五》 《黎明》 6 号 1997 年 1 月 1 日

《西湖烟雨》 《群像》 1997 年 1 月 1 日

《名古屋与中国作家》 《中日新闻》（晚刊） 1997 年 1 月 9 日

《蜀地成都的茶馆（之三）——中国茶种种（9）》 《起风》 9 号 1997 年 1 月 15 日

《钱、游戏流行》 《MRI 中国情报》 142、143 号 1997 年 1 月、2 月 15 日

《作为永远的邻国——中日恢复邦交的记录》 肖向前著 共时出版会 1997 年 1 月

《中国的"明"与"暗"》 《中日新闻》（晚刊） 1997 年 2 月 3 日

《邓小平逝世的失落感》 《读卖新闻》（大阪本社版、晚刊） 1997 年 2 月 20 日

《不变的邓小平以后》 《中日新闻》（晚刊） 1997 年 3 月 3 日

《"姓"》 《MRI 中国情报》 144 号 1997 年 3 月 15 日

《中国刮起破产风》 《中日新闻》（晚刊） 1997 年 3 月 31 日

《日本幕末、明治时代的中国形象》 《东亚近代化的领导者们》 国际日本文化研究中心 1997 年 3 月 31 日

《气氛十足的"现代"（从杭州一角看中国）——中国论之六》

《黎明》　7 号　1997 年 4 月 1 日

《比较文化在北京》　《比较文化》　13 号　1997 年 4 月 5 日

《蜀地成都的茶馆（之四）——中国茶种种（10）》　《起风》　10 号　1997 年 4 月 15 日

《平民和哲理——小说〈钟鼓楼〉与钟鼓楼一带》　《亚洲历史和文化（阿赖耶顺宏、伊藤泽周两先生退休记念论集）》　汲古书院　1997 年 4 月 22 日

《〈鲁迅日文书信手稿〉小序》（中国语）　北京出版社　1997 年 4 月

《预测邓小平以后——以在杭州的经验》　《亚洲与日本》　280 号　1997 年 5 月 1 日

《思考"老人与性"》　《中日新闻》（晚刊）　1997 年 5 月 19 日

《杭州日记（上、下）》　《苍苍》　74、75 号　1997 年 6 月、8 月 10 日

《京都学派与毛泽东》　《京都大学百年》　紫翠会出版　1997 年 6 月 18 日

《北方的首都、南方的文化——故宫》　共编著　日本广播出版协会　1997 年 6 月 30 日

《"香港"以后来到》　《中日新闻》（晚刊）　1997 年 6 月 30 日

《风景中的自由人——中国论之七》　《黎明》　8 号　1997 年 7 月 1 日

《"香港文化"在消失么?》　《读卖新闻》（晚刊）　1997 年 7 月 5 日

《思考邓小平以后的中国》　《中国情报手册》（1997 年）　苍苍社　1997 年 7 月 10 日

《杭州西湖的茶（一）——中国茶种种（11）》　《起风》　11 号　1997 年 7 月 15 日

《"三峡大坝"的功过》　《中日新闻》（晚刊）　1997 年 8 月 3 日

《中国北方的风俗和饮食》　《中国饮食大全·北京饮食》　小学馆　1997 年 8 月 20 日

《日中关系的王道》　《中日新闻》（晚刊）　1997 年 9 月 8 日

《生活不同、历史不同——〈鸦片战争〉与〈大地之子〉》　《外国

剧本临时增刊·中国》 1997 年 9 月 30 日

《中国是国家么？——中国论之八》 《黎明》 9 号 1997 年 10 月 1 日

《关于〈中野重治与中国〉》 《梨花通信》 25 号 1997 年 10 月 8 日

《杭州西湖的茶（二）——中国茶种种（12）》 《起风》 12 号 1997 年 10 月 15 日

《有关郁达夫的早期作品——与当时社会的关系》 谢志宇译 《世纪回眸：郁达夫纵论》 天津人民出版社 1997 年 10 月

《真正的电影——〈朱家悲剧〉、〈遥远的西夏〉、〈天安门〉》 《电影前线》 253 号 1997 年 11 月 1 日

《毛泽东酒诗的谱系》 《酒与日本文化》 《文学》（增刊） 岩波书店 1997 年 11 月 5 日

《美国对中国的态度》 《中日新闻》 1997 年 11 月 18 日

《竹内实先生在接受第三次亚洲文化奖时的讲演》 程麻译《（日本）九州华报》 12 号 1997 年 11 月 23 日

《经济、人口，矛盾和冲突重重——"超级大国"21 世纪的走向》 《京都新闻》 1997 年 12 月 3 日

《黄仁宇著〈蒋介石〉》［解说］ 东方书店 1997 年 12 月 20 日

《看电影〈鸦片战争〉》 《电影团队》 12 号 1997 年 12 月

《中国问题用语解说》 合著 《现代用语基础知识（1998 年）》自由国民社 1998 年 1 月 1 日

《华侨网和华人——中国论之九》 《黎明》 10 号 1998 年 1 月 1 日

《杭州西湖的茶（三）——中国茶种种（13）》 《起风》 13 号 1998 年 1 月 15 日

《寅年展望》 《中日新闻》（晚刊） 1998 年 1 月 16 日

《中国的走向——从中华思想开始思考》 《亚洲与日本》 289 号 1998 年 2 月 1 日

《荒漠化的黄河》 《中日新闻》（晚刊） 1998 年 3 月 2 日

《男与女（看中国传统思想的流露）——中国论之十》 《黎明》 11 号 1998 年 4 月 1 日

《茶是南方嘉木（〈茶经〉故事一）——中国茶种种（14）》　《起风》　14 号　1998 年 4 月 15 日

《朱镕基总理的脸》　《中日新闻》（晚刊）　1998 年 4 月 24 日

《祖国里的外国、无法无天的男人们》　《电影广场杂志》　144 号 1998 年 4 月

《气宇轩昂的丈山》［书评］　《新潮》　95 卷 5 号　1998 年 5 月 1 日

《"泰坦尼克"和中国》　《中日新闻》（晚刊）　1998 年 6 月 1 日

《老子·庄子·基本粒子（中国古典与关西）——中国论之十一》 《黎明》　12 号　1998 年 7 月 1 日

《茶是南方嘉木（〈茶经〉故事二）——中国茶种种（15）》　《起风》　15 号　1998 年 7 月 15 日

《郁达夫的文学纪念碑》　《中日新闻》（晚刊）　1998 年 7 月 20 日

《中国的出版改革》　宋木文著　桐原书店　1998 年 7 月 30 日

《"市虎"与人民币贬值》　《中日新闻》（晚刊）　1998 年 8 月 24 日

《竹内实先生文章选译》　程麻译　《（中国）作家》　1998 年 8 月号

《长江洪水是"人祸"么?》　《中日新闻》（晚刊）　1998 年 9 月 21 日

《历史上的世界性城市北京——中国论之十二》　《黎明》　13 号 1998 年 10 月 1 日

《茶树故乡、巴山的峡谷（〈茶经〉故事三）——中国茶种种（16）》 《起风》　16 号　1998 年 10 月 15 日

《中国——历史之旅》　朝日新闻社　1998 年 10 月 25 日

《凝聚的古都之眼》　《一本书》　1998 年 10 月号

《黄土高原和樱》　《中日新闻》（晚刊）　1998 年 11 月 23 日

《中国问题用语解说》　合著　《现代用语基础知识（1999 年）》 自由国民社　1999 年 1 月 1 日

《好兆头的"卯"年》　《京都新闻》　1999 年 1 月 4 日

《"茶"字的构成、台湾客人（〈茶经〉故事四）——中国茶种种

（17）》　《起风》　17 号　1998 年 1 月 15 日

　　《中国"历史之旅"之乐》［对话］　合著　《日本和中国》　1697 号　1999 年 1 月 25 日

　　《中国的思想：传统与现代》（新版）　日本广播出版协会　1999 年 1 月 25 日

　　《中国历史上的第四位伟人》　张会才编译　《世界著名政治家、学者论邓小平》　上海人民出版社　1999 年 1 月

　　《"虫之眼"的日中关系》　《中日新闻》（晚刊）　1999 年 2 月 6 日

　　《根本价值观——中华思想》　《亚洲人的价值观》　亚细亚大学亚洲研究所　1999 年 3 月 15 日

　　《登鼓楼》　《中国语》　144 号　1999 年 3 月 15 日

　　《台湾——茶文化的启示》　《中日新闻》（晚刊）　1999 年 3 月 29 日

　　《中国的动向》　《有恒》　223 号　1999 年 3 月 31 日

　　《"三峡"顺水之旅》　《有恒》　223 号　1999 年 3 月 31 日

　　《"三峡"船上的茶——中国茶种种（18）》　《起风》　18 号 1999 年 4 月 15 日

　　《野菜的味道》　《中国语》　472 号　1999 年 4 月 15 日

　　《日美中三角形与"脸"》　《中日新闻》（晚刊）　1999 年 5 月 10 日

　　《线之美》　《中国语》　473 号　1999 年 5 月 15 日

　　《〈大地之子〉与私》［解说］　文艺春秋社　1999 年 6 月 10 日

　　《北京》　《世界城市的故事》　文艺春秋社　1999 年 6 月 10 日

　　《平城京遗址听蟋蟀》　《阿伽玛季刊》　147 号　1999 年 6 月 10 日

　　《柿饼的蒂》　《中国语》　474 号　1999 年 6 月 15 日

　　《中华世界的国家与王朝——所谓"统一"（中国论之十三）》 《黎明》　16 号　1999 年 7 月 1 日

　　《茶碗之美》　《中国语》　475 号　1999 年 7 月 15 日

　　《台北的茶：其醍醐之味——中国茶种种（19）》　《起风》　19 号 1999 年 7 月 15 日

《时代与我——毛泽东秘录1》　《产经新闻》　1999 年 7 月 28 日

《看中国基础用语》　《苍苍》　87 号　1999 年 8 月 10 日

《又见"那条狗"》　《中国语》　476 号　1999 年 8 月 15 日

《中国蔓延腐败现象》　《中日新闻》（晚刊）　1999 年 8 月 18 日

《对中国的基本视角》　《中国情报用语事典（1999—2000 年）》苍苍社　1999 年 8 月 20 日

《元的面子与市场意志》　合著　森林出版股份公司　1999 年 9 月 13 日

《迎来建国 50 周年的中国》　《中日新闻》　1999 年 10 月 11 日

《北京：欣赏美文的茶——中国茶种种（20）》　《起风》　20 号 1999 年 10 月 15 日

《中国 50 年的脚步》　《问题与研究》　29 卷 3 号　1999 年 12 月 5 日

《中国：国情与世相》　研文出版　1999 年 12 月 10 日

《建国纪念杯》　《中国语》　480 号　1999 年 12 月 15 日

《中国问题用语解说》　合著　《现代用语基础知识（2000 年）》自由国民社　2000 年 1 月 1 日

《张口的狮子》　《中国语》　481 号　2000 年 1 月 15 日

《以干支解读中国经济》　日本经营合理化协会　2000 年 2 月 1 日

《王府井的井》　《中国语》　482 号　2000 年 2 月 15 日

《好动更好静之人毛泽东》　《文艺春秋》　78 卷 2 号　2000 年 2 月 15 日

《南京陷落：祈求和平（上）》监修　周而复著　晃洋书房　2000 年 2 月 20 日

《函谷关的老子像》　《中国语》　483 号　2000 年 3 月 15 日

《魅力中国》　《中日新闻》　2000 年 3 月 21 日

《中国文化论——"饮食"文化》　京都造型艺术大学　2000 年 3 月 21 日

《蟋蟀和鲁迅——在庆祝竹内实先生受勋会上的讲演》　《苍苍》 92 号　2000 年 4 月 10 日

《柚子的味道》　《中国语》　484 号　2000 年 4 月 15 日

《函谷关的茶：佛茶——中国茶种种（21）》　《起风》　21 号

2000 年 4 月 15 日

　　《南京陷落：祈求和平（下）》监修　周而复著　晃洋书房　2000 年 5 月 3 日

　　《码头的少女》　《中国语》　485 号　2000 年 5 月 15 日

　　《避邪与废物》　《中国语》　486 号　2000 年 6 月 15 日

　　《根据地：延安的毛泽东——〈论持久战〉预言胜利》　《朝日编年周刊 20 世纪》　73 号　2000 年 7 月 2 日

　　《"思想"与北京政局》　《中日新闻》　2000 年 7 月 3 日

　　《孙悟空的茶壶》　《中国语》　487 号　2000 年 7 月 15 日

　　《风炉与八卦：五行（〈茶经〉续）——中国茶种种（22）》　《起风》　22 号　2000 年 7 月 15 日

　　《顶峰的影子：中国》　《中日新闻》　2000 年 7 月 31 日

　　《蟋蟀与文化深层》　《中国语会话》　34 卷 5 号　2000 年 8 月 1 日

　　《漫步中山陵的思考——长江》　《历史之旅 1》　《一本书》　5 卷 8 号　2000 年 8 月 1 日

　　《黄土与生活在黄土地带的人》　《你好》　62 号　2000 年 8 月 10 日

　　《朱总理来日本》　《中日新闻》　2000 年 10 月 9 日

　　《中国向哪里去?》　岩波书店　2000 年 10 月 16 日

　　《毛泽东诗词的哲理性和抒情性》（中国语）　《毛泽东诗词研究丛刊》　第 1 辑　中央文献出版社　2000 年 10 月

　　《长江》　《历史之旅 2》　《一本书》　5 卷 11 号　2000 年 11 月 1 日

　　《蛇之"巳"的由来》　《中国语》　492 号　2000 年 12 月 15 日

　　《五丈原情调》　《中国语》　493 号　2001 年 1 月 15 日

　　《"汉倭奴国王"印之谜》（中国语）　《（中国）中华读书报》2001 年 1 月 17 日

　　《长江》　《历史之旅》　杭州　《一本书》　6 卷 2 号　2001 年 2 月 1 日

　　《五丈原幻想》　《中国语》　494 号　2001 年 2 月 15 日

　　《"大国"中国：真相与假相》［对话］　《世界》　676 号　2001

年 3 月 1 日

《名为"蓝山"的咖啡》 《中国语》 495 号 2001 年 3 月 15 日

《站在五丈原上》 《中国语》 496 号 2001 年 4 月 15 日

《羊头狗肉》 《中国语》 497 号 2001 年 5 月 15 日

《中华复兴的时代》 《中国情报手册（2001 年）》 三菱综合研究所 2001 年 8 月 1 日

《幕末、明治的"中国像"》（中国语） 《东亚近代化历程中的杰出人物》 社会科学文献出版社 2002 年 4 月

《中国阴阳五行思想与茶》 《问题与研究》 32 卷 2 号 2002 年 11 月 5 日

《日中交流的起点》 《那时的日本——谈青年时代的留学》 日本侨报社 2003 年 1 月 29 日

《中国——欲望经济学》 苍苍社 2004 年 10 月 25 日

《开头话》 《解读"大国"中国的现状与将来》 樱美林大学东北亚综合研究所 2005 年 9 月 30 日

《如何解读中国?》 《解读"大国"中国的现状与将来》 樱美林大学东北亚综合研究所 2005 年 9 月 30 日

《汉诗纪行辞典》 岩波书店 2006 年 5 月 25 日

《"汉字给我力量"——中国文学研究者竹内实先生访谈》（中国语） 《中文导报》 2006 年 8 月 10 日

《关于"中国＝禹域"》 《解读"大国"中国的现状与将来》 樱美林大学东北亚综合研究所 2006 年 9 月 30 日

《开放的禹域走向"文化大国"》 《经济学家》 84 卷 41 号 2006 年 10 月 9 日

《蟋蟀与革命的中国》 PHP 研究所 2008 年 1 月 29 日

《序言——从国际关系论来看首脑外交》 （中国语） 《首脑外交——以中日关系为研究视角》 新华出版社 2008 年 1 月

《中国这片天地——人、风土、近代》 岩波书店 2009 年 2 月 20 日

《彷徨的孔子，复活的〈论语〉》 朝日新闻出版社 2011 年 6 月 25 日

《竹内实"中国论"自选集》 樱美林大学东亚综合研究所 2011

年 7 月 7 日

　　《近来我的琐事与鲁迅、孔子》　　《文艺报》（中国语）　　2011 年 9
月 16 日

　　《日版〈毛泽东集〉、〈毛泽东集补卷〉校勘与研究小序》（中国语）
中国国际文化出版社　2013 年 6 月

日本战后中国研究的开拓者竹内实

"后竹内"实先生

本文开头的这一小标题听起来似乎有点拗口。之所以这样称呼，是因为至今研究中国文化的日本学者并非只有一人姓竹内。20 世纪中国学术界开始了解日本研究中国现代文学特别是鲁迅研究的情况，首先接触和了解的大概是竹内好先生。现在中国学者们已经明白，准确地说，应该称竹内好为日本现代评论家与思想家，他并不是专门以研究中国为业。不过，他在日本即将战败时出版的《鲁迅》一书，其主要目的是表达他个人对日本现代化进程所带来的负面效应的思考，并以假设的立场提出了"超越近代"这一著名的政治与文化命题。由于这种思考和表达是以鲁迅的作品与思想为基本素材，实际上则起了开现代日本鲁迅研究先河的历史作用，而且由于着眼点与中国学术界对鲁迅的常见审视角度有所不同，很富于启发性。为此，中国学者在起初认识竹内好的时候，首先是把他作为日本著名的中国文学研究者特别是鲁迅研究者看待的。后来，随着中国学术界对日本的中国研究所知渐多，才发现那里还有另外一位比竹内好年轻、研究中国更加专注，而且相关学术成果相当丰富多彩的竹内先生，那就是竹内实。现代日本竟有两位同姓"竹内"并研究中国的专家，无疑反映了日本学术界在中国研究方面人才济济，另一方面，从竹内好先生着眼去回顾后来的竹内实先生的生活道路与学术经历，也可以看清日本战后中国研究的来龙去脉与承传关系，能够比较准确地理解竹内实先生在当今日本的中国研究界的价值与地位。这便是本文称竹内实先生为"后竹内"的原因。

"竹内"在日本是个很普通的姓氏，同中国的"张"、"王"差不多。

实际上，在 20 世纪五六十年代，竹内实曾在东京都立大学与竹内好共事过。竹内实先生为了让不太熟悉日本的中国人了解这些具体情况，后来在被介绍给中国学术界的时候，曾为所提供的一枚照片加过这样的注文：坐在自己背后的侧影是竹内好先生，自己与其并非是亲属。另外，在 20 世纪 60 年代，两人还为如何翻译和理解毛泽东的《矛盾论》等问题发生过争论，那是后话。

竹内实与竹内好之间除了年龄上的差异（竹内好生于 1910 年，竹内实晚生 13 年），还应该强调的是后者出生在中国。在一般日本人心目中，对不出于日本的即所谓"内地"的日本人，印象似乎总有点不太一样。大约因为竹内实先生的中国语说得相当熟练，在战后日本的中国研究方面成果数量既多看法也相当透彻，我甚至听到有研究中国的日本学者曾质疑过，竹内实先生的父母是否都是地道的日本人？每当这种时候，我都肯定地向他们解释，竹内实先生的父母是日本爱知县的无地农民，20 世纪 20 年代裹挟在日本向中国移民的潮流里，双双从青岛上岸后落户在山东胶济铁路沿线的一个小车站张店，如今那里属于淄博市。开始时，竹内实的父亲靠替人帮工谋生，后来据说因为他曾大胆出面与土匪交涉并解救出了一个被绑架的中国地主，那个地主为了报答救命之恩，便将家里的一座四合院改作旅馆由他父亲来经营。后来，竹内实的父母便在那里结了婚。当时张店附近有日本人开办的矿山和工厂，竹内实家的旅馆主要接待那些到张店经商办事的日本人。竹内实和弟弟、妹妹都出生在那里。后来，竹内实在 20 世纪 80 年代重访故地的时候，陪同的人曾说张店称得上他的"第二故乡"，竹内实先生则认真纠正道："这里是我的第一故乡。"

不幸的是，在竹内实 5 岁的时候，他父亲患病去世，后来便由他母亲独自经营旅馆并抚养着 3 个子女。竹内实的母亲性格很刚强，而且颇有见识。也许是基于让长子能够在中国继承其产业的想法，她不仅让竹内实进了当地日本人开办的小学校，还在他 3 年级的时候给他请了一位中国教师，在课外专门教他学习中国语。这使竹内实很小便身处于日中双语的环境中，为后来终生研究中国打下了扎实的中文基础。

当时，在那里谋生的日本人与本地中国人其实没有太多的交往，但在 20 世纪 20 年代，日本军队开始更加嚣张地侵犯中国，在山东接连发生了日本军队在青岛登陆并进犯济南等事件。凭小时候的记忆，竹内实已经能够感受到当时日中关系逐渐紧张与恶化的气氛。1966 年春，当中国的

"文化大革命"开始发动时，竹内实看到报刊上的种种报道，脑海中又浮现出了儿时中国社会动乱的景象，情禁不住写了一篇名为《我心中的红卫兵》的文章，以栩栩如生的回忆描述了当时中国社会军阀混乱的情景。不仅日本人，即使当时一般的中国人也未必会对中国时局有那种既亲切而又清醒的感受。儿童时代对中国北方乡镇平民生活耳濡目染的体验，使竹内实审视中国的眼光与研究同战后那些带有学院风格的日本学者有很大区别。他曾在感觉最敏锐、记忆难以磨灭的儿童时代全身心地感受过中国，而非仅仅从书本上去理解中国。

竹内实 11 岁的时候，他母亲带着全家从山东移居到了中国东北的长春。那里已是伪满洲国的天下，其时改称为"新京"。竹内实在当地的小学毕业后，考进了相当于初中的商业学校。此时的竹内实除了开始接触到中国的古典文献与文学作品以外，随着年龄的增长与视野的开阔，对于各种社会现象也开始有了自己的评价态度。例如他发现，当时的伪满洲国称得上是一个按照全新规划建立起来的都市，但在崭新的大街上却时常能看到日本人欺侮中国人的现象，即使是马车夫索要车费也会遭到拳打脚踢，那里似乎并非当局宣扬的什么"王道乐土"。这样的感受使他与当地那些具有优越感的日本人之间有些距离，也让他对长春的感情不像对张店那么亲切。传统的日本家庭大都想尽力供养长子多读一些书，竹内实的母亲与亲属也不例外，1942 年，母亲送他回到日本进了东京相当于高中的二松学舍专门学校读书。后来竹内实曾被征兵入伍，所幸因病未去前线。在日本战败前夕他从部队退伍，经过一段动荡的生活之后，于 1946 年春考进京都大学的中国文学科，3 年后本科毕业。不难想象，竹内实的这一学业选择无疑系于对中国以及生活在那里的家人的留念，这一选择最终使他走上了学习与研究中国文化的学习道路。竹内实回忆说，自己原来曾非常渴望能够进北京大学或者上海同文书院读书，后来回日本进入京都大学算是差强人意的选择。

当时，与东京大学较浓厚的政治色彩相比，京都大学已经凸显其求实重学的教育风格。在京都大学期间，像吉川幸次郎、仓石武四郎和青木正儿等名师深厚的中国文化素养，引导那一代学生中的不少人走上了中国研究之路。本科毕业以后，竹内实读书的兴头未减，又跟仓石武四郎先生转到东京继续读研究班，直到 20 世纪 50 年代初毕业后走向社会。

独树一帜与特立独行

竹内实走出校门后先在东京大学文学部中文研究室做助教，后来进入位于东京的中国研究所，那是一所由日本左翼学者创建的研究中国的著名机构。在那里，他得益于前辈学者的传帮带，翻译介绍了一些新中国的文学作品，同时兼顾中国社会资料的搜集整理工作。在 20 世纪五六十年代的东京，像竹内实那样能够讲纯正与熟练中国语的青年并不多见，因此，在当时的不少日中友好活动中都可以看到他的身影，曾多次被邀请担任翻译。自 1953 年随同护送战争时期在青森县花冈矿山遇害的中国劳工遗骨的"黑潮丸"号轮船，时隔 11 年回到久别的中国以后，几乎每过两三年他都要陪日本代表团访问一次中国。当时，许多日本人是怀着"朝圣"的心情前往社会主义新中国的，对能够入选访华的人充满羡慕，连参加访华报告会也求之不得。用竹内实先生的话说，那些年自己觉得非常"风光"。特别有幸的是，1960 年，作为日本作家代表团的成员，他在又一次访华时拜会了仰慕已久的毛泽东。记得毛泽东还当面称赞了他前一天在《人民日报》上发表的介绍日本青年反对美帝国主义斗争的短文。

受这次会见时毛泽东音容笑貌的感染，竹内实对中国革命的感受越发亲切生动起来。此前，竹内实已经参加日本共产党，后来日本共产党多次分化重组，其与中国共产党的关系也日益变得复杂起来。尽管竹内实最终因同意在 28 名日本共产党员起草的内容涉及日中、日苏两党关系的《告全党书》上签字，而于 1962 年 2 月被日本共产党除名，但并没有因此冷却对中国的热情，反而逐渐淡化了政治问题对中国研究的消极与偏颇影响，其着眼点慢慢转向对中国社会与文化传统的深入探求。这种转变的代表性成果，是竹内实与日本作家武田泰淳合写的《毛泽东的诗与人生》一书，1965 年由文艺春秋社出版。

毛泽东研究一直是日本战后中国研究的重要方面。这一研究可以追溯到 20 世纪四五十年代，从五六十年代开始，日本学者开始研究毛泽东思想，并且形成了一个高潮，如 1954 年松村一人在《辩证法的发展》一书中对《矛盾论》和《实践论》进行了比较深入的分析。1956 年，贝塚茂树出版了日本的第一本毛泽东传记《毛泽东传》。1965 年由竹内实与武田泰淳合作并由其撰写全文的《毛泽东的诗与人生》，则是中国以外首部讲解与阐释毛泽东诗词的专著。

　　《毛泽东的诗与人生》中的诗词注解与背景材料主要由竹内实撰写，为此他参考了有关毛泽东早期活动的多种材料以及《星火燎原》等革命回忆录，努力将毛泽东诗词拉回到如实生动的历史环境去理解；在诗词的翻译和讲解方面，他翻阅了当时中国对毛泽东诗词的多篇解释文章，这充分验证了竹内实扎实的中国古典文学修养。这本书力求通俗易懂，有别于以往日本汉学研究那种着重于训诂、考证的学风，注意阐释毛泽东诗词的思想内涵与艺术特色，称得上是日本战后中国研究的最重要著作之一。

　　日本战后的中国研究，虽然仍是以中国人文社会现象为分析对象，但更重视跟踪当代中国各种动态。在这种视野或切入点转变的过程中，也许是因为动态的中国较多曲折变化，主要还是由于众多研究现当代中国的日本人没有亲身感受中国的条件，总的来看，这方面的研究显得支离零散，甚至看法有些含混不清。按照日本学界的批评，就是"从其深处流露出来的是一种难以名状的黏黏糊糊的体质"（野村浩一：《近代日本的中国认识：走向亚洲的航踪》，中央编译出版社，1999 年 4 月，第 292 页）。很多人都将这种缺陷归结为日本人热衷于具体资料而不习惯归纳结论的思维习性。实际关键的问题在于，仅仅凭借文字资料，大多日本学者还很难跨越日本与中国在历史文化方面的巨大鸿沟，真正体悟到中华文明的精髓和中国现实的主流，再加上难免受种种偏见的干扰。而竹内实先生研究中国的修养基础与出发点与一般日本人不太一样，就像香港学者司马长风后来在评论竹内实介绍中国风土人情的《茶馆》一书时所说："作者是脚踏实地同情了解中国的日本人。这里没有廉价的同文同种的友善表示（日本右派人士的惯常态度），也没有马列主义的偏见和曲解（日本左派人士的常见立场），更没有明治维新以来狭隘民族主义者一贯对中国人的轻蔑。表面看来只是客观求解的学术态度，但在活泼风趣的对谈之间、笔和纸之外，在沉默的执笔者的内心，则充满亲切的同情和友谊，以及知见的喜悦。"应该说，竹内实以《毛泽东的诗与人生》在日本战后的中国研究领域树起了一面旗帜，大大改变了以往日本人对毛泽东和中国革命的肤浅印象，增强了源远流长的中国文化对日本人的吸引力。此书为竹内实赢得了学术声望，至今还是日本研究毛泽东诗词的权威性成果，即使在各国的中国研究界也获得了较高评价。

　　立场公正、见解深刻的学者应该不因热衷而盲目崇拜，也不受世风左右而轻易褒贬，而能够做到这一步实属不易。在《毛泽东的诗与人生》出版后一年，中国的"文化大革命"便波涛汹涌地席卷而来。出乎常人意料的是，竹内实没有像当时众多日本左翼文化人那样随之跟风呐喊，而是以低调的冷静态度密切关注中国社会态势的种种走向，及时跟踪发表了许多如今读来仍令人觉得相当中肯与信服的评论。如今这些文章大都汇译在中文版《竹内实文集》第 6 卷《文化大革命观察》中，给人的总体印象是，作者的立场能够经得起历史的验证。

　　其实，竹内实先生对新中国成立后的知识分子政策逐渐变得严厉早有觉察，他对批判胡风和电影《武训传》等极左的文艺运动表示过不理解。随着政治色彩越来越强烈，到 20 世纪 60 年代中国批判"中间人物"论时，他已经大胆怀疑其会对文学艺术造成内在的伤害。从开始批判"三家村"开始，经过"破四旧"、"揪当权派"、"样板戏"，直到"批林批孔"、"批儒评法"等长时期的动乱，竹内实对中国的分析报道文章在日本论坛上总是显得鹤立鸡群，引人瞩目。他质疑过毛泽东使用的"牛鬼蛇神"概念，剖析过"忠于……"口号的来龙去脉，也嘲讽过江青的"泼妇"作风，等等。为此，竹内实在日本文化界曾经相当孤立，听说甚至得罪了江青而被中国当局视为"不友好"人士。不过，竹内实并没有因此违心示弱。面对着周围的冷漠甚至非难，他针锋相对地指出，日本人对中国的理解各种各样，比如昨天称赞刘少奇，到他被批判了，又立即跟着批判，那也是一种"理解"。这是因为中国已经大转弯了，只好再来称颂他。但是就常识而言，这毕竟很难称得上是"理解"。尽管卓然不群的艰难处境最终使竹内实辞去了在东京都立大学的教职，全家人有 3 年只能靠其自由撰稿维持生计。但是，他没有改变自己的学术立场，依然如故地注视着中国的动态，并接连出版了《毛泽东笔记》、《现代中国文学——进程与逻辑》、《毛泽东与中国共产党》、《茶馆》（合著）等关于中国的论著，并发表了回顾日中关系历史的一系列文章，更加稳固了他在中国研究界的学术地位。命运不负有心人，仿佛具有象征意义似的，到邓小平重登政治舞台的 1973 年，竹内实先生的母校京都大学的人文科学研究所决定新成立"现代中国研究"部门并在全国招聘研究人员，他以毫无争议的学术资格应聘并在后来成为该所教授。竹内先生在那里如鱼得水，全神贯注于中国和"文化大革命"的研究。他每天翻阅与剪裁中国的报刊，现在存放在研究所图书馆里的有关剪报竟多达 100 册。其间，他听到

"四人帮"垮台的消息，不由得与朋友举杯庆贺。他先后主持了"文化大革命牺牲者的追悼"、"中国近现代年表"和"转型期的中国"等重要研究课题，还担任过该研究所的所长。回顾自己伴随着中国"十年动乱"的曲折生活经历，竹内实更加深入思考的是，日本的中国研究界和日本人应该如何提高对中国实际情况的准确理解，避免以往似是而非的种种曲解。他在《中国文化大革命与日本人》一文中说，从战后日本历史的角度来看，"文化大革命"的混乱与倒退招致了日本人对新中国"夸张现实"的破灭，这未必一定是坏事情。如果中国人能够破除对"革命"或"个人崇拜"的迷信，如同日本人能够破除对于天皇的迷信一样，那将会使人们对于社会现象的认识更接近真实状态甚至接近本质。因此，人们可以从对"文化大革命"的理解过程中汲取应有的教训。后来，竹内实在回答中国研究所于1987年3月1日出版的《中国研究季刊》第6号"反思文化大革命"专辑的征询时总结道，自己也并非不想理解"文化大革命"并尽力而为地去进行理解，但最终还是没有能够理解。这说不上"革命"还是"反革命"的差别，而是对于"文化大革命"真相或真谛的追索过程。在时过境迁之后，他并不愿意人们将其视为"文化大革命"的"火眼金睛"。正相反，当人们着眼于竹内实先生难得的学术业绩，把他看作中国研究的"神明"之时，他却在1978年10月号《中央公论》杂志上发表的一篇文章中，提出了目前在日本战后中国学界大都知晓的"友好容易理解难"的著名命题："在我看来，一国（或者民族、区域）与另一国之间，与相互'友好'的难处相比，还是相互'理解'更为困难一些。说得极端一点，可以说：友好容易理解难。"这一不胫而走的尖锐看法，无疑是终生从事中国研究的竹内实先生的肺腑之言。

与日中两国共命运

鉴于竹内实先生中国研究已经达到的广度与深度，早在1975年7月15日由中央公论社出版的《对中国的视角》一书的封面上，就有称书的作者"是现代中国研究第一人，借助于历史对今后日中关系的敏锐洞察"的说法。以后，还有人尊竹内实先生为日本战后中国研究的"泰斗"。对于这些评价，竹内实先生始终不予承认。他认为，中国文化博大精深，对中国的研究犹如在长长的隧道里摸索前进，很难说已经认识透彻了。尽管如此，基于社会公论，1992 年福冈亚洲文化奖委员会决定授予竹内实先生学术研究奖，1999 年日本政府又颁发"勋三等旭日中绶章"给竹内实先生。面对这些奖励，竹内实先生回顾说，要是个人的研究还算有点成绩的话，应得益于母校京都大学学风的熏陶。京都学派的中国研究的特点在于，通过对文献的缜密阅读与解释来展示对中国的看法。最重要的是，其对一些具体事件的意见，可能与学院派有所不同。竹内实的中国研究，称得上是战后京都学派延伸与发展的一个好例证。

竹内实先生自京都大学人文研究所退休以后，曾参与创建了立命馆大学国际关系学部，后又分别担任过北京日本学研究中心教授以及松阪大学、杭州大学和厦门大学的客座教授等，并且一直笔耕不辍，著述越来越丰富多彩。特别值得提及的是，其晚年致力最多也最令人瞩目的是，向日本读者介绍中国传统文化整体特征的不懈努力。

竹内实先生介绍与研究中国的范围历来不拘一格，内容多种多样，文风雅俗共赏。然而，不管是关于中国哪方面的文字，他从来没有给人以支离破碎的印象。这是因为其与学院派只看一点不计其余的分门别类式研究方法不同，心中早有对于中国鲜活生动的整体感受。比如，在 1960 年，竹内实在《日本的现代化与中国的现代化》一文中谈到过"中华思想"的概念，他借助于竹内好"中国传统文化对西方现代化的抵抗"的观点，独自领悟到了中国一以贯之的文化传统在近现代化进程中的强烈制约作用。在近代日本，所谓"中华思想"的说法并非客观或者正面标识中国传统文化的概念，而是在力图摆脱甚至攻击以往日本人对中国文化的崇拜态度时才使用这一称呼，是用来批评中国自以为是居于亚洲文明中心的傲慢态度的。如本居宣长在批判荻山徂徕对中华文明的敬仰态度时曾使用过这一概念。竹内实认为这是不公平的。他指出，其实"中华思想"并非像一般人所认为的那样只有负面含义，其中也有正面的内涵。它不过反映了外界人士对中国的一种感受，就是每当中国人说"不"的时候，外界人总愿意指责他们的态度，说"那帮家伙属于中华思想"。实际上，"中华思想"里固然有自尊的意思，但又不仅仅是如此意味。中国的"中华思想"与日本的"尊王攘夷思想"非常相似。也许日本人是从中国引入了这一"思想"，经过改头换面后才提出了"尊王攘夷思想"的。其中的"夷狄"，毫无疑问属于贬义词，然而，同"日本"的国名与所谓"大和心"的说法一样，不也都有某种自恃为大国的意识吗？应该将这种称呼还原到一定的历史环境之下，去理解当时民族的心态。以往局外人给中国贴上"中华思想"的标签，是出于某种误解。自然，在中国的"葫芦"里，确实并非没有"中华思想"这味"药"。我们应该如实了解这"葫芦"里的"药"究竟是什么内容。为此，竹内实先生曾在 1967 为日本广播出版协会写过面向一般日本民众通俗讲解的读本《中国的思想——传统与现代》一书。因为此书颇受听众与读者的欢迎，1999 年又改写出版了新版本。

竹内实心目里的中国"思想"，不是指学院派研究家们热衷的"四书五经"等古代经典里的教条，他关注的是中国平民百姓长期形成的各种活生生的心理意识，如天的思想、时间的思想、循环的思想、革命的思想、生活的思想，另外也涉及了知识分子的思想等。再配以阴阳、太极与六十四卦图之类形象图表，通俗易懂地向日本人讲解中国传统的精神观念。这样的介绍阐释看似简洁却费力，因为需要作者对中国文化的理解胸有成竹。这就如同其姓"竹内"一样，构成了他的终身宿命与追求。如此由浅入深的中国研究就像当年的《毛泽东的诗与人生》一样，在当今日本仍旧很难得。竹内实的宗旨是：自己的文字主要面向普通日本大众，使他们能够对中国文化有深入浅出的认识，并非一门心思想登大雅之堂。

作为一位由中国与日本两国文化共同培育成长的日本学者，竹内实先生始终希望中日两国关系能够保持正常与友好的状态。他在青年时代曾是日中民间友好运动的热情参与者，后来这一运动经历了多次的分化和重组。为避免陷入宗派纠纷，竹内实决定专心致志从事中国研究，以求对中国社会与文化深入理解，保证日中友好具有更牢固的基础。在他看来，日中两国之间首先得有"关系"，而在日中邦交正常化以后，要实现"友好"则主要依赖两国彼此间的真正"理解"，这便是所谓"关系—理解—友好"的三段论模式。其中，外交"关系"正常化固然来之不易，而关系正常之后未必意味着一定就会"友好"，世界上好多尖锐的外交冲突都发生在原本具有正常关系的国家之间。因此，避免类似冲突的唯一途径，只有靠彼此加深"理解"才行，这一重要性同时意味着不同国家与民族之间真正"理解"之难。竹内实一生研究中国，最主要的感受恰恰正是这一点："理解最好能够是相互理解。不过，彼此之间由于历史或社会的原因形成了沟壑与山脉，要想一步便跨过或越到对面去是困难的。只能像一步步踟蹰前行那样，去不断消解阻碍理解的一个个小问题。这像是有点

绕远，但什么都不懂的不理解或无知则意味着最大的误解。"（《欲望的经济学》，苍苍社，2004 年 10 月 15 日）

　　为使中日两国人之间能够相互理解究竟需要付出多么大的努力，从竹内实先生研究中国时间之长以及论述日中关系的文字之多可见一斑。笔者多年来翻检竹内实的文章，觉得其数量实在惊人，很难统计出准确的字数来。为了受竹内实先生之托选译 10 卷中文本《竹内实文集》，已大体查齐的书名与文章篇目共打印了 60 多张 A4 页面，10 本文集仅约占其全部著述的二分之一左右。还应该提及的是，如今已年近九秩高龄的竹内实先生仍然在笔耕不辍，似乎意味着生命不止写作不停。面对着如此丰硕的研究成果，自己时时禁不住望文兴叹，觉得竹内实先生研究中国的高质量，仿佛是由其成果的巨大数量升华而成。有鉴于此，笔者认为称竹内实先生为日本战后中国研究的一代宗师并非过誉，其成就的高度与深度在目前各国的中国研究界都树起了一个标杆，有待后来人与之比试并争取超越。有幸的是，在竹内实那一辈人中，像他那样有志于中国研究却无法长期在中国生活的缺憾如今已逐步有所改变，今后的国际环境或中日关系会使两国学者自由体验对方实情更加容易。因此，人们有理由期待着更多的日本学者在研究中国方面能够后来居上，这恐怕也是德高望重的竹内实先生热切期待的。

（原载日本杂志《蓝》第 6 期，2008 年 4 月）

日本毛泽东研究的宽与深

——记日本毛泽东研究泰斗竹内实先生

　　2008 年初夏，我去上海浦东机场迎接从日本关西飞来的长辈学者竹内实先生，参办在湖南省湘潭举办的毛泽东研究国际研讨会。在那次会上，我接受了编译《毛泽东的诗词、人生和思想》以及《日本人心目中的毛泽东》这两本战后日本研究毛泽东中文论集的任务。

　　在当今中国的毛泽东研究界，无论德高望重的长者还是风华正茂的新晋，读过竹内实论著中译本的已非少数，至少大都听说过竹内实的名字。因此，当大会主持人指着满头银发、慈眉善目的老先生向大家介绍时，立即吸引了满场的眼球。

　　在会议期间，接连有人来询问，在哪里还能买到 20 世纪七八十年代竹内实先生在日本编辑出版的《毛泽东集》（10 卷）和《毛泽东集补卷》（10 卷）。于是，我多次向他们尽可能具体地说明这两套资料成书的来龙去脉，并表示眼下难再买到的无奈与遗憾。

　　当初，10 卷本《毛泽东集》是竹内实先生在东京都立大学任教时，带领多位学生合作，由日本的北望社费时一年半陆续出齐的。他起意编印这套资料集，主要因为反感当时在"文化大革命"期间，人们对毛泽东

竹内实（中）和陈昊苏夫妇在井冈山

的文字随心所欲地断章取义，甚至拿来搞派系斗争的恶劣风气。大家齐下决心，四处苦寻、抄录能够找到的毛泽东论著最初发表时的原文，并按时间先后排列编印在一起。这套书既对比和映衬了那种为一时一己私利歪曲毛泽东著作原貌的流弊，也为端正毛泽东研究的学风奠定了科学求实的基础。结果，这套资料集一问世便轰动了日本甚至全世界，中国当时一些研究毛泽东的学术机构也购进过几套。可能就是从那时起，国内学术界越来越多的人开始知道竹内实的名字。

　　各国学术界人士对这一朴素、扎实的工作的积极评价，激发了竹内实更为精益求精的态度。后来，他进了京都大学人文科学研究所，开创现代中国研究班，又主持监修了《毛泽东集补卷》10 本，于 1983—1985 年间由日本的苍苍社推出。这两套资料几乎汇集了当时能够找得到的所有毛泽东的文章，连中国的毛泽东文献专家都叹服其搜罗之齐全，并对日本学者抢先做了这一早该由中国研究界着手的工作由衷地感到钦佩，或许还有点自愧不如。

　　实际上，这两套毛泽东论著原文汇编，仅是竹内实先生一生研究毛泽东的代表性成果之一。只因为在几十年前，竹内实的文章译成中文的还不多，而《毛泽东集》及其补卷的部头又相当大，随着这两套书进入中国，中国人便把他看作日本研究毛泽东的著名专家。后来，我受托编译 10 卷中文本《竹内实文集》时排列过一份目录，把竹内实先生已有的全部著译题目共汇总了 40 多页。竹内实先生称得上广义的中国研究家，一生研究中国的内容涉及政治、社会、历史、文学、艺术等。其中属于介绍和研究毛泽东的约占五分之一左右，包括几种毛泽东传记、毛泽东诗词译介和毛泽东思想研究等论著。我没能准确统计出竹内实先生的全部著译以及毛泽东研究部分各有多少字数，但说他是中国以外研究毛泽东涉及面最宽、著述最多的学者，丝毫也不夸张。像在出版的 10 卷中文本《竹内实文集》中，第 3 卷是专著《毛泽东的诗与人生》全译，第 4 卷收录了 3 种毛泽东传记，第 6 卷对毛泽东"文化大革命"错误的追踪，以及第 10 卷中研究毛泽东思想的论文，都堪称国外毛泽东研究的名著。在《竹内实文集》其他各卷里，也时时处处有对毛泽东的评价、分析以及质疑，竹内实的毛泽东研究始终与他的现代中国研究浑然一体。

　　就是在那次研讨会上，与出版社合作策划、出版"国外毛泽东研究丛书"的中国人民大学萧衍中教授拜访了竹内实先生，说那套丛书已经推出的 10 本美国学者的著作反响不错，接下来想接续编译其他国家研究毛泽东的代表性成果，其中日本学者的文集，理应有竹内实先生一本。于是，编选其文集的事责无旁贷地落在了我的头上，竹内实先生的文集定名为《毛泽东的诗词、人生和思想》。

说到中国毛泽东研究界对国外同行的关注，我隐约觉得以前有点偏信"远来的和尚会念经"，就是对欧美成果的重视远过于对日本毛泽东研究的了解。这或许因为中西文化背景之间差异较大，如欧美学者的理论意识在东方很引人注目，或者因为研究毛泽东的中国学者懂日语的不多等。总而言之，一般人都未能看到一点，那就是，无论研究毛泽东的历史之长，还是学者之多，日本都远胜过欧美各国。

当然，在日本研究毛泽东的学者中，像竹内实先生那样"百科全书"式的人物也不能说很多。除《毛泽东集》和《毛泽东集补卷》那样卷帙浩繁的资料汇总工作之外，他翻译与解释毛泽东诗词的著作不仅在日本凤毛麟角，欧美学者更是难以想象。因为有竹内实这样称得上面面俱到的毛泽东研究，再加上日本大量毛泽东研究者不分巨细的多向探求，都使日本的毛泽东研究扩展得很广泛。先有数量才能有质量乃常识。无视日本毛泽东研究视野之宽与人数之众，先入为主地判定日本研究毛泽东的深刻程度不如欧美各国，若不是无知便属于偏见。

可能正是出于这种想法，在那次竹内实先生与萧衍中教授商谈时，他觉得要反映日本战后毛泽东研究的全貌，只选印自己的文集显得太孤立、太片面，建议再选译一本日本其他学者研究毛泽东的文集，使中国学界与读者更多地认识日本的毛泽东研究成果。

听到竹内实先生与萧教授的这些协商，我记起在前一年陪同竹内实先生去井冈山参加一次毛泽东诗词研讨会时，他接受中国军事科学院研究员毛新宇的采访，曾提到过除自己以外日本几位有代表性的毛泽东研究者名字及其著作。

在那次采访中，毛新宇主要请竹内实先生谈了对毛泽东在井冈山斗争时期创作的诗词的理解。竹内实像以往一样，不太情愿按照一般中国人的思维路径或者惯常谈论毛泽东的评价方式，更没有重点介绍自己研究毛泽东的成果，反而列举了几位日本学者对毛泽东在井冈山时期的活动与思想的一些看法。就是在那时，我第一次听竹内实先生提到，当年的日本共产党内有人去过中央苏区，后来还出版过多种研究中国共产党和毛泽东的论

毛新宇采访竹内实

著，那个人的名叫中西功。

　　竹内实先生回国以后，与来往较多、眼下在大阪教书的中国青年学者刘燕等人多次商谈，选目屡经斟酌和改动，最终确定由刘燕和另外两位在日中国人蒋海波、刘全胜，分别选译竹内好、中西功和新岛淳良三位日本学者的论著，再由我统一编校，作为《毛泽东的诗词、人生和思想》一书的姊妹卷，文集名定为《日本人心目中的毛泽东》。

　　选译这本《日本人心目中的毛泽东》，初衷主要是向中国研究者与读者介绍除竹内实之外日本研究毛泽东的代表性论著。所谓代表性，受丛书卷数的限制，只能选译几位在日本影响较大、不能遗漏的学者的论著。在反映日本研究毛泽东宽度的同时，也应力求展现他们理解和剖析毛泽东的深度。文集中选译的竹内好、中西功和新岛淳良三位的著作，大体上可说是符合这种要求的。

　　首先是竹内好，前些年由于国内几位译介者的努力，其名字和论著已渐为中国学术界熟知。竹内实先生坚持认为《日本人心目中的毛泽东》不该漏选竹内好的《毛泽东评传》，主要因为它是在新中国成立后，在日本最早也最热情、客观介绍毛泽东的文字，其中既有筚路蓝缕的难处，也有开创战后日本毛泽东研究之功。但据译者蒋海波的介绍，竹内好这篇评传的态度似乎"不太诚实"，因为其内容"基本上是斯诺《西行漫记》中《一个共产主义者的诞生》的摘录，并抄录了不少原文"，而竹内好对这一实情却绝口不提，始终对这篇论文情有独钟，称其为自己的"代表性论文"。

实际上，竹内好如此敝帚自珍，毋宁显现的是忠实于史料的严谨态度，因为在当时日本，关于毛泽东的道听途说并不少。另外，竹内好开创了结合日本社会现实评价毛泽东的学术风尚。细读这篇评传最后第七、第八节，竹内好以篇幅不多的文字，言简意赅地描画出了自己心目中的"纯粹毛泽东"或"原始毛泽东"形象。他认为，这一毛泽东形象形成于井冈山时代，即"当他的一切内外生活都归结为无的时候，他已没有了再可失去的东西时，可能的一切成了他所有的时候，这个思想的原型创造出来了。至此为止，一切的外在知识、经验，从离心力变成了向心力，凝聚在他的身上。因此，原来是党的一部分的他，变成了党本身。党不再是中国革命的一部分，而成了全部。世界的形式变了，也就是说毛泽东改变了形式。主观与客观合为一体，从这里开始了新的分化。毛泽东再生了。在此以前，他是马克思主义者，现在马克思主义与他合为一体，马克思主义与毛泽东思想成了同义词。他本身成了创造的本元。这就是纯粹毛泽东，或者是原始毛泽东。"对这种日本式的语言表达，也许中国人不太习惯，但在短短的一篇评传里把毛泽东思想本源追溯到这种地步，不能不让人佩服作者竹内好深刻与独到的眼力。如果知道竹内实曾与竹内好在东京同一个研究所共事过，还因对毛泽东《矛盾论》的不同理解发生过争论，就像中国所谓"小王"和"老王"拌嘴吵架似的，而竹内实直到晚年仍念念不忘竹内好当年对日本毛泽东研究的带动，就绝不仅是对前辈的敬重或谦恭，更是真诚钦佩他的真知灼见。

日本学术界至今不将竹内好归为毛泽东研究者，而称为社会批评家或评论家，但毕竟属于学者身份。与之相比较，中西功和新岛淳良两位的革命家和社会活动家色彩则更为突出。他们参与社会活动或者革命，又谈论甚至批评毛泽东，这似乎映衬出日本毛泽东研究与欧美相区别的另一特色。这当然不是说，日本完全没有像欧美那种学院派式毛泽东研究，但日本学者确实常被中国学界视为理论意识远不如欧美学者突出，为此，日本毛泽东研究总被说成欠缺深度。如今时过境迁，东方文化圈对西方理论意识过分迷信的风气有些淡化了，不少人已经开始怀疑，西方学术传统那的既久且深的理论情结是否也有走火入魔式的偏颇？如此，回头反观日本的中西功和新岛淳良，他们兼革命家、社会活动家与毛泽东研究者的身份于一身，确实给人以生动鲜活甚至色彩丰富的印象。究其实，与枯燥和单调相比较，生动鲜活甚至色彩丰富不也意味着一种深刻吗？正如学界常说的："理论是灰色的，生活之树常青"，信哉斯言。

中西功因传奇色彩而深刻，在于他曾是老日本共产党人，不仅以中国革命为己任，亲赴中国红军占据的中央苏区，还在抗日战争时期多次向中共和八路军传递太平洋战争之类情报，曾被日本的战时政府宣判过死刑。像这样由衷地热情欢呼过新中国成立的国际共产主义战士，到"文化大革命"发起后，又在日本一片随声附和的声浪中，同竹内实等少数派一样，鹤立鸡群地反对起"毛泽东思想"来。如《日本心目中的毛泽东》书里选译的《中国革命与毛泽东思想》一书，中西功不仅认为"文化大革命"标志着毛泽东思想出现了混乱与危机，而且致力于寻觅形成如此混乱与危机的历史根源。他通过回忆自己经历与了解的中国武装革命斗争历程，认为毛泽东并没有伴随新民主主义革命的胜利及时转换思想习惯，仍旧信奉与推崇曾在革命战争年代获得过巨大成功的那种"势不两立"、"你死我活"与"军事组织"的思维方式，用来指导和左右新中国的建设进程，结果只能自毁长城，自相残杀。中西功在书中似乎没有创新出什么新的"概念"或"理论"，但他的结论与欧美学者相比，其尖锐、深刻程度有过之而无不及。中西功亲身参加中国革命的经历与感受，似乎比西方的抽象理论更实用，如今看来也更具有生命力。

至于新岛淳良，虽然也与中西功一样持反对"文化大革命"的态度，却是从相反的角度着眼的。读其《我的毛泽东》，会觉得新岛是一个单纯、真诚得近乎可爱甚至可怜的日本人，尽管大约中国人不会同意他的空想社会主义理想与办法。新岛淳良参与过的"山岸会"，与日本曾有的"新村"等组织一样，成员们深信人类本性善良，痛恨阶级社会的以权谋私和贪得无厌，从而反对政府强权，主张人人奉献全部资产并共同生产，倡导平均主义生活方式。显然，如此观念与设计，其动机可贵但实行艰难。关键是新岛们不仅限于小组织的自满自足，还曾从毛泽东发动"文化大革命"的反官僚主义宗旨、尝试巴黎公社式领导等举动获得过灵感，仿佛从中看到了希望。因此，当他后来逐渐看到"文化大革命"并非像自己想象的那样发展，比如"上海公社"半途而废，不得不重新恢复政府权威时，便转而对毛泽东失去了信任，站到了批评毛泽东思想和"文化大革命"的立场上。毋庸讳言，新岛书中的议论大都是感受、即兴的表达，很少归纳、抽象或升华到理论层次，但他对后来退出山岸会的反思，不也可视为一种对毛泽东的空想与诗人气质的忏悔吗？这种出自灵魂深处的自责未能得出什么有价值的结论，但其上下求索而未果的焦虑，也许正象征着中外毛泽东思想信奉者或研究者的韧性。这种韧性比那种看似精辟实则简单、草率的结论，更能给人以启示，更引人向上。这应该是中外毛泽东及其思想研究永不枯竭、深追不弃的动力所在。

（原载《中国社会科学报》，2010 年 7 月 13 日、20 日）

竹内实先生："可以走了"

最后一次见面

因为第二天要去日本关西机场飞回北京，7 月 30 日晚上我在京都的住处睡得较早。次日清晨起来，睡眼惺忪地打开手机，发现有一则当地一位中国朋友在前夜 10 点 45 分发来的短信："竹内实先生已经走了……"自己好像还没有完全睡醒，仿佛仍在噩梦中，可看时针又分明指在早晨 6 点。推测发短信的人肯定还没起床，不好意思立即打电话核实短信的真假，心烦意乱中发了四个字回复对方："难以置信。"

迫不及待地等到将近 9 点，我惴惴地拨通了那位朋友的电话，听到他伤感地确认，昨晚发来的短信真实无疑，接着讲述了竹内实先生逝世的细节。自己倾听着，禁不住悲从中来，泪眼模糊，只能支支吾吾地应对，不知道说什么是好。

我这次到京都半个月，是为《竹内实传——为了日中两国相互理解》一书定稿最终核实一些资料，当然也期盼着能够再见竹内实先生一面。书稿是早寄到他家里的，还附信希望先生能够看一遍书稿，以便纠正其中的舛错或不确切之处。在临去京都前又打去电话，接电话的是夫人容子女士。她回答说，竹内先生因年迈身体状况很不好，虽然没有病重住院，但在家已不再会见客人。我理解日本人的委婉表达方式，在电话中没有直接提出去后想登门拜访的要求，只是私下心里盘算着"车到山前必有路"，想到时再酌情见机行事。

到京都以后，除了由几位日本教授联络、介绍，穿插去多家大学图书馆查阅书刊，顺便也向他们打听过竹内实先生的状况。而他们无一不说，已有一年多没有听到他的消息，可见他确实不再见朋友了。情急无奈，只好接二连三地试探向竹内实先生家打电话,却总是无人接听。一时间自己竟禁不住狐疑地胡乱猜测起来:究竟是家人去医院照顾病重的先生,还是看到我的手机号码躲避着不接电话?后来,倒是一位与他家关系密切的中国朋友指点说,竹内实先生近来多长睡,直到夫人将近中午出外购物回来做饭才醒来,不妨选在午饭前后打电话试试。然而,我按照此建议尝试了几次,还是不行。如此直等到临回北京前几天,自己已有些灰心丧气,估计此行空怀希望,也许果真无法再见竹内实先生一面了。但出乎意料的是,当7月27日下午四五点钟,我最后一次拨他家的电话,打算再无人接听便放弃拜会的念头抱憾回国时,却意外地再次听到容子夫人的声音,更难以置信是,她竟然说,竹内先生现在电话机旁,他要和您讲话。

这让我喜出望外,又有些不知所措。那边竹内先生显然已经知道我正在京都,第一句话就径直地问:"你什么时候来?"似乎很急于要我去他家。我当时有点犹豫,回说:"今天晚了点,明天去拜访您什么时候合适?"他当即敏捷地回答:"明天下午2点来罢。"

我放下电话,马上禁不住惊喜地把消息告诉了那位在京都的中国朋友。他同样大喜过望,约定次日下午同我一起去竹内实先生在京都市东北方地名为高野的住宅。

第二天,我们准时进了竹内实先生家,他坐在桌子边正等我们。与我最后一次陪先生到中国,也就是2008年夏去井冈山参加毛泽东诗词国际学术研讨会时相比,他无疑显得苍老。除腿脚已不太灵便,脸上还多了些将要脱落的皮屑。不过,神志还很清醒,目光炯炯。我祝贺地说:"您刚刚过了九十大寿。"他点头笑着回答:"是。"我又问:"您看过我为您写的传记吗?"他高兴的脸上现出以前常见的那种俏皮的轻松神情,说:"你写得太细了!"我对此解释道:"我担心有些事实搞错了。"于是,又抓紧时间紧接着提问:"您母亲原姓什么?"竹内实先生立即回应:"榊原。"接着,还补充解释了"榊"字的写法和读音,说那是一个日本汉字。不知道因为久不见外人还是血气尚足,他的脸色红润润的,不时眼神转向我,心领神会地相视一笑,显然十分兴奋,很是满足的样子。我们这样交谈了10分钟左右,他突然冒出一句话来:"可以走了。"那位与我同去并伺机给我们拍了几张照片的中国朋友听到他这句话,急忙拦住我还想多提几个问题的话头,提醒说:"先生已经送客了。"便和夫人一起扶起竹内实先生,慢慢走向了另一间屋子。好像他们都看出先生有点累,想要

竹内实（左）逝世前两天和程麻

休息了。唯有我，还在琢磨怎样再向先生提几个问题，不知趣地竟忘记了
向他说句告别的言语，便匆匆离开了他的家门。

对中国的依恋与生俱来

　　回忆当时的情景，我事后揣摩，越来越觉得竹内实先生最后送别我们
时说的那句"可以走了"，固然有觉得自己体弱疲劳，想送客让我们走的
意思，可又未必那么简单。听那语气看那神情品味那语意，既像送别人，
也像在自言自语。比如，他从小体衰多病，如今能年过九旬，称得上意外
长寿，可以心满意足地走了；再是终生笔耕不辍，给日中两国民众和学术
界留下的著述已不算少，也可以心安理得地走；或者还有最终会见的朋友
竟是魂牵梦萦的中国人，称得上如愿以偿之类意思。总之，他仿佛身后已
没有什么未竟的憾事，足以放心地离开这个世界了。

　　竹内实先生曾在回忆文章里讲述，自己小小年纪便因脊椎有病在胸部
打了石膏。当日本军队进犯自己的出生地山东省，气得中国小孩向他投掷
石块表示愤恨时，自己却被他们听到石头"咚"地砸在胸前石膏上的声

音吓得跑散的样子逗乐了，并未真心记恨他们。而到日本战败后，受当时社会风气的裹挟，他也曾随日本文化人大饮洋酒威士忌，为此伤了心脏，中年后只好坚持戒酒服药。如今他能够高寿离世，无疑得益于日本人饮食多生鲜而少油少盐的健康生活习惯。竹内实先生寿终正寝，也算日本人多长寿的绝好例证。

至于竹内实先生一生留下的字数堪称惊人的介绍与研究中国的著述，不仅在战后日本舆论界、学术界首屈一指，近年来喜欢阅读他的文字的中国人也越来越多，他完全有资格满怀自信或感到自足。竹内实早在 1992 年荣获福冈亚洲文化奖前，已被日本学术界称为“研究现代中国第一人”。到 1999 年底，日本政府又因“竹内中国学”的巨大影响与其长期致力于日中友好的功绩，授予他“勋三等旭日中绶章”。我在 20 世纪 90 年代向中国翻译与介绍竹内实学术成果的同时，开始搜集和编排《竹内实著译年表》。据至今仍不完全的统计，竹内实一生共出版关于中国的论著、译著约 50 种上下，几乎每月都在报刊上刊登 3、4 篇文章，总数超过千篇以上。我编译的 10 卷中文本《竹内实文集》共 300 万字，仅约占其全部著述字数二分之一。正像有日本学者总结的那样，“竹内中国学”有两个突出的特点，一是他对现代中国不仅怀有跟踪报道的新闻热情，重要的是结合中国传统，使现代中国研究在日本开始成为一门独立的学科；二是除了借助于文献思考之外，更热衷亲自观察和亲身体验当今中国，一辈子为促进日中友好，在两国之间奔波且乐此不疲。

竹内实对中国的依恋是与生俱来的。他把出生地山东省张店称为“第一故乡”，18 岁回国读书之前中国风土人情的熏陶刻骨铭心。加上他的中国普通话说得非常地道，这使他回日本以后一直因出生于“外地”被另眼相看，心理曾蒙有阴影。直到前些年，我还不止一次听日本有研究中国的学者朋友质疑，竹内实的父母果真是日本人吗？我总是郑重告诉他们，竹内实父母都是来自日本爱知县的普通农民，当初为谋生在山东的铁路小站上经营旅馆。或许因为出身于平民，竹内实自幼所见、所听、所知，大都是中国农村的真情实景。他后来对中国的关注和研究，不可能像战后一般日本从事中国研究的学者那样，只从书本文献上讨生活。竹内实与中国真称得上是血肉相连。为此，他对中国的所有消息都兴致盎然地想知道，对每一位中国人都像“老乡见老乡，两眼泪汪汪”一样备感亲切。正因为如此，竹内实评价中国事情也从来“一家人不说两家话”，像他在

"文化大革命"10年间"恨铁不成钢"的逆耳忠言，大都已被证明为经得起历史考验的真知灼见。已在中国面世的《竹内实文集》第6卷《文化大革命观察》，是同时期海外中国研究家难得一见的犀利文字，足资中国学术界及整个社会参考与借鉴。

因此，在这些年向中国译介竹内实及其学术成果的过程中，我越来越觉得，无论着眼竹内实的曲折生活经历还是其丰满的学术成就，中国人于情于理都责无旁贷地应该为先生著文立传才对。何况如今中国人对竹内实的了解之全面、认识之深刻，已不逊于日本。中国学术界有必要也有资格与能力尝试为这位出生、成长于中国并终生研究中国的外国学者作传，这应该是中国人借助海外中国学的桥梁，借个案深入"跨文化"即国际文化关系课题的"分内"之事。我曾在《竹内实传》初稿《后记》中表述过如下自信："实际上，由中国人为竹内实作传，也有比日本人有利的条件，如既容易核对他在中国的经历与感受是否真切，也便于品评他描述、评论的中国事情是否属实。而他对中国社会变迁、历史传统等种种与中国人不尽相同的某些理解角度，特别是当时那些有点逆耳却经得起历史验证的真知灼见和大胆议论，会使中国人渐生亲切甚至钦佩之意。"尽管这种试笔难免失实或有不当之处，但基于感佩以及回报竹内实先生一生对中国的真情实感与远见卓识，我仍不避越俎代庖之嫌而尽力兑现这一夙愿。传记初稿完成后，我首先寄给竹内实先生过目征求意见，本意也是为此。值得庆幸的是，传主生前粗看过初稿，我权将他说"写得太细"的"抱怨"当作竹内实式的幽默"戏言"，还想把此传记修改得更准确、深入一些，以求日本和中国两国学界人士或民众大体都能首肯和接受。

反思新时代日中关系

在电话里听那位中国朋友转述竹内实先生家属的意见，主要由亲人料理先生的后事，不准备接受朋友的吊唁，我只好按计划从关西机场登上返回北京的航班。自己在座位上呆呆地看到飞机离开了地面，心境五味杂陈，既稍感满足又觉沮丧。满足的是此行也算不虚，不仅为《竹内实传》定稿搜集与补充了一些必要的资料，更难得能如愿以偿最终拜会竹内实先生，并为他留下了最后几张照片。这些似乎都是他特意留给"中国乡亲"的"专利"或"遗产"，而我有幸获得了这些。然而，内心又确实难掩沮丧之情，也许从此我不会再忍心来京都了。毕竟竹内实先生已先我们而走，人们已无法再倾听他讲述那近于传奇的生命经历，还有他对中日两国关系丰富多彩的话题。如果从更内在的意义上讲，竹内实先生似乎还随身带走了一个我们曾经熟悉的时代。在竹内实身后到来的新时代，就像我的回程航班飞到北京上空时突遭雷雨，不得已改降天津滨海机场，回到家已是下半夜一样，令人担忧今后中日关系前景也将吉凶未卜。

2013年7月30日夜10時43分　急死　巨星隊落

竹内实 2013 年 7 月 30 日逝世

竹内实先生在战后全力开创与投身的"竹内中国学"即日本现代中国研究，总体上伴随着中国从混乱、衰败、屈辱转向统一、复兴、自信的历史进程。他曾自喻终生饶有兴味地站在东海岛屿的"观众席"上，翘首观赏着对岸舞台上演出的"时代大戏"。竹内实以对中国社会、文化的独特感受和理解，始终引领着日本民众连同学术界跟踪中国前进的脚步，调整看待中国的角度，丰富描绘中国的色彩，特别时常在对世局动向的解释和展望上鹤立鸡群，不同凡响。当日本人面对新中国前十几年欣欣向荣的景象不自觉戴上"玫瑰色"眼镜时，竹内实同时察觉到了中国"思想斗争"苗头的堪忧甚至可怖;在"文化大革命"博得众多日本文化人和学生"喝彩"时,他则不怕孤立地驳斥毛泽东的"造反"号召;到改革开放引发日本某些"洁癖"人士种种质疑时,他又力倡"博杂"比"纯粹"更加生机勃勃,等等。更不必说竹内实《毛泽东的诗与人生》一书至今被海外中国研究界尊为绝无仅有的"内行"阐释,以及他主编的两套共20卷《毛泽东集》目前仍是新中国成立前毛泽东著作最齐全的汇总,连中国学术界也应自愧弗如。竹内实先生的这些业绩,逐渐扭转了日本乃至各国民众对中国的不屑、怀疑甚至偏见,让世界对中国复兴的必然趋势逐渐变得心平气和、容忍甚至欣赏。翻看译为中文的10卷《竹内实文集》,不难理解与尊重作者生前曾对中国驻日本外交人员坦诚而又幽默的表态:他们并非"中国共产党京都支部",而是中国人的"乡亲"和"诤友"。

京都竹内实追思会

自然,竹内实先生在晚年也不止一次地觉察到和表示过困惑,说自己没有来得及想清楚,当中国在经济、军事总量已经超过并将在科技、文化实力最终领先日本之后，日本研究中国的学者究竟应该如何调整自己的眼光与心态？在新的时代里，面对终将或已经成为"大国"、"强国"的中国，日本研究者是势必心怀嫉妒？还是不得不谄媚与膜拜，如同战后日本政治对待美国一样？这意味着，竹内实先生已将提醒日本人反思并展望未来日中关系的责任，留给了下一代日本学者。

依竹内实先生对日本国民性传统的真知灼见，他如此语重心长地提醒无疑是"言之切"甚于"爱之深"。作为竹内实的中国"乡亲"，我们也可以设身处地换位思考，思考在新的世界格局里，中国学者和学术界是否还可以用以前那样的心态与口气研究与评论日本？是否也有必要适时调整与修正自身的学术立场和思路？

就此来说，中国与日本两国学术界共同肩负有责任，应该在竹内实先生身后促其精神再生，业绩再现。

（原载《中华读书报》，2013 年 9 月 4 日）

后　记

　　这是在日本学术界尚未为一位终生研究中国的著名学者立传之前，由中国人尝试撰写的一部传记。

　　此事乍看起来好像有点违背"常规"，但这样做也并非违背事之"常理"——为人树碑立传的最适当人选，应该是最熟悉其人、其事并能秉持公正的学术评价眼光者。如此说来，难道日本学术界以及日本读者还不真正了解竹内实，竟要由中国人越俎代庖为其作传吗？

　　竹内实毕生研究、写作的首要宗旨是向日本人介绍与解释中国，他发表的所有文字的最早读者都是日本人。在竹内实年届九秩的今天，日本学术界已经公认他是战后日本研究现代中国"第一人"，是研究中国的著名权威与大家。不过，尽管竹内实曾多次说明自己出生于在华日本平民家庭，直到当今，日本的中国研究界仍有人质疑，其父母当真都是日本人吗？另外，在战后日本研究中国的学者中，竹内实堪称论著字数最多、质量也最经得起推敲的代表人物，而从其全部著述中筛选出近一半文字出版了 10 卷《竹内实文集》，首先还是在中国。这都表明，中国学术界及普通读者对竹内实的经历及其学术成就的关注，并不逊于日本，甚至比日本人对竹内实的生平与学术道路更感到亲切。就此而言，出生、成长于中国并终生以研究中国为业、为乐的竹内实，算得上"跨文化"典型人物与案例之一。由中国人为这样密切关注自身文化传统与历史进程的外国学者作传，也算不上"分外"之事。

　　实际上，由中国人为竹内实作传，还有优于日本人的方便条件，如便于核实他在中国的经历与感受是否真切，也容易判断他描述、评论的中国事情是否属实。而他对中国社会变迁、历史传统等种种与中国人不尽相同的某些理解角度，特别是当时那些有点逆耳却经得起历史验证的真知灼见和大胆议论，会使中国人对竹内实先生渐生亲切之感甚至钦佩之意。

当然不必讳言，本传记实为将描述与点评相结合的评传性质，难免含有作者个人视角的局限性。尤其是其中对竹内实在日本生活经历与研究业绩的回顾和评价，或许有失实或不当之处。作者不自诩对竹内实全知全能，也不奢望本传记属于地道的客观立场，如果日本与中国两国学术界或读者觉察出本传记有虚构之笔，或者离竹内实的真实面目相距甚远，请不吝指正。

作者渴望倾听来自中日两国各界人士的各种指教，无论宏观还是细节。

程　麻

2013 年 5 月初于美国马里兰州波托马克